JN078412

ヴィジュアル版

世界幻想動物百科

普及版

THE MYTHIC BESTIARY

The Illustrated Guide to the
World's Most Fantastical Creatures

トニー・アラン　上原ゆうこ 訳
Tony Allan　*Yuko Uehara*

原書房

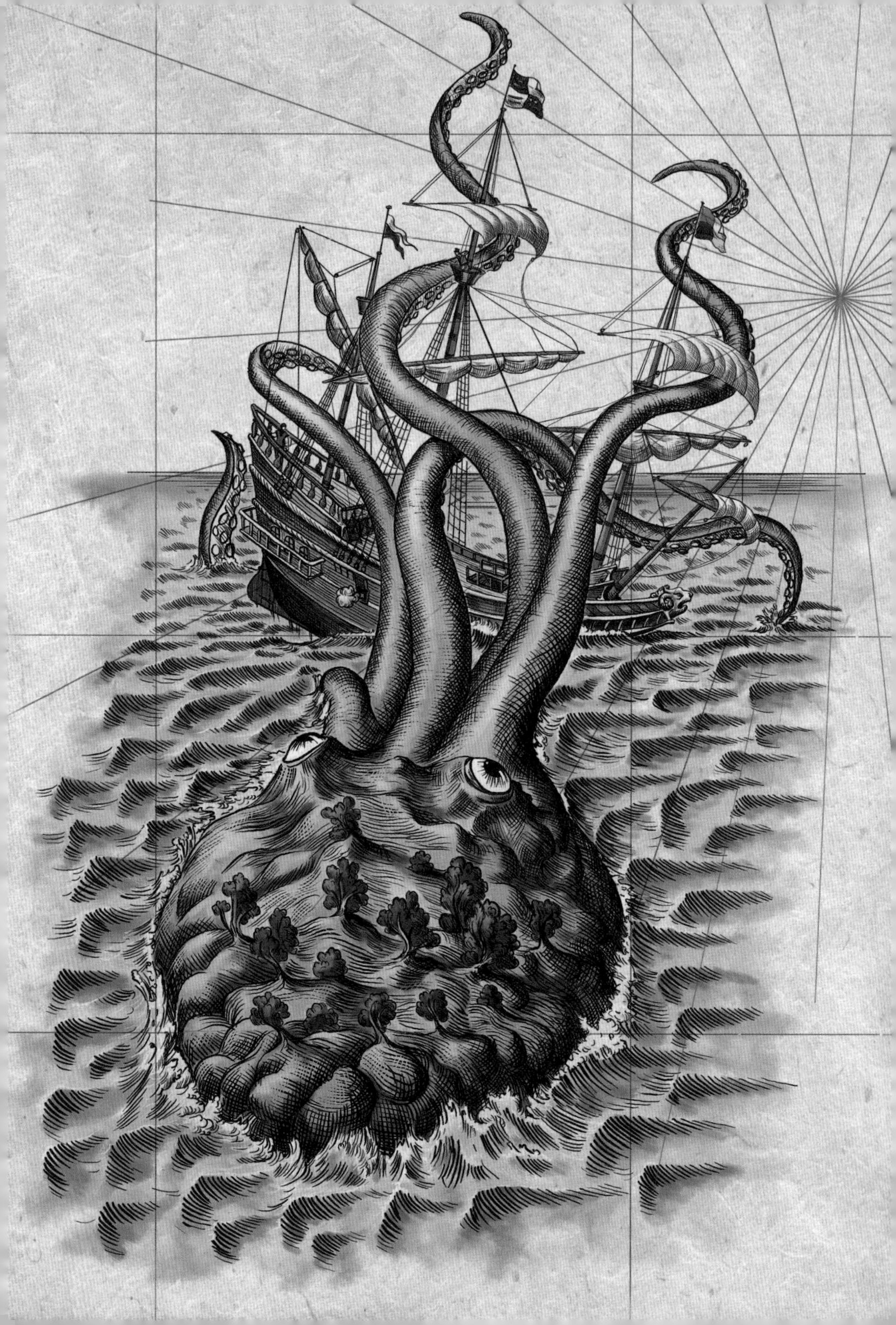

ヴィジュアル版

世界幻想動物百科

普及版

THE MYTHIC BESTIARY

The Illustrated Guide to the
World's Most Fantastical Creatures

目次

第２部：

陸の動物　54

第3部：

水界の動物 198

はじめに

神話や伝説には、人間の想像から生まれた架空の動物が登場する。この幻想動物たちが構成する一風変わった動物相は、人間の願望や憧れから、そして多くのものが私たちのもっとも深いところにある恐怖から形づくられている。彼らは無意識という動物園の野獣であり、そこは私たちの夢に出てくる影の生き物たちが棲む場所である。

本書では原則として、たんに誰かひとりの著名な作家によってつくり出されたような動物については解説しない。小説に出てくる架空の生き物は、なんらかの飛躍的な進展があって広く認知されるようになった場合を除いて、含めていない。このため、ジャバウォック［ルイス・キャロルの小説『鏡の国のアリス』に登場する怪物］やポブル［エドワード・リアの絵本『カングルワングルの帽子』に出てくるキャラクター］も、SF小説や映画に出てくる忍びよったり、這ったり、ずるずる滑ったり、テレポートしたりするさまざまな生き物も載せていない。J・R・R・トールキンのオークを載せているのは、オークが彼の作品を越えて命を得ているように思えるからである。同じことはノームについてもいえる。ノームはもともとはすぐれた治療家で博識家のパラケルススが考え出したものだが、今では西欧のいたるところで誇らしげに庭を飾っている。

神話や伝説に登場する動物たちは一定の類型、すなわち幻想動物の門、目、属という区分で分類できる。この分類について詳しく見ていく前に、想像された生き物がかならずしもすべて同等ではないことを述べておく必要があるだろう。ドラゴンや巨人のようなものは、その妥当性にある程度普遍性があるようで、多くの国々の神話に登場する。これに対し、ミュルメコレオやキマイラのようなものはとうていありそうにはなく、その姿を思い浮かべるのは困難で、ごくかぎられた範囲にしか広まっていない。いうなれば非現実的（キメリカル）なのである。

しかし多くの場合、本書に登場する怪獣たちは、空想の風景の中にしっかりと根をおろし、多くがその起源をきわめて古い時代にまでたどることができる。ドラゴンの系統の一部は太古の蛇から派生し、そしてその蛇はというとメソポタミアの創世神話『エヌマ・エリシ

「神話や伝説に登場する動物たちは一定の類型、すなわち幻想動物の門、目、属という区分で分類できる」

「インドのナーガと中国の竜王は、海と内水に君臨する王者であった」

ュ』にまでさかのぼることができる。そこには、創造神マルドゥクが原初の蛇である海の女神ティアマトを殺し、その体を２つに切り裂いて天と地をつくったようすが語られている。古代エジプトでは、アペプという宇宙蛇が、毎夜、黄昏の門のすぐ向こうで待ち伏せしていて、太陽神ラーを飲みこんで地上から光を奪おうとしていると考えられていた。大西洋をへだててはるかメソアメリカの人々は、まったく独立して、羽毛のある蛇ケツァルコアトル（9ページの図参照）という彼ら自身の蛇の神を考え出した。ケツァルコアトルはアステカ族の文化英雄で、現在のような人間が生まれるのを助け、トウモロコシと織物の知識を人々に与えた。

それぞれを合わせたよりも奇妙

メソアメリカの人々は、ケツァルコアトルに森に棲む華やかな鳥ケツァールの羽毛を与えた。こうして彼らは、幻想動物のもっとも特徴的な形態ともいえる混成動物をつくった。幻想世界の動物園には、複数の種の各部を組みあわせた生き物がたくさんいる。その例はギリシア・ローマ神話にとくに多く、人間を馬、ライオン、山羊、鳥、雄牛と合体させて、それぞれケンタウロス、マンティコラ、サテュロス、セイレン、ミノタウロスをつくり出した。そして、ライオンと鷲の特徴をあわせもつグリフィンのように、動物と動物を合体させたものもある。世界のほかの地域でも同様に、異なるものの体の一部を一緒にして何か新しいものをつくり出すことがさかんに行なわれた。たとえば日本の伝説には、天狗という鳥人や、猿、蛙、亀の要素が融合した河童（かっぱ）と呼ばれる奇怪な水の精霊が登場する。

またギリシア・ローマ神話は、つくり出した混成動物たちのためにある目的を考え出したという点でも重要である。上にあげた怪物たちはすべて、英雄の勇気を試すための試練の役割をはたしたのである。たとえばベレロポンが女神アテナの助力を得てペガソスをならすことに成功し、そのおかげで偉業を達成できたように、その動物と協力することに成功がかかっている場合もある。しかし多くの場合、怪物は敵である。ヘラクレスは、頭がいくつもあるレルネーのヒュドラから、黄銅のくちばしをもち人肉を食らうステュムパリデスの鳥まで、あらゆる種類の怪物に立ち向かった。同じようにベレロポンはキマイラを、テセウスはミノタウロスを、ペルセウスは蛇の髪をもつゴルゴンの３人姉妹のひとりメドゥーサを倒した。キリスト教の伝説もこの伝統を継承し、聖ゲオルギウスをはじめとして、大勢の恐れを知らぬドラゴン退治の聖人たちの伝説が生まれた。同様の傾向は西欧以外のところにも認められる。日本の武者、源頼光は巨大なクモの怪物を退治し、ロシア民話ではもっと穏やかにハンサムな王子が火の鳥を探す旅に出され、生かしたまま持ち帰る。

幻想動物は守護者としての役割もはたした。シェドゥ（下の図参照）とラマッスはそれぞれ巨大な有翼の雄牛とライオンで、メソポタミアの神殿や宮殿の入口に立って、悪霊が入らないように番をした。インドのナーガと中国の竜王は、海と内水に君臨する王者であった。北欧神話ではドラゴンは宝物を守り、英雄シグルズすなわちジークフリートがドワーフの王の黄金を手に入れるためにファーヴニルを殺した話がよく知られている。

怪物が番をするのが死者の国の場合もある。ギリシア神話ではヘラクレスが戦った相手のひとつで頭が３つある怪犬ケルベロスが冥界の番をし、同じように北欧神話ではそれに相当するガルムが死の女神ヘルの支配する恐怖の国ニヴルヘイムの外で番をしている。初期のギリシア神話では翼をもつハルピュイアが人間の魂をもって冥界へ飛んでいき、インド神話では鳥神ガルダ（13ページの図参照）がナーガから母親のヴィナターを救うためにパタラという地獄へ飛んでいく。

恐怖の動物たち

生と死の境界線上には、墓やそこからもどってくるかもしれない者たちに対する人々の恐怖を具現化する、まったく異なるグループのものがいる。彼らは、死者の国の番をするどころか、境界を越えて侵入してくる。彼らの世界は亡霊、グール、ゾンビ、吸血鬼など不死者の世界で、彼らは一般に、死滅し肉体が朽ちはてるという厳然たる事実に対する根源的な恐れから生まれた恐怖の生き物である。

そのほかにも空想から生まれた怪物たちが、周囲の世界の見えざる危険に直面したときにあらゆる人間、とくに子どもたちがさいなまれる恐怖に形を与えた。そういったバガブーやブギーマンは特定の場所と関連づけられることが多い。魔女のバーバ・ヤガは昔のロシアの薄暗いモミの林の空き地に出没し、アングロサクソンのグレンデル（12ページの図参照）は沼地や

湿原の生き物であり、ウェンディゴは北アメリカの森林にかんするあらゆる不安を体現している。

恐怖以外の基本的な感情が神話の中で具現化されることもあった。ヘブライ文化のリリスや、ギリシア神話に登場する半身が女性で半身が蛇のラミアのように、肉の誘惑を象徴する存在（通常は女性）もいる。ドイツのニクスやスラヴのルサールカは美しい水の精霊で、男たちを誘惑して溺れさせる。もうひとつのグループは力を象徴するもので、感銘を与え、恐怖というより畏怖の念を抱かせる。そういう意味でもっとも好まれるのが巨鳥で、アラビアのロック、ペルシアのシームルグ、先住アメリカ人のサンダーバードなどがいる。ギリシア神話の世界では、一部がライオン、一部が鷲で、地上と空の最強の捕食者の要素をあわせもつグリフィンが同じ役割をはたす。

しかし、世界の神話がつくり出したさまざまな種類の生き物のなかでも、もっとも数が多いのは異形の人間だろう。ほとんどすべての文化に巨人の話がある。よい巨人のこともあるが、人間というものは臆病な生き物で、オーグルのような恐ろしい巨人のことのほうが多い。さらに多様なのがドワーフ、エルフ、インプ、ゴブリンなど数えきれないほど種類がある小人たちで、いとこ分の人間と住みかをともにしている。ときにはその関係は非常に緊密なこともあり、ボガートやコーボルト、その他の家事の精は人間の家族と同じ家に住みさえする。おそらくもっと面白いのは私たちの社会のそばにもうひとつ別の社会があるという考え方で、アイルランドの妖精の伝説がよい例である。老いることも死ぬこともない、時を超越した国に住む彼らによって、人間のありさまを映すが揶揄もする夢の別世界が表現されているのである。

神話の作者にとって、変身も大いに想像の助けになった。多くの伝承に、一見ふつうの人間だが突如まったく別の種類のものに変身する人の話がある。世界の神話には狼男はもちろん猫人間の話があり、日本には狐の話が数多くある。

修道士のとんでもない誤解

これだけ多くのものがいれば、なかには単純な誤伝によるものもいる。想像からではなく、旅人の語る話が歪められて記録されたりひどい誤解をされたりして生まれた生き物たちである。人里離れた修道院で修道士が書き写した中世の動物寓話集は、２次的あるいは５次的な情報、さらには100人も間に入って伝えられた奇怪な動物であふれている。それらの特徴はかつては真実にもとづいたところがいくらかあったかもしれないが、くりかえし語られるうちに歪められてしまった。このように偶然に姿が歪められて生まれたのが、それに見つめられた者は死んでしまうというバシリスク、犬の頭をもつキュノケファロス、顔が胸にあるブレムミュアエ人、１本足のスキアポデス、灼熱の糞をまき散らすボナコン、両端に頭がある蛇アンフィスバエナのような奇怪な生き物たちである。

未確認動物学の謎

現代の読者は、このような常軌を逸したものたちについてわかったような気になっているかもしれないが、そんな独りよがりは自分たちの知識の限界を考えてみればたちまち失せてしまう。白亜紀の生き残りであるシーラカンスは、1938年に海から生きたまま釣り上げられるまで、それがまだ生存しているかもしれないと思っている人はほとんどいなかったのである。シー・サーペントや湖の怪物、あるいはイェティ、サスクワッチ、アルマス、オラン・マワスといったさまざまな種類の猿人など、長い間その実在が主張されてきた生き物をめぐっては、いまだに論争が続いている。さらに米国のモスマン、プエルトリコと近隣の国々のチュパカブラのように、都市伝説によって新しい候補がくわえられたケースもある。こういった怪物たちは未確認動物学という準科学で扱われる。

幻想動物の１タイプとして、主として特定の文化の伝説に限定されているように見える例外的なグループがある。それは瑞獣（ずいじゅう）と呼ばれるもので、中国ではその出現は知恵と徳の政治の時代のしるしとされる。そのひとつが麒麟（きりん）で、もうひとつが鳳凰（ほうおう）である。怪物たちが幅をきかす幻想世界にあって、こういったよい生き物はもっと知られるべきである。では、現代の動物寓話集の編集者から祝福の言葉を贈り、幻想動物の世界をめぐるツアーをスタートすることにしよう。いつの日かあなたの庭を麒麟が訪れ、屋根に鳳凰が降り立ちますように。

第1部
空の動物

サンダーバード　嵐をもたらす巨大な猛禽

姿
鷲に似た巨大な鳥で、羽毛の生えた角と下方へ曲がったくちばしをもつ。

大きさ
鉤爪で鯨をつかんで運ぶことができるほど大きい。

寿命
自然力であり、そのためおそらく永遠に生きる。

能力
羽ばたきによって雷を、目を開いたり閉じたりして稲妻を起こす。

生息地
北アメリカ北西部の太平洋岸から東部の森林地帯まで、岩だらけの山の頂。カリフォルニア州のような南部にもいると伝えられる。

先住アメリカ人は、雷鳴を聞いたり空に稲光が走るのを見たりすると、巨大なサンダーバードが通りすぎているのだと思い、畏怖の念をもって見上げたものである。北アメリカ大陸の部族にとって、この鳥は雷を象徴するものであった。アルゴンキン語族はサンダーバードのことを「われらの祖父」と呼び、それは祈禱のときに助けを求めることもある祖先の霊であった。スー族はこの鳥をワキニャンと呼んで、聖なるパイプを使いながらこの鳥にかけて誓った。そして、そのあとで嘘をついた者は稲妻に打たれると考えた。

サンダーバードの恐ろしい力を疑う者は誰もいなかった。五大湖地方のオジブワ族には、この鳥が棲むといわれる山の頂を探検しようと考えた、むこうみずな２人の若者の話がある。２人は必要な儀式を何もしないで山を登りはじめた。山頂は霧に覆われていたが、２人のうちでも無鉄砲なほうが登りつづけた。その姿が雲の中に消え、「見えたぞ！　見えたぞ！」という声が友人の耳にとどいた。そして、大音響とともに目もくらむような稲光が走った。友人は後ろへよろめき、相棒の死体が山腹を転落していくのを目にした。

しかし、敬意をもって対する者には、サンダーバードはありがたい援助者になることもある。北西海岸のマカ族には、サンダーバードが海から鯨をつかんできて住人に与え、村を飢饉から救った話がある。村人はその肉で何週間も飢えをしのぐことができた。東部の森林地帯では火事と旱魃が重大な脅威であり、雨と結びつけられたサンダーバードが崇拝された。一部のイロクォイ族はこの鳥をオシャダゲアすなわち「デュー・イーグル（露の鷲）」と呼び、背中の上にある大きなくぼみに露を入れて運ぶと考えた。旱魃のときには、背負ったものを放つことができるのである。

ラコタ・スー族には、水に棲む邪悪な怪物で人類を滅亡させようとするウンクテヒとサンダーバードとの壮絶な戦いの話がある。人間が危ないのを見て、サンダーバードが群れをなして防戦にやってきた。そしてサンダーバードたちは落雷の一斉射撃をした。ウンクテヒは炎の中でしぼんでいったが、人間は高い岩に避難していて助かった。彼らの子孫は今日でも、戦いが行なわれた不毛の地バッドランズの岩をさしてこれはウンクテヒの骨が変わったものだという。

☉ ⊕ ⊖

ペガソス　ギリシア・ローマ神話に登場する有翼の馬

姿
翼のある馬。

大きさ
馬の大きさ。

寿命
神々の住むオリュンポス山に飛んでいったのち、ゼウスによってその名前をもつ星座に変えられた。

能力
自由に空を飛ぶことができる。

生息地
古代ギリシア。コリントスのアクロポリスで草を食んでいるところを英雄ベレロポンが見つけた。

18

このギリシア神話の有翼の馬が生まれたようすは、あまり上品なものとはいえない。海の神であるとともに馬の神でもあるポセイドンがゴルゴンのメドゥーサを身ごもらせ、英雄ペルセウスがメドゥーサの首を切りとったとき、彼女の血が地面に滴るやいなやそれからペガソスが生まれたのである。

のちにペガソスはあふれ出る流れと関連づけられるようになった。詩人ヘシオドスは、ペガソスの名前は「泉」を意味するギリシア語ペーゲからきていると書いている。伝説によれば、ヘリコン山にあるムーサの聖なる泉ヒッポクレネの泉が最初に湧き出たのは、ペガソスがひづめで地面を蹴りつけたところだという。

ペガソスをならしたのはアテナである。英雄ベレロポンが、恐れられていたキマイラ（108～109ページ参照）を退治するために乗るものを必要として、女神アテナに捧げ物をして助けを求めると、ペガソスの首にかける黄金の手綱を与えられた。ベレロポンは、コリントスのアクロポリスの丘にあるピレーネの泉で水を飲んでいるペガソスを見つけた。彼は不思議な力をもつアテナの贈り物の助けを借りてペガソスを御し、空中からキマイラを攻撃できたので、上空から矢を射かけてキマイラを倒した。

ベレロポンはペガソスの背に乗ってそのほかにも英雄的な行ないをいくつも果たすことができたはずなのだが、やがて彼の野心が度をすぎたものになる。ベレロポンはすでに不死になったかのようにオリュ

天馬ブラーク

イスラムの言い伝えでは、預言者ムハンマドはブラークと呼ばれる生き物に乗ってメッカからエルサレム、そして第７天国まですべてを一晩でめぐったとされている。もともとは天使のブラーク（その名前は「稲妻」の意）は、のちに「ロバより大きいがラバより小さく」一歩で地平線まで達することができる天馬とみなされるようになった。ブラークは通常、人間の顔と鷲の翼（インドのイスラム教徒のあいだでは孔雀の翼と尾）をもつ乳白色の馬として描かれた。

ンポスの山頂へ飛んでいこうとした。彼を罰するため、ゼウスは虻を放ってペガソスを刺させた。乗っていたベレロポンはふり落とされ、地面にたたきつけられた。ペガソス自身は神々の住むところまで飛びつづけ、喜んで迎えられて、ゼウスの雷の馬車を引くという新たな仕事を与えられた。のちの伝説が伝えるところでは、ペガソスは最期の日までそこにいて、死ぬとその働きへの報いとして星座に変えられ、それは今でもペガソスの名前で呼ばれている。

ストリクス 不吉なフクロウの化け物

姿
血を吸うか犠牲者の肉体にとりつく吸血鬼のような夜の生き物で、通常、フクロウの姿をしている（ストリクスは「フクロウ」を意味する古代ギリシア語）。

大きさ
古代ローマ人に知られていたワシミミズクは翼幅が約2メートルもあったと考えられる。

寿命
不明。実在のフクロウは通常6〜8年生きるが、15年も長生きしたことが知られているものもいる。

能力
超自然的な捕食者で、人間を襲って殺し、餌食にすることができる。あらゆるフクロウは不幸を告げる鳥とみなされ、その出現は死の前兆とされた。

生息地
荒れはてた場所や廃墟。

日暮れどきに狩りをしているメンフクロウを見たことがある人なら、大きな翼が暗がりに白く映えて、この鳥がいかに恐ろしく見えるか知っているだろう。夜ふけにコノハズクの甲高い声で目を覚まされた人は、きっとその不気味な鳴き声に身震いしたことだろう。こういった特徴から、古代ローマ人は人間の肉を餌とし悲運を予言する超自然的な夜の生き物ストリクスをつくり出した。

ストリクスについての物語は、たいてい曖昧ではっきりしない。古代ローマの詩人オウィディウスは、伝説の王プロカスが幼いときにストリクスに襲われ、犠牲をささげてようやく追いはらうことができたと語っている。ギリシア神話に、熊と交わって産んだ息子が人を食べるようになった、ポリュポンテという女性の話がある。彼女は罰として、「夜に鳴き、戦争と不和の先触れ」であるストリクスに変えられた。ローマの哲学者セネカは、この生き物はタルタロスの縁に棲んでいると述べている。

ふつうのフクロウがどうして邪悪なストリクスになったのか理解するには、形態学的な観点からそのルーツへと伝説をたどってみるとよい。フクロウ目（その中心をなす科もフクロウ科と呼ばれる）は実際に夜行性で、夜に行動するすべての鳥の半分以上がこれに属する。このためフクロウを観察するのはむずかしく、その習性は昼行性の鳥に比べてあまりよく知られておらず、今日でさえ、まだ新種が発見されている。これらの鳥は暗闇での狩りによく適応しており、暗がりでも見える大きな目と、獲物を殺すための鋭いくちばしと鉤爪をもっている。フクロウは静かに忍び寄る捕食者であり、無数の柔毛のおかげで静かに飛ぶことができる。見つからないように、人気のない寂しい場所や廃墟となった建物に巣をつくることが多い。

凶兆の鳥

このため、鳥を見て吉凶を占う伝統があった古代ローマ人がフクロウをとくに不吉な鳥とみなしていたのも、驚くにはあたらない。プリニウスによれば、フクロウは公の占いにおいて「ほかのいかなる鳥よりも凶兆」とみなされ、かつてフクロウがカピトルの神殿に舞いこんだとき、十分な清めの儀式が行なわれるまではその建物は使用されなかったという。紀元前53年にマルクス・クラッススがカルラエでパルティア軍と戦って惨めな負け方をする前に姿を見せたフクロウは、ローマ軍の敗戦を前もって告げていたのだと考えられた。

同じような考え方は聖書の中にも見ることができ、そこではフクロウは破滅と結びつけられている。たとえば預言者イザヤは、神の怒りの的となったある町について「みみずくと烏がそこに住む」［イザヤ書34章11節］と言っている。このようなイメージが中世の動物寓話集にとりいれられて、明るいところより闇を好むこの鳥はさらに憎悪の的となり、罪深さのシンボルとなった。

アフリカの民間信仰にも、ローマのストリクスに相当するものがいくつか認められる。ヨルバ族の伝説では、魔女や魔法使いは夜にフクロウの姿になることができ、家に侵入して人の血を吸うとされる。ガーナ人のあいだでは、魔女は使い魔としてフクロウを飼っていて、それを使って変身して夜の襲撃をすると信じられていた。

古代ローマを継承した文化にもストリクスの遺産が残っている。イタリア語のストレーガ（魔女）、ルーマニア語のストリゴイ（夜、墓から起き出して、動物や精霊の形で田舎に出没する生ける死者）はストリクスに由来する。アルバニア語のシュトリガでは両方の伝承の要素が混じりあっており、これは眠っている人間から生気を吸いとる魔女（ナイトハグ）で、フクロウではなく虫に変身して飛んで逃げる。

カラドリオス 不思議な予知能力をもつ癒しの鳥

姿
純白の羽毛をもつ鳥。

大きさ
通常、カモメの大きさとされる。

寿命
不明。

能力
黄疸を治すことができ、病人が生きるか死ぬか予言することができる。その糞で白内障を治すことができるともいわれる。

生息地
川の土手に棲むと考えられていた。

２世紀にエジプトのアレクサンドリアで、今ではほとんど知られていないが、千年以上にわたって大きな影響をおよぼすことになる書物が世に出た。それは「フィシオロゴス（ナチュラリスト）はこう語る」という言葉がくりかえし使われていることから『フィシオロゴス』と呼ばれるようになり、中世のあらゆる動物寓話集のモデルになった。これらの書物は表向きは万物の驚異をそこに棲む動物たちの観点から書き示した博物誌の本であったが、信仰の時代のまっただ中で書かれたため、すくなくとも動物の行動の説明と同じくらい、神学的なメッセージを伝えることに関心が向けられていた。

動物寓話集はたいてい、自然の直接的な観察よりむしろ既存の書物を情報源とした。このため、たとえ現代人の目にはその多くがありそうもないことに思えるとしても、『フィシオロゴス』に書かれている話は中世を通じてのちの書物にくりかえし現われることとなった。そのような伝説のひとつが、ペリカンが自分の胸から血を出してそれを雛に与えるという話である。この話には動物学的正当性はまったくなく、おそらく頭を胸の上に置くこの鳥の習性がもとになっているのだろうが、それにもかかわらず、現代になってようやく科学者たちがペリカンをその自然の生息環境で調査するようになるまで、くりかえし書かれたのである。この伝説が長く人気を得たのは、人類のために自分の命を犠牲にしたキリストの隠喩（メタファー）という寓話的な利用をするのに都合がよかったからである。

事情が違っていればそれほど知られることはなかったはずの、純白の羽毛をもち予知能力があるとされる鳥カラドリオスも、同様の運命をたどった。カラドリオスは病室につれてこられると、患者の状態がどうなりそうか行動で示す。『フィシオロゴス』には、「その人が死ぬ運命にあれば、鳥は顔を病人からそむける。この合図によって、人々は病人が死ぬことを知る。これに対し、病気が命にかかわるものでないときは、カラドリオスはその人の顔をじっとのぞきこみ、まるでその病気をすべて自分に引き寄せるかのように太陽に向かって飛び、病気を燃やしつくして野外で発散し、このため患者は回復するのである」と書かれている。

> 「カラドリオスは病室につれてこられると、患者の状態がどうなりそうか行動で示す」

ペリカンの自己犠牲の行為と同じ

ように、この鳥の病気を治す力はあきらかにキリスト教倫理を意味している。カラドリオスも、人間の罪を引き受け復活してそれとともに天に昇ったキリストを象徴するものであった。12世紀のアバディーン動物寓話集には、このメッセージが次のようにはっきり述べられている。「毎日キリストはカラドリオスのように病気のわれわれにつきそい、われわれが告白するときその心を調べ、人々を癒して懺悔の恩寵を示す。しかし彼は、その心が悔い改めていないことがわかっている人々からは顔をそむける。彼はこれらの人々は見放すが、彼が顔を向けた人々は回復させる」

いずれもあまり説得力はなかったが、カラドリオスの正体をつきとめるためさまざまな試みがなされ、白いオウムやハト、ハクセキレイなど、いくつかの鳥と同一視された。もっと関係がありそうなのが、殺人犯など悪いことをした人が本能的にわかる真実の鳥で、これはアフリカから『千夜一夜物語』やグリム童話の話まで、いたるところで民話のモチーフとなっている。

また、カラドリオスとその予知能力の話は、世界中にある鳥と死とを結びつける迷信の成立に寄与した。多くの文化で長い間、部屋に鳥が飛びこんでくるのは死が近づいていることの前兆だと考えられた。英国では、ソールズベリ主教が逝去するときには2羽の白い鳥が現われるとする言い伝えが長く続き、最後に言われたのは1911年という最近のことである。

⊙⊕⊖

バシリスクとコカトリス　不思議な生まれ方をする殺し屋

姿
さまざま。プリニウスは、バシリスクのことを頭に王冠の形をした白い模様がある蛇と書いている。しかし中世には、蛇の尻尾をもった翼のある若い雄鶏の姿で描かれ、コカトリスと呼ばれた。

大きさ
プリニウスによれば、「体長は24センチを超えない」。中世の動物寓話集では、コカトリスには15センチ幅の縦縞があるとされている。

寿命
明記されていない。イタチの臭気でバシリスクを殺すことができる。

能力
見つめられた者をすべて殺す死の凝視。かまれたり匂いをかいだりしても、同じように致命的である。

生息地
プリニウスによれば、リビア東部（キュレナイカ）の砂漠。

バシリスクとコカトリスはまったく違った姿で描かれるが、死をもたらす破壊的な力を最大の特徴とする同一の伝説上の動物についての、２つの異なる解釈である。どちらもちらりと見ただけで殺すことができる。それどころか、じつはこの生き物の匂いだけでも致命的である。

最初に生まれたのはバシリスクである。この名前はギリシア語で「小さな王」を意味し、この怪物自体、蛇の王とみなされた。プリニウスは、これは24センチに満たない蛇で、頭に王冠のような形の白い模様があると書いている。それがいるだけで周囲の土壌はそこなわれ、草は焼け、岩は砕けるという。

プリニウスは、バシリスクにとってはイタチの臭気が致命的であるため、バシリスクを殺す唯一の方法はイタチの穴に投げこむことだと書いている。プリニウスの説明ではイタチも死ぬとされているが、中世の書物にはこの小さな哺乳類が実際に蛇を殺すと書いてある。

しかしその頃には、バシリスク自体が奇妙な変身をとげていた。奇怪なことにそれは雄鶏が産んだ卵から生まれるという話が広まった。そしてほかにも、シリウスが昇っていなければならないとか、卵はヒキガエルによって孵されなければならないといった、同じくらい必須条件とはいえそうにない説明がつけくわえられていった。生まれた子どもはその雄親の特徴を有する。チョーサーは『カンタベリー物語』の中でそれをバシリコックと呼んだが、もっと一般的な名前は「コカトリス」である。

コカトリスはバシリスクの殺傷能力をすべて受け継いでいる。頭上を飛んでいる鳥さえ、それに見つめられると焦げて死んでしまうといわれた。しかし、中世の挿絵画家が蛇というより蛇の尻尾をもつ雄鶏のように描いたため、その姿はまったく別のものになった。人々はそれが実在することを疑わなかった。なぜなら、聖書にも版によってはその言葉がまぎれこんでいたからである。

ルネサンス時代になると懐疑的な声が上がりはじめた。フランスの法学者ジャン・ボーダンは、修辞学的に「見られただけでバシリスクに殺されるのなら、誰がそれを見たことがあるのか？」と問うた。その後、合理主義者は、プリニウスの説明はじつは、頭巾状の部分が彼のいう冠のような模様になるキングコブラについての歪められた話がもとになっていると主張するようになる。この考え方でいけば、この生き物の本当の天敵はイタチではなく、プリニウスの時代のイタリアでは知られていなかったが、のちに蛇を殺す腕前でよく知られるようになるマングースだったのである。

ガルダ インド神話に登場する神鳥

姿
半分は人間だが半分は猛禽で、体は金色で、顔は白く翼は赤い。

大きさ
太陽をさえぎるほど大きい。

寿命
『マハーバーラタ』によれば、神の飲料アムリタを盗みとったのち、ヴィシュヌから不死を与えられた。

能力
ヒンドゥーの神ヴィシュヌの騎鳥となり、宇宙的な力をもつ。

生息地
ヴィジャヤナガル寺院群の一部をなす山車（だし）型の石造寺院がその家だとされる。仏教の言い伝えでは、ガルダたちはパンヤノキの林に住んでいたとされている。

インド神話に登場するほかの神々と同様、ガルダは多くの要素をもつ存在で、その名前は人によってそれぞれ別なことを意味する。しかし、その重要性を疑う人はほとんどいない。それは、ガルダがヴィシュヌの乗り物としてこの偉大な神を背に乗せて空を飛び、ヒンドゥー教において中心的な役割をはたしたからである。サンスクリットの聖典プラーナ、さらにはウパニシャッド（奥義書）のひとつムクティカーにもその名前が載っている。

ガルダはもともとは古代の太陽神で、そうしたものとして寺院にまつられていたという証拠がある。伝説では、天地創造が始まったときに、ブラフマーも生み出した黄金の卵から生まれたとされている。しかし、やがて人間と鳥が合体した姿になり、通常、人間の顔と胴体、鳥のくちばしと翼をもつ姿で表わされる。ガルダ自身、空の世界の王で、その強大な風きり羽のはばたきは、地球の自転を止めることができるほど強力である。

『マハーバーラタ』には別の話が語られている。そこではガルダは聖者カシュヤパとその妻ヴィナターの息子であるとされ、母親を半神の蛇のナーガ族（226～227ページ参照）の手中から救い出すために神の飲料アムリタを手に入れる英雄的な冒険が語られている。その勇気に大いに感銘を受けたヴィシュヌは、ガルダを自分の騎鳥にした。

仏教の言い伝えでは、この物語についてまた別の見方がなされている。単一の存在としてのガルダではなく、ペルシア神話のシームルグ（30～31ページ参照）と多くの共通点をもつ巨鳥ガルダが何羽もいたとしているのである。このガルダたちのもつ力は強大で、翼を羽ばたかせて嵐を起こし、家を倒すことができた。また、知性と社会性もそなえ、聖山スメールをたえず脅かすデーモン、アスラたちの攻撃から守る手助けをした。

この複数のガルダたちと単数のガルダに共通する特徴は、たえず交戦状態にあった蛇に対する憎しみである。蛇はどこでも疑いをもってみられ、これに対する敵意は、鳥が空の支配者であると同時に人類に恩恵をもたらす者といわれる一因となった。これはすばらしい組合せで、現代においても、インドネシア政府は国営航空の名前としてガルダを選んだ。

ステュムパリデスの鳥 人肉を食らう沼地の鳥

姿
人肉を食らう鳥で、黄銅のくちばし、鉤爪、翼をもつ。

大きさ
鶴の大きさ。

寿命
明記されていないが、パチンコや弓矢で倒すことができる。

能力
人間の肉を好み、羽を矢のように発射することができる。さらに、その糞は有毒である。

生息地
ギリシアのペロポネソス半島東北部に位置するアルカディアのステュムパロス湖畔。

ダフネ・デュ・モーリアの小説から発想を得たアルフレッド・ヒッチコック監督の1963年のホラー映画『鳥』では、ある海辺の町の人々が、その攻撃性を人間に向ける貪欲なカモメに襲われる。その意外なプロットにより、この映画はちょっとしたセンセーションを巻き起こした。たいていの人が鳥を無害な生き物だと思ってきたため、この映画の想定がじつにショックなものとして映ったのである。

神話においても、鳥は混成動物だったり、とてつもない大きさだったりしないかぎり、好ましいものとして扱われるのがふつうである。大きい場合でも、ロック、シームルグ、サンダーバードといった鳥は、完全な恐怖というより尊敬と畏怖の念をもってみられた。

このため、ギリシア・ローマ神話のステュムパリデスの鳥に匹敵するものは、何世紀にもわたってほとんどいない。かつては戦いの神アレス（ローマ神話のマルス）の鳥であったが、人肉を食らう習性があるため邪悪なものとみなされるようになった。さらに、言い伝えではこの鳥は黄銅のくちばしと鉤爪とともに金属の羽をもつとされ、それによって軟らかくふわふわした愛らしいものとみなされる可能性がつぶされている。

この捕食性の鳥の巨大な群れは、ギリシアのペロポネソス半島にあるオルコメノスの町の近くにあった最初のねぐらから、狼の群れによって北方へ追い立てられたのだという。そして代わりに、古代アルカディア地方のキュレネ山の近くにあるステュムパロス湖周辺の沼地に棲みついた。鳥たちはそのあたりを荒らしまわり、果物を食べて果樹を裸にし、有毒な糞で作物をだめにした。追いはらおうとした農民たちは、翼から矢のように降りそそぐ羽の死の雨に襲われた。半分食べられて見つかった人間の死体は、目をつつき出され、軟らかい部分は消えていた。

この鳥は英雄ヘラクレスが第６の難業で戦った相手である。彼が沼地の巣にいる鳥たちに最初に近づいたとき、地面があまりにぬかるんでいたので、巣から飛び立たせるほど近づくことができなかった。ヘラクレスが彼を援助する女神アテナに助けをこうと、女神は鍛冶の神ヘパイストスをうながして、この英雄に巨大な青銅の拍子木（別の資料によれば青銅のガラガラ）を与えさせた。ヘラクレスはこの巨大な鳥おどしを持ってキュレネ山の尾根に登り、騒々しく音をたてたので、鳥たちはみな一斉に飛び立ち、荒れ狂う群れとなった。

それこそがヘラクレスが待っていたチャンスであった。彼が弓をとり次々と矢を射ると、鳥は下のアシの茂みに落ちて騒がしい音をたてながら死んでいった（この場合も別の資料では、同じことをするためにヘラクレスは投石器あるいはパチンコを使ったとされている）。生き残ったものは驚いて彼の頭上高く舞い上がって北方へ逃げていき、アルカディアでふたたび見られることはなかった。ヘラクレスはこの地方から厄介者を追いはらうことができ、難業ははたされた。

鳥はというと、黒海へ飛んでいき、沖合にあるアレスの小島と呼ばれる小さな島にのがれたともいわれる。イアソンとアルゴ船の隊員がそこでこの鳥たちに遭遇したのは、黄金の羊毛を求めてコルキスへ向かって航海している途中のことであった。イアソンたちの上を鳥の群れが旋回し、船に向けて金属の羽を放ち、１人の男（アイアスの父オイレウス）の肩を傷つけた。乗組員は防御手段をとった。半分が盾をかかげて傘のようにして身を守り、残りの半分が船を漕いで、危機を脱したのである。

何世紀にもわたって学者たちはこの鳥の起源について推測し、神話を合理的に説明できないかと考えてきた。沼地はいつも健康に害があるものとみなされていて、そこにいる熱病のデーモンとして始まったのではないかと考える人もいる。古代においては、人々はこのような存在を追いはらうため、ガラガラやカスタネットを使ったことが知られているのである。また、本当はヘラクレスの仕事は厄介者を一掃することではなく、ときにはふさがれることもあった地下の水路を使って沼地の水はけをよくすることだったのではないかという考えを提案した人もいる。アテナイの将軍イピクラテスが、近くの町を包囲しているときにこの水路をわざとふさごうと考えたことが知られており、彼が思いとどまったのは、神々がその計画に反対していることを示す兆しがあったからにすぎない。

シームルグ　ペルシアの英雄を育てた慈悲深い霊鳥

姿
鷲に似た猛禽で、通常、犬の頭、ライオンの爪、孔雀の尾をもつ姿で描かれる。

大きさ
ふつうの鳥の30倍あり、象や鯨をさらっていけるほど大きい。

寿命
伝説では1700年とされており、そのときが来ると自分自身の火葬の積み薪に飛びこむといわれた。

能力
強さと知恵のほか、癒しの力と未来を予見する能力をもつ。

生息地
カーフ（大地をとり囲む山脈）に棲むという言い伝えがあるが、ペルシア北部のエルブールズ山脈に巣があるという説もある。

ペルシアの伝説に、はじめて生まれた息子が雪のように真っ白な髪をしていた王の話がある。王はその子の誕生を不吉なしるしとみなして、ペルシア最北の地域にあるエルブールズ山脈に幼い息子をつれていき、死ぬにまかすよう命じた。置き去りにされた子どもを見つけたのが、あらゆる鳥のなかでもっとも大きくて賢いシームルグで、もっとも高い山の頂にある巣につれ帰って自分の雛鳥たちと一緒に育てた。

子どもはシームルグの愛情のこもった優しい世話を受けて、背が高くたくましい若者に成長した。ところで王は子どもができないでいたが、時がたつにつれて、無情にもすてた息子のことが気にかかってしかたなくなってきた。たくましい白子の若者が荒野を歩きまわっているのを見たという知らせが王にとどくと、王の胸に希望が湧き上がった。王は、その話が本当かどうか確かめようと、大勢の従者とともに山脈へ行った。すると、シームルグが、長らく行方不明だった息子を王のもとに運んできた。

しかし、この鳥の慈悲は息子を渡して終わったわけではなかった。そののち、ザールという名で呼ばれるようになるこの若者と別れる前に、シームルグは（知恵だけでなく話す能力ももっていたので）彼に自分の背中から羽を１枚取るよう言った。助けが必要なとき、それに火をつけさえすれば、すぐさまやって来るというのだ。

数年後、ザール自身が初めての息子の誕生を待っていたとき、なかなか生まれず、妻がしだいに弱ってきたため、彼はあの偉大な鳥の約束を思い出した。すぐにシームルグが現われ、腕のよい医者に母胎から子どもを取り出させるよう助言した。つまり、帝王切開を行なえというのである。ザールとその妻は助言に従い、また、傷を癒すためにシームルグがくれた薬草を使うと、そのかいあって元気な息子に恵まれた。この少年はやがて成長して、ペルシアのもっとも偉大な英雄である戦士ロスタムになる。

ザールの物語は、ペルシアにおいてシームルグが高く位置づけられていることをよく表わしている。その起源は、もっと古い伝説の鳥サエーナにあると考えられる。ゾロアスター教の創世神話では、サエーナは生命の樹の枝に棲み、羽ばたいて種をまき散らし、やがてそれから地上

「置き去りにされた子どもを見つけたシームルグは、巣につれ帰って自分の雛鳥たちと一緒に育てた」

のすべての植物の命が育ったとされている。

シームルグは通常１羽だが、雌雄どちらのこともあり、のちの時代にも、ザールの物語ではたしたような、人間を超える知恵と力をもつ生き物の役割を引き受けた。シームルグはとくに治癒と結びつけられ、ロスタムの生涯が終わりに近づいた頃、もっと若い戦士イスファンディヤールと戦ったとき、ロスタムの傷をふさぐのを助けた。また、その神話的起源にみられる土壌の肥沃さとの結びつきを受け継ぐ一方で、鳥の支配者であることから大地と空の２つの世界の間の調停者として働くこともできた。

ザールとロスタムの物語はペルシアの民族叙事詩『王書（シャー・ナーメ）』に語られているが、シームルグはほかの古典文学においても中心的役割をはたした。ファリード・ウッディーン・アッタールの12世紀の傑作『鳥の言葉』は、シームルグをきわめて抽象的な探索の旅の目的にしている。伝説の鳥の王を見つけるために、あらゆる種類の鳥たちが飛び立って、長く危険な旅を始める。途中で多くの鳥が脱落するが、30羽のきわめて勇敢な巡礼者たちが、シームルグ（その名前は「30羽の鳥」を意味すると解釈できる）が棲むといわれるかなたの山頂にたどりつく。そこで彼らは予期しなかった発見をする。苦難によって浄化され、集団として彼ら自身シームルグであり、彼らの一人ひとりに聖鳥の一部が宿っていたのである。

ハルピュイア 触れたものをすべて汚染する有翼の妖婆

姿
もとは束ねていない長い髪をもつ姿で描かれる風の女神だったが、のちに女性の頭、胴体、腕をもつ汚らしいハゲワシに似た鳥になった。

大きさ
通常、大型の猛禽の大きさとされる。

寿命
長命だが不死ではない。

能力
人間の世界と冥界の間を行き来でき、未来を予見する力をもつ。

生息地
最初は東トラキアにいたが、アルゴ船隊員によってストロパデス群島（イオニア海のザキュントス島の南にある2つの小島）へ追われた。別の伝承では、クレタ島の洞穴に住んでいるとされた。

ギリシア神話はしばしば女性に対して手厳しい。その女怪物のレパートリーには、蛇の髪をもつゴルゴン（154～155ページ参照）や執念深い復讐の女神（34ページ参照）のほか、メディアやキルケのような危険な女魔法使いもいる。しかしハルピュイアほど女性への不信に満ちたものはない。

ハルピュイアはセイレンと同じように女性の頭と上半身をもつ鳥であるが、似ているのはそこまでである。セイレンは死をもたらすかもしれないが魅惑的でもあり、歌の魔力で船乗りたちを誘惑する。これと対照的に、ハルピュイアは不快なだけである。飽くことのない貪欲さの化身である彼女たちは、食事をしている人々の上にさっと舞い降りてきて彼らの手から食べ物をひったくり、人々の前にならんだ料理をよごす。身の毛もよだつような甲高い声、それが放つ胸が悪くなるような悪臭、洗っていない下腹部についた排泄物など、ハルピュイアの汚さが大いに強調された。

文献に書かれた不潔な妖婆は、ヘシオドスによって「美しい髪」と描写された風の女神としてのハルピュイアの最初の姿からはかけ離れているように思える。その名前は「ひったくる」という意味の動詞ハルパゼインからきており、疾風の擬人化から生まれたと考えられる。ホメロスは１人、ヘシオドスは２人のハルピュイアについて述べているが、のちの時代にはたいていゴルゴン、運命の女神、復讐の女神と同じように３人組とされた。それぞれに与えられた名前アエロ（疾風）、オキュペテ（速く飛ぶ女）、ケライノ（黒い女）は、ハルピュイアたちの嵐のような性質をよく表わしている。

追い立てられた略奪者

今ではハルピュイアがいちばんよく思い出されるのは英雄神話における役まわりによってであり、もっとも有名なのがイアソンの物語である。アルゴ号の隊員たちは、黄金の羊毛を探す冒険に出ると最初に、予言の力で知られる東トラキアの盲目の王ピネウスの王国に立ち寄った。王は彼らに助言することを承知したが、ハルピュイアから自由になれるように助けるという条件つきだった。ハルピュイアたちは食卓から食べ物を盗み、彼の生活を惨めなものにしていた。彼女たちの襲撃によって、王と家臣たちは餓死寸前にまでやせ細っていた（つけくわえれば、修正主義の歴史家ディオドロス・シクロスはこの物語に対して異論を唱え、食べ物をとっていたのは本当はピネウスの２番めの妻であるスキタイ人の女で、そうすることで、役に立たない盲目の夫から自由になろうとしていたのではないかと遠まわしに述べている)。

ハルピュイアにはふつうの防御手段は役に立たないことが証明されていたが、イアソンには自由に使える特別な武器があった。彼が集めた英雄たちの中に、北風の神ボレアスの２人の息子カライスとゼテスがいて、彼らにはハルピュイアと同じように翼があったのである。２人はハルピュイアたちを追ってエーゲ海を渡り、さらにはギリシア本土を越え、ついにはストロパデス群島（イオニア海のザキュントス島の南にある２つの小島）にまで来た。そこでハルピュイアたちが命乞いをすると、追っ手たちは、そこにとどまってもうピネウスを悩ませないと約束するなら見逃してやろうと言った。

ウェルギリウスの叙事詩『アエネイス』に書かれているように、アイネイアスがトロイからイタリアへ行く途中でハルピュイアに出会ったとき、まだ彼女たちはストロパデス群島で暮らしていた。彼女たち自身の衛生状態は年月をへても改善していなかった。『アエネイス』には「地獄に閉じ込めて置くべきだったと神々は悔いているはずです。処女の顔に鳥の肢体、鷹の爪、不潔極まりない排泄物…」と書かれて

いる。この厄介な鳥は旅人たちの食事をだいなしにしただけでなく、予知能力を使って、数カ月先におまえたちは飢えることになると予言した。懲らしめられたトロイア人たちは錨を上げて逃げていった。[引用の訳文はウェルギリウス『『アエネーイス』ローマ建国神話』小野塚友吉訳より]

ギリシア神話の別のところではハルピュイアは黄泉の国の使いという負けずおとらず恐ろしい役を演じており、魂をつかんでハデスのもとへ運んでいった。この務めは、現在のトルコにあったリュキアで紀元前5世紀に建てられた「ハルピュイア墓」と呼ばれる柱状墓にも描

恐ろしい復讐の女神たち

神話ではハルピュイアはまた別の恐ろしい3人組、復讐の女神エリニュスたちと結びつけられた。すくなくともひとつの神話（パンダレオスの娘たちの話）によれば、ハルピュイアは復讐の女神の使者として働き、人間の犠牲者たちを女神のところへ運んだのち奴隷にした。

それぞれティシポネ、メガイラ、アレクトと呼ばれる3人の復讐の女神がいて、クロノスが父ウラノスを去勢したときに流れた血から世界が創造された直後に生まれたといわれる。その後、クロノスのように自分の身内に対して暴力行為におよんだ人々をすべて追跡して捕らえることが使命になった。報復の精霊である彼女たちは、偽証者や歓待の掟にそむいた人も罰した。

復讐の女神たちが創世直後に生まれたということは、ゼウスやオリュンポスの神々より前からいたことを意味し、彼らに支配されることはなかった。復讐の女神たちは冥界に住み、その無慈悲な仕事を行なった。死ぬことがなく執念深いこの女神たちは、罪人を狩るという与えられた任務を遂行し、情状を酌量して容赦するようなことはなかった。その姿は恐ろしく、犬の頭、充血した目、コウモリの翼をもち、髪は蛇で、獲物を探し出すためのたいまつと、彼らを懲らしめるための鞭をもっていた。父殺しのオイディプスや母殺しのオレステスなど、犠牲者は狂気か、さもなければ死に追いやられた。

オレステスは発狂したものの、ついには刑の執行を延期されるが、それはアポロンの助力によるところが大きい。

オレステスは自分の犯した殺人について、アテナイの最高立法機関であるアレオパゴスで申し立てをするように言われ、主としてアポロン自身の弁護のおかげで、無罪を言い渡された。その後、復讐の女神たちは不本意ながら彼を悩ますことをやめ、それに報いてアレオパゴスの丘のふもとに小さな神殿がつくられた。また、アテナイ人はこの女神にエウメニデス（「慈悲深い人」）という遠まわしな呼び名を与え、以後、なんとか彼女たちの恐ろしい怒りを避けたいと用心する市民たちのあいだで広く使用された。

かれている。レリーフには、小さな人間の姿をしたものをつかんで胸にかかえている有翼の鳥女として彼女たちが描かれている。

「飽くことのない貪欲さの化身である彼女たちは、食事をしている人々の上にさっと舞い降りてきて彼らの手から食べ物をひったくり、人々の前にならんだ料理をよごす」

このような仕事をすることは、パンダレオスの娘たちの悲しい物語の中でも語られている。このミレトス人は、かつて幼いゼウスを守るために鍛冶の神ヘパイストスが作った黄金の犬を盗むという無謀な行ないをした。この罪でパンダレオスは神々に捕まえられて殺される（石に変えられたともいわれる）。しかし、彼の死だけでは神の怒りをしずめるのに十分ではなかった。彼には、メロペとクレオテラという２人の美しい娘がいた。彼女たちは、アプロディテがみずから凝乳、蜂蜜、甘いワインで育て、ヘラとアルテミスが知恵と技能を与えた。ゼウスは成年に達すると、ハルピュイアを送ってこの美女たちをさらって復讐の女神のもとへ運ばせ、父親の罪の報いを受けさせた。

それでも、伝えつづけられたのは主としてハルピュイアの不潔さであった。ダンテは『神曲――地獄篇』で、ハルピュイアを自殺者などみずからを傷つけた人々の見張り番にした。そして、中世の動物寓話集では貪欲のシンボル、すなわち自分自身の飽くことのない食欲の犠牲者として描かれている。食欲がハルピュイアとそれに苦しめられる人々を狂気の境界、さらにはその向こうへと駆り立てるのである。

マオリの女鳥人、クラ・ガイツク

マオリ神話にも恐ろしい女鳥人の話がある。クラ・ガイツクという名の、翼をもつ大きな女で、全身を羽毛で覆われ、ハルピュイアと違って単独で暮らしている。現在では彼女は、ハツパツという名の人をだます若者についての人気のある英雄伝説に登場することでよく知られている。長い間彼をいじめ、殺そうとまでした兄弟たちから逃げ出したハツパツは、鋭いくちばしで鳥たちをつき刺すのに忙しいクラ・ガイツクに出会った。ハツパツがうっかり槍でこの女鳥人をつついたため、彼女は怒って彼を捕まえ、洞窟に閉じこめた。そこでの彼の未来は、キュクロプス（62ページ参照）のポリュペモスの洞窟に閉じこめられたオデュッセウスの部下たちの未来ほど明るそうには見えなかった。しかし彼も『オデュッセイア』の英雄のようにうまく脱出し、彼の場合はクラ・ガイツクのみごとなマントや上着とタイアハ（戦闘用の杖）をもち出した。女鳥人が追ってきたが、ハツパツは呪文を唱えて岩の中に隠れて、捕まらずにすんだ。いまだに人々は、ニュージーランド北島のアティアムリ近くの道のかたわらにある割れた岩をさして、冒険の現場だと言う。

鳳凰 中国の吉兆の鳥

姿
色鮮やかな孔雀に似た鳥で、いくつかの動物の特徴を併せもつ。ある記述では、鶏のくちばし、燕の顔、白鳥の首、雁の胸、そして魚の尾をもつとされている。

大きさ
通常、孔雀ほどの大きさとされる。

寿命
不老不死。

能力
平和と繁栄の前兆で、その出現は天に気に入られていることのしるしである。

生息地
西王母が治める崑崙山に棲むともいわれる。

鳳凰の姿を目にすることほど中国の皇帝の心を喜ばせることはなかったが、それを見ることができた者はほとんどいない。この鳥は瑞獣であり、繁栄と平和のときしか現われない。その出現は、統治者がその思慮深さと賢明さで神々に認められたしるしであった。現に、この国に文明の恩恵をもたらしたとされる文化英雄である伝説の黄帝の庭では、この鳥が群をなしていたといわれる。

この鳥が調和を象徴するのは、その体内で陰陽の力のバランスが保たれているからである。もっとも初期の描写は紀元前5000年という昔にまでさかのぼり、ヒスイの装飾品に2つの別々の生き物として雄の鳳と雌の凰が向きあって描かれている。しかし、歴史時代になると両者は一緒になり、単一の存在になった。

その後、鳳凰の女性的な部分が優勢になる傾向があった。中国において竜が皇帝のシンボルであったのと同じように、この鳥は皇后のシンボルであった。伝説上の西王母は崑崙山で不老不死の桃の番をしていたが、そこを見てまわるときにこの鳥に乗ったといわれる。

古代中国の宇宙論において鳳凰は竜にならぶものとして扱われ、どちらも（虎と亀とともに）4方位と関連づけられる瑞獣とされた。鳳凰の方向は南で、夏と火の要素と結びつけられた。このため、そのすばらしい羽を彩る多くの鮮やかな色のうちもっともめだつのは赤で、南の朱雀と呼ばれるようになった。

鳳凰に対応する哺乳類として、中国の一角獣である麒麟（104～105ページ参照）がおり、これも同様に繁栄の治世にだけ現われる。また、よい時代を象徴するものとして格言で鳳凰が言及されるようになったが、たいていはそれがいないということを言っている。論語に、孔子が失意のときに「鳳凰は来ない。私もおしまいだ！」と不満をもらしたことが書かれており、それに対応する西洋の言葉は「トンネルの先に光が見えない」という絶望の叫びだろう。［論語子罕第九の9「子曰、鳳鳥不至、河不出圖、吾已矣夫（子曰わく、鳳鳥至らず、河、図を出ださず。吾やんぬるかな）」の部分のこと］

火の鳥 燦然と輝くロシア民話の珠玉

姿
あざやかに彩られた光り輝く羽毛をもつ魔法の鳥。

大きさ
およそ孔雀の大きさ。

寿命
不明。

能力
光り輝く羽毛をもち、引き抜かれた羽根でも部屋が明るくなるほどである。

生息地
昔のロシアの森。

ロシア民話の火の鳥は、赤、黄、オレンジの色あいの羽毛で華やかに飾られ、まばゆいばかりで、引き抜かれたり抜け落ちたりしても輝きつづけた。このため、この鳥が冒険の目的として追い求められたのも驚くにはあたらない。有名だがめったに見られないこの鳥は、魔法のように美しく手に入れるのがほとんど不可能な、一種の生きた聖杯になった。

ときにはこの鳥が物語の中で積極的な役割を演じることもあるが、たいていはどこからともなく現われて主人公を危険から救う役である。ある民話では、悪い兄弟たちによって殺された王子に命の水をもってくる。別の民話では、人を食らう魔女バーバ・ヤガ（112～113ページ参照）の手から商人の息子を救い出し、背中に乗せて海の向こうの安全なところへ運ぶ。

しかしふつうはその役割は消極的である。もっとも有名な火の鳥の物語はこうである。狩人が火の鳥の羽根を１枚見つけ、自分の馬に警告されたにもかかわらず（その馬は話す力に恵まれていた）、誇らしげにその羽根を持ち帰って王様に届けた。しかし、馬が予言していたように、その贈り物は貪欲な支配者の欲をそそっただけで、すぐに王様は鳥自体を持ってくるよう狩人に命じ、失敗したら死刑にすると脅した。絶望した狩人が馬に相談すると、馬はトウモロコシをまいて待つように言った。うまい具合に火の鳥がトウモロコシを食べにやってくると、馬がその片方の翼を踏みつけたので、狩人はそれを捕まえて宮廷に持っていくことができた。

イワン王子の冒険

もうひとつ別の人気のある話はこうである。火の鳥が王様の果樹園から黄金のリンゴを盗むようになり、王様は３人の息子に捕まえさせることにした。上の２人はその仕事を完全に失敗したが、いちばん下のイワン王子はまずはなんとかその美しい羽根を１枚奪い、それからついに鳥自体を捕まえることに成功した。しかしそれは多くの苦難ののちにはじめてできたことで、このときも話をする動物（この場合は灰色の狼）に助けられたおかげだった。この物語の最後では、妬んだ兄たちがイワンを襲う。兄たちはイワンを殺し、自分たちが鳥を見つけたのだと嘘をつく。しかし、すぐに狼が彼らの悪だくみを終わらせる。王子を生き返らせて不正をただし、そしてもちろん、美しいお姫様と結婚させたのである。

20世紀の偉大な作曲家イーゴリ・ストラヴィンスキーは、このおとぎ話をもとにバレエ音楽「火の鳥」を作曲した。その筋書きは伝承の物語からイワン王子という登場人物を借りてきてはいるが、彼を助けた動物を火の鳥自身にしている。そして王子と火の鳥は協力して邪悪な魔法使いである不死の魔王カスチェイの策略になんとか打ち勝ち、13人もの王女たちを魔法使いがかけた魔法から自由にする。プロットの子どもっぽい単純さが、洗練された音楽とディアギレフのプロデュースのすばらしいモダニズムと対照をなし、1910年にパリで初演されるとセンセーションを巻き起こした。それはヨーロッパ音楽の進む道を変えるとともに、忘れがたいロシア民話の創造物のひとつに、新たな命を吹きこんだのである。

天狗　怒らせると危険な恐ろしい鳥人

姿
光る目と、しばしば真っ赤でくちばしのような長い鼻をもつグロテスクな鳥人。人間によく似た天狗もいるが、そうでないものは体に羽毛が生えている。いずれも敵意のある表情をしていて、猛禽の翼と鉤爪をもつ。

大きさ
さまざま。伝説の天狗の王は巨人サイズだったといわれるが、それ以外は人間より小さく描かれている。

寿命
不明だが、ふつうの人間の寿命より長いと考えられる。

能力
歩くことも飛ぶこともできる。武術と剣術に長けている。

生息地
木が生い茂る日本の山岳地域。

日本の森林におおわれた山々を独りぼっちで歩く旅人は、日が暮れてくると、びくびくしながら周囲を見まわし、木の葉の間から2つの光る目がにらみ返してくるのではないかと恐れたものである。もしかしたらそれは天狗かもしれない。天狗は精霊の一種で、半鳥半人で人里離れた森にいる。神道の男性の攻撃性の化身であるスサノオから吐き出されたといわれる天狗は、よくても彼らの領分に入ってくるよそ者を疑い、最悪の場合は死を招くほどの敵意をもつ。

義経と天狗の王

もっともよく知られている天狗の話は、義経伝説で語られているものである。源義経は、12世紀の日本の支配をめぐって平氏と源氏が争っていた頃の実在の人物である。彼は子どもの頃、父親に死をもたらした平氏の棟梁によって寺に送られる。そこで復讐の夢を育む彼は、ひとりで森に入りこんで剣術の稽古をする。

ある夜、木の枝を相手に稽古していると、頭上で雷鳴がした。驚いて見上げた彼の目の前に、森の静寂を妨げているのは誰か見に来た大天狗がいた。勇敢にもこの少年は一歩も引かなかった。その翼のある大天狗は彼の大胆さを見て笑い、剣術を指南してやろうと言った。天狗に稽古をつけてもらった義経はすばらしい武者に成長し、やがて仇の平氏を倒すことになる。

天狗に出会った人はたいていそのことを悔やみつづけることになるから、義経は非常に幸運だったといえる。この精霊はいたずらをするだけのことも多い。たとえば、不注意な人を宙に放り上げて梢の上をあてどもなく飛ばす。ときには人を長い間さらうこともあり、被害者はたいてい帰ってくるが、よくても呆然として混乱しており、最悪の場合は完全に正気を失っている。そのようになったひとりが木内平左衛門という侍で、彼は寺の屋根の上にうずくまっているのを発見された。殴られたのち、何時間にも思えるあいだ、空中をものすごいスピードで飛んだという。彼が回復して体験を詳しく話せるようになるまでに3日かかった。

死の報復

天狗はすぐに腹を立てる。元相撲取りの男が、ふざけて天狗の格好をして木の枝に止まるという過ちを犯した。この無鉄砲な行ないにより、彼は地面に打ちつけられて死んでしまったという。また、道端の神社の神聖さを汚して天狗の注意をひいた軽はずみな者もいる。彼は、やってきた羽の生えた者を鳥と間違えて、火縄銃をかまえて一発撃った。それに対して天狗は小枝で軽く男に触れただけだったが、すぐに彼は炎を上げて燃え上がり、灰になってしまったという。

このような話は、日本ではすくなくとも1860年になっても本気にされていた。その年、ときの将軍が、現在の東京の北にある日光へ参拝に行った。そこには大将軍、徳川家康と家光が埋葬されているのである。訪れた英国人の記録によれば、現地の役人が現場の周囲に立札を立て、地元の天狗に近づかないように警告し、将軍が訪れているあいだ、行くことが許される山々を指定することさえしたという。

グリフィン 鷲の頭をもつライオン

姿
鷲の前部、翼、くちばし、(すくなくとも前足には)鉤爪をもつライオン。上に向けて耳が突き出していて、きわめて小さな音も聞こえる。

大きさ
巨大。ジョン・マンデヴィルの想像力に富む『東方旅行記』によれば、「その体はライオン８頭分より大きい」

寿命
記録なし。

能力
飼いならすことができず、強大で、象やトラを圧倒するほど強い。いくつかの文献に、グリフィンは馬とその乗り手を一度にさらっていくと書かれている。

生息地
ギリシアの年代記作家ヘロドトスによれば、スキュティアの北部で大量の金を守っている。これに対し、中世の言い伝えではインドの荒野にいるとされ、山の頂に棲むといわれた。

地上最強の動物であるライオンの体と、空の王者鷲の前部を結合したグリフィンは、古くから力の象徴であった。その起源は、古代中東の神話にある。シュメールの神話では、有翼のライオンは気象の神イシュクルと関係があり、口から雨水が流れ出る姿で表現された。エジプト古王国時代の、ファラオが敵の死体にまたがるようすが描かれた石碑には、勝利した支配者のそばによく似た動物がいる。アッシリアの時代になると、グリフィンは紋章の守護獣の地位を得て、２頭が対になって有翼の神々の両側に後ろ足で立つ姿で描かれた。

油断のない黄金の見張り番

古代ギリシアでもグリフィンは守護獣とみなされ、死者を守るために墓にその姿が刻まれた。しかし、グリフィンの伝説にとってギリシアが大きく貢献したのは、この動物が存在するという報告をはじめて記録し、それが世界の辺境の地に棲むという息の長い伝承を確立したことである。そのおもな情報源はヘロドトスである。彼は、紀元前５世紀に書かれたきわめて広範な知識を含む『歴史』に、ギリシア世界の最北端スキュティアから伝えられた話を記録している。スキタイ人のあいだには、北方に住むアリマスポイ人と呼ばれるひとつ目族の話があった。アリマスポイ人は、彼らの土地に豊富にある金を探すことに多くの時間をついやしていたが、金を得るには、油断なく番をしているグリフィンから盗むしかなかった。しかし、その話から受ける印象とは違って、ヘロドトスの著作より少し前に書かれた悲劇『縛られたプロメテウス』の中で悲劇詩人アイスキュロスが言及しているように、当時なんらかの通貨があったことは確かである。

この話には守護獣というグリフィンの従来からの役割が組みこまれており、スキタイ人が実在する彼らの金山を守るためにわざとその話をつくったのかもしれない。また彼らは、その地方で見つかる恐竜の骨をグリフィンの遺物だといつわって、話の信憑性を高めようとしたようだ。近年、学者たちは、中央アジアで発掘されたプロトケラトプスの頭蓋骨と、その後のグリフィンの描写との類似性を指摘している。［プロトケラトプスは草食恐竜で、じょうぶなくちばしをもっていた］

その起源がなんであろうと、この話はたちまち根を下ろした。プリニウスや地理学者のストラボンなど一部の専門家は懐疑的な態度をとったものの、そのほかの著述家たちは無批判に受け入れ、さらにはそ

れを受け継いだ中世の博物学がグリフィンは伝説ではなく実在の生き物だということで通した。なんらかの裏づけが必要だったとしても、ウルガタ（ラテン語版聖書）での誤訳によってさらに念押しされた。食べるのが適当でない動物についてのモーセのリストにグリフィンが含まれていたのである。その背後に聖書の権威があったため、その後千年のあいだ、この生き物の信憑性にあえて疑問を呈する者はほとんどいなかった。

真実と虚構の間

またグリフィンは、フィクション作家によい題材を提供しつづけた。中世にアーサー王物語とほとんど肩をならべる人気があったアレクサンドロス大王の空想的な叙事詩の作者たちは、グリフィン伝承の主要部分としてスキタイ人の話を組みこんだ物語をつくり出した。そんななかに、飛んでみたくてたまらない大王がすばらしいことを思いつく話がある。彼が入れるくらい大きな籠に４頭のグリフィンをつなぎ、棒につけた肉の塊をその口のすぐ先にぶら下げて、飛び立つようにうながす。グリフィンたちが餌を手に入れようと苛立って翼をはばたかせれば、アレクサンドロスはうまく天へ向かって飛び上がることができるというわけである。度がすぎた大望に対し教訓を与えることができるように、失敗に終わるように話を変えたヴァージョンもある。大王はイカロスのように、飛ぶことで自分の権力がまちがいなく神聖なものであることを主張しようとしたのだと、作者は考えたのである。

中世をとおしてグリフィンは２つの面を有していた。一方では、紋章の守護獣と王の権力の象徴というもともとの役割を続けていた。たとえばイングランド王エドワード３世は、彼個人の印章にこの動物を彫りこんでいた。その一方で、神による創造の驚異を例証する純粋な自然現象とみなされた。

ヒッポグリフ――学のある冗談

ローマの詩人ウェルギリウスは紀元前37年の『牧歌』の中で、現代人が「もしそうなら豚が空を飛ぶ」と言うのと同じように、まったく不可能なことを表わすために「それならグリフィンが馬とつがっているはずだ」という意味のことを書いている。当時の読者なら誰でも、グリフィンが生まれつきあらゆる馬の敵だということを知っていただろう。そしてそれはおそらく、グリフィンの不倶戴天の敵である北方のスキュティアのひとつ目族アリマスポイ人が黄金を盗みに馬に乗ってやってきたからだろう（42ページ参照）。このため、ルネサンスの詩人アリオストが、グリフィンと雌馬を合体させて生まれた空飛ぶ馬ヒッポグリフを考え出したのは、学のある冗談のつもりだった。この生き物がはじめて登場したのは、恋のため正気を失った英雄オルランドの狂気を描いたアリオストの偽叙事詩『狂乱のオルランド』である。ひどく狂った世界においてのみ、このような途方もない生き物が想像されうると、詩人は言っているように思える。

ある地理学者は、狩人たちがグリフィンをどのようにして殺すか説明している。彼らはアシを編んで作った台に肉の餌をつけておびき寄せる。次にその敷物に火をつけ、グリフィンの翼の表面が焼かれ、下に隠された三叉の槍の穂先の上に落ちるようにするのだという。学識のある聖ヒルデガルト・フォン・ビンゲンが、グリフィンは狭い洞窟に卵を生んでライオンから守るが、そうしなければ踏みつけられるからだと書いている。当時、グリフィンの爪と卵は特別な記念品とみなされて、さかんに取引された。たとえばダラム大聖堂で聖カスバートの宝物として保存されているものは、それぞれアイベックスの角とダチョウの卵であることが判明している。千年紀の変わり目にカペー王朝のフランス王ロベール２世（信心王）は、グリフィンの卵とされるものを銀の聖骨箱に入れて保管し、貴族たちにそれにかけて誓いをさせた。

怪物の作品

16～17世紀に理性の時代が始まると、ついにこういった話は人気を失った。懐疑論者たちはこの鳥の存在の直接的な証拠がないことを指摘し、地理学者たちはグリフィンが棲むとされた土地のいずれについてもその存在の可能性を否定した。英国の著述家トマス・ブラウンは、この新たな雰囲気をとらえて、グリフィンについて「この作品はスフィンクス、キマイラ、ハルピュイアといった作り話にもおとらぬほど途方もない」と意見を述べた。

その実在性を否定されたグリフィンは、以後、紋章と物語にかぎられるようになり、まもなく子どもたちを楽しませるために使われるファンタジーの生き物の地位に身を落とすことになる。『不思議の国のアリス』のグリフォンは、憂鬱な友だちのニセウミガメと、ロブスターのカドリールというダンスを踊る大役を演じる。ホグワーツにあるハリー・ポッターの寮はグリフィンドールと呼ばれ、フランス語の「griffon d'or」すなわち「金のグリフィン」を暗示している。ただし、実際にはそのシンボルマークはライオンである。また、C・S・ルイスの『ナルニア国物語』でも、アスラン軍側でグリフィンが登場する。T・H・ホワイトの『永遠の王』に出てくるグリフィンは、まだ若いアーサーが戦う凶暴な怪物である。これは、この動物が、地上と空のそれぞれ最強の捕食者のもっとも恐ろしいところをひとつの体に集めた純粋に恐るべきものと考えられていた当時のことを思い出させるめずらしい例である。

⊙ ⊕ ⊖

フェニックス　みずからの灰からよみがえる鳥

姿
ピエール・ド・ボーヴェは、「孔雀のものに似たトサカをもち、胸と喉は赤く輝き、尾にかけて晴れた空のように青い」と述べている。

大きさ
ヘロドトスによれば、「形と大きさは鷲にもっともよく似ている」

寿命
自己再生する。およそ500年（タキトゥスによれば1461年）ごとに死ぬが、自分自身の火葬の積み薪からふたたび生まれる。

能力
定期的に生まれ変わるため不滅。

生息地
アラビア。

フェニックスの起源は、古代ギリシア・ローマにおける古代エジプトの儀式についての歪められた記述にある。エジプト人はサギまたはコウノトリの姿で描かれる太陽神ラーの聖鳥ベンヌを崇拝していた。ベンヌは、ヘリオポリスにあるラーの神殿で燃やされる聖なる火からみずから生まれるといわれ、毎日夕方にみずからの炎の中で死に翌日の夜明けにふたたび生まれる太陽を象徴しているのは明らかである。

この生き物の話が誤った形でヘロドトスの耳に達した。彼の説明では、この鳥は、エジプトの東方すなわち太陽が昇る方角にあるアラビアで一生をすごすとされた。彼は、「信じられぬことだが」と断わりつつ、耳にした話、つまり雛鳥が死んだ親鳥の遺骸を没薬で作った入れ物に入れて、ヘリオポリスに運んで捧げるという趣旨の話を記録している。

この記述に、古代ギリシア・ローマのほかの著述家たちが細部を追加していった。この鳥は死期が近づくと、香草で巣を作って自分自身の火葬の積み薪を用意したのち、くちばしで石を打ってそれに火をつけるといわれた。タキトゥスは、ソティス周期（犬の星シリウスが日の出の直前に出現する日と、エジプトの１年の365日の始まりとが一致する周期）と関係づけて、このみずからを生け贄として捧げる行為は1461年に１度行なわれると主張した。

しかし、完全に成熟したヴァージョンでは、フェニックスの伝説はキリスト教の創作物である。すくなくとも４世紀のクラウディアヌスの時代からは、人々はフェニックスは１頭しかおらず、500年の寿命がくるとみずから生まれ変わると考えた。この鳥は死期が近いことを感じると、乳香、没薬、その他の香料で火葬の床を用意するという（エジプトのヘリオポリスに飛んでいき、そこで聖職者がたきつけを載せた祭壇を用意すると述べて、エジプトとのつながりを主張するものもある）。そして、くちばしで打って火を起こし、翼で炎をあおいで、ついには燃えつきるという。

１日後、灰の中に小さな蛆虫のようなものが見える。２日目には羽毛が生えて鳥とわかるような姿になり、３日目には完全に羽が生えそろったフェニックスが出てくる。キリスト教の信者にとって、この話が何と類似しているかは明白だった。彼らはその中に、キリストの復活との直接的な一致と、霊的更生の隠喩（メタファー）を見たのである。

☉ ⊕ ⊖

ロック　アラビアの伝説の巨鳥

姿
巨大な猛禽で、マルコ・ポーロによれば、「ちょうど鷲のような生き物であり、ただすばらしく大きい」[引用の訳文は『全訳マルコ・ポーロ東方見聞録』青木一夫訳より]

大きさ
マルコ・ポーロは、翼幅が15メートル、翼の羽の長さが7メートルあるとしている。

寿命
不明。

『千夜一夜物語』で語られているように、シンドバッドは第２の航海で離れ島を見つけて船をつけたとき、浜辺で寝入ってしまった。そして目を覚ますと、仲間たちは彼を残して出発してしまっていた。近くを探検したシンドバッドは、入口がひとつもなく、周囲が50歩もある真っ白なドームを見つけた。不思議に思って眺めていると上空が暗くなり、見上げると巨大な鳥が舞い降りてきた。もう彼にも、ここにあるのはその鳥の卵だとわかった。シンドバッドはすばやく考えて、ターバンで鳥の足に自分をくくりつけた。その鳥は彼がいることなど気づきもせず、やがてふたたび空に舞い上がり、シンドバッドは遠く離れた山の頂まで運ばれた。

この物語は伝説の巨鳥ロックについてのおそらくもっともよく知られた話で、ロックはペルシアのシームルグ（30～31ページ参照）と関係があるかもしれない。じつは『千夜一夜物語』にはほかにもこの巨鳥への言及がある。北アフリカの商人が「シナ海」でこの鳥と遭遇する短いエピソードが書かれている。彼も、長さ100キュビット（約45メートル）はある、孵る直前の卵を見て仰天した。卵を割ると、中にはいっぱい水が入っていて、そこにいた孵る前の雛鳥から羽根を手に入れた。彼と仲間の船乗りたちが船で去ると、復讐に燃えた母鳥が追ってきて、大きな岩を船めがけて落としたが、運良く狙いがそれた。

アンズーと天命のタブレット

巨大な鳥の物語は、はるか中東の神話にまでさかのぼることができる。メソポタミアには、ライオンの頭をもつ巨大な鷲の物語がある。それはアンズーと呼ばれ、空の神エンリルから天命のタブレットを盗んだ。タブレットがどのようにしてとりもどされたかについては、いくつか異なるヴァージョンがある。神マルドゥクが泥棒を殺したというものもあれば、英雄ニヌルタが襲って落とさせたというものもある。３つめの伝説では、また別の英雄ルガルバンダが、親鳥が留守の間に巣で見つけた雛にご馳走を食べさせて、アンズー鳥から感謝されたという話になっている。お返しにアンズーがルガルバンダの望みをひとつかなえ、彼はどこまででも疲れを感じずに走ることができる足を手に入れた。

マダガスカルのマルコ・ポーロ

このような旅人の話の伝統にならって、マルコ・ポーロは彼が1290年代に訪れたマダガスカル島にロックがいたと書いている。彼が現地の人々から聞いた話では、その鷲に似た巨大な鳥は鉤爪で象をつかんで空中にもちあげたのち、地面に落として砕いて食べられるようにする習性があるという。マルコ・ポーロ自身は、外交使節がフビライ・ハーンの宮廷に持ち帰ったロックの羽根を見たことがあり、その羽軸の周囲は彼自身の手のひら２枚分あったという。学者たちは、これはラフィアヤシの葉で、中国人の客を感心させるためにロックの羽根だと言ったのではないかと推測している。

マダガスカルとのつながりから、未確認動物学者たちは、その島の絶滅した動物たちの中にこの鳥のモデルとして可能性のあるものがいないか探しはじめた。ひとつの候補がマダガスカルの冠飾りのあるクマタカの仲間（*Stephanoaetus mahery*）で、西暦1000年よりも前、この島に人間が定住したときに絶滅し、大形のキツネザルを餌にするほど大きかった。そして、もうひとつがリュウチョウ（*Aepyornis maximus*）である。このダチョウに似た巨大な飛べない鳥は、16世紀というつい最近まで生存していた可能性があり、立つと高さが３メートルもあり、重さが500キロあった。長い首とちっぽけな翼をもつこの鳥自体は、鷲と間違われることはまずないが、それでも研究者たちは、それがもっと大きな翼をもつ親鳥の雛だとかんちがいされたかもしれないと考えている。ドーム・サイズというわけにはいかないものの、リュウチョウの卵も驚くほど大きい。あるものは周囲が１メートル以上あったとされている。

能力
鉤爪で象を運ぶことができるほど大きく強い。

生息地
中東とマダガスカル。「シナ海」という記述もある。

「現地の人々は、その鉤爪で象をつかんで空中にもちあげてから落とし、砕いて食べられるようにする習性がある、鷲に似た巨大な鳥のことを彼に話した」

シェドゥとラマッス 有翼の守護霊

姿
シェドゥは人間の顔をもつ有翼の雄牛、ラマッスは有翼のライオンの姿で現われる。

大きさ
途方もなく大きい。コルサバードにあるサルゴン王の宮殿を見張るものは体高が4.5メートルあった。

寿命
聖霊であり、死すべき運命にはない。

能力
守護霊で、家や宮殿を悪意のあるデーモンから守る。

生息地
古代メソポタミアとペルシア。

古代メソポタミアの人々は、デーモンが出没する世界に住んでいた。平均寿命が30年そこそこという時代に生きていた彼らは、大人になるまでに人間の脆弱さを嫌というほど思い知る。旱魃から伝染病まで、自分たちではどうしようもない多くの災厄に苦しめられ、人々は本能的に災難を邪悪な聖霊のせいにしがちであった。

彼らを苦しめるデーモンは数えきれないほどいて、目に見えないことが多かった。いくつかは名前をもっていた。ぞっとするようなライオンの頭をもつ妖婆のラマシュトゥは、流産、死産、乳幼児の突然死の原因とされた。「うずくまる者」ラビツは暗い路地で通行人を待ち伏せた。ヘブライのリリスの起源であるリリトゥは、眠っている男を誘惑した。そのほかは名前がなく、たとえば冥界の女王エレシュキガルの使者である恐ろしいガラ（「治安関係の役人」の意）は、罪人を女王の闇の国へひきずりこんだ。どこにでもいたのが、さまざまな名前のない家のデーモンで、人々の家庭に病気と不和をまき散らした。

当然のことながら、人々は邪悪な精霊の行ないから自分たちを守ってくれる守護者を求めた。そういったよいジーニーのうちまっさきにあげられるのがシェドゥとラマッスで、宮殿や神殿の外側にはその彫像が立って見張りをしていた。どちらも混成動物で、力を象徴する動物（シェドゥの場合は雄牛、ラマッスはライオン）の体に人間の頭がついている。

神々のエンブレム

学者たちは、シェドゥに表わされている雄牛は、じつはメソポタミアでは歴史時代が始まった頃に死に絶えたバイソンで、その記憶が英雄伝説の中に新鮮なまま保たれたのだろうと推測している。そのような由来がわかったのは、彫像に密生した毛が刻まれ、胸、首、脇腹を覆っているからである。ライオンについては、アッシリア王アッシュール＝バニパルの偉業を記念する有名なライオン狩りのレリーフ（現在は大英博物館に展示されている）が示しているように、当時メソポタミアではライオンは一般的な動物だったのである。

どちらの動物も重要な神と結びついており、それによって守護の力が増大したのかもしれない。雄牛は嵐の神イシュクルすなわちアダドの、ライオンは太陽神シャマシュと戦争の女神イシュタルを象徴する。コルサバードの宮殿址から出土したレリーフに、レバノンから高価なシーダー材を運ぶ遠征につきそう守護天使の姿でシェドゥが描かれていることからもわかるように、それは存在するだけで守護になった。これに対し、敵のシェドゥを奪うことは征服のしるしであった。アッシュール＝パニバルは、エラムの神殿を守る者を退けたことを、紀元前640年のエラムの攻略を祝う勝利の碑銘に記している。

もっと小さな規模でも、ふつうの家の持ち主がこの獣たちの守護の力から恩恵を得ようとした。シェドゥやラマッスの姿が描かれた粘土板を家の入口の下に埋めるのが一般的なやり方で、そこで霊的侵入者をたえず警戒する疲れを知らない番犬の役割をはたした。

モスマン　フライング・ヒューマノイドか、都市伝説か？

姿
有翼の人間の姿をして、輝く赤い目をもつ。

大きさ
目撃者によれば、背の高さが約2メートル。

寿命
不明。

能力
飛ぶことができ、予知能力をもつという説もある。

1966年末に、ウェストヴァージニア州のオハイオ川にのぞむ小さな町ポイントプレザントおよびその周辺で、ある噂が流れはじめた。周囲の田舎で、ぞっとするような奇妙な姿が目撃されたというのである。もっとも詳しい説明は、夜、使用されていない軍需工場を自動車で通りすぎた２組の夫婦によるものである。闇の中に赤い点が２つ光っているのに気づいて車を止めると、その光はじつは１頭の生き物の目であることがわかった。その生き物は、「形は人間に似ているがもっと大きく、背の高さが２メートルほどで、大きな翼を背中にたたんでいた」。怖くなった彼らは最寄りの郡庁舎へ車を走らせて当番の保安官代理に知らせたが、その生き物は途中まで彼らの車のそばを飛んでいたという。

彼らの話が地元のメディアでとりあげられ、その後２週間にわたってほかにも目撃があった。立ったり歩いたりしているのを見ただけの人もいたが、すくなくとも１人の目撃者は、それが自分の自動車のすぐそばを飛んだと主張し、これも同じ工場の近くだった。その後、報告はもっと散発的になり、町が最悪の災難にみまわれた1967年12月

ニュージャージー州でのパニック

現実と伝説の間のあいまいな領域に住む、もうひとつのアメリカの飛行生物がジャージー・デヴィルで、これは1909年に1週間、ニュージャージー州南部のパインバレンズを恐怖におとしいれた。目撃者は、その怪物を鶴やカンガルーといったさまざまな動物にたとえた。もっとも詳しいものは、背の高さが約1メートルで、コリー犬のような頭と馬のような顔、長い首、幅約60センチの翼をもち、後肢は鶴の脚に似ているが、馬のひづめがついていると描写している。このような四肢で歩き、手がついた短い2本の前肢をもちあげる。当時、その地方に降り積もった雪の上、場合によっては屋根の上に足跡が発見され、飛んでいるところも目撃された。

この地域では、同じような翼のある生き物の目撃報告がすくなくとも1世紀前からあった。それを見たと主張した人には、アメリカ独立戦争の英雄スティーヴン・ディケイターやナポレオンの長兄ジョゼフ・ボナパルトもいる。ときどき目撃され、今日まで続いているが、1909年のパニックのときほど頻発したことはない。このときは武装隊が山狩りをして、一部の学校や仕事場が休みになった。

15日以降はほとんどおさまった。この日、オハイオ川をへだてたポイントプレザントとカノーガを結ぶつり橋シルヴァーブリッジが崩落したのである。この橋は当時ラッシュアワーで混みあっており、46人が亡くなった。

8年後、ジョン・キールという超常現象研究家が、2つの出来事を結びつけ、当時その地域で起こったといわれるほかの超常現象とも関係づけて、『モスマンの黙示』という本を出した。そしてこの本がもとになって、リチャード・ギア主演の映画『プロフェシー』がつくられた。本と映画はどちらもこの現象を超自然的なものとみなす立場をとっていて、キールはUFO説と結びつけた。

ほかの研究者たちは、世界の別の場所から寄せられたフライング・ヒューマノイド（ヒト型飛行生物）の特徴との共通点を指摘している。1970年代に、赤い目とペンチのような爪をもつ大きなフクロウに似たものの噂が英国コーンウォール州のモウナン村で広まり、すぐに「アウルマン」という名前がつけられた。ヴィクトリア朝時代の英国の伝説的な怪人バネ足ジャックにも、類似点を見出すことができる。彼は突然飛び出してきて若い女性を驚かせ、高い塀を飛び越えて巧みに逃げたとされる。

生息地
ウェストヴァージニア州ポイントプレザントおよびその周辺。

第2部 陸の動物

ベヘモト 湿地に棲む怪物

姿
たくましくて力にあふれ、「骨は青銅の管、四肢は鉄の棒のよう」

大きさ
もともとはカバの大きさだった。のちには想像を絶する大きさであると信じられるようになり、聖書外典第2エスドラス書に、海はベヘモトとレヴィアタンの両方を入れておけるほど大きくないと書かれている。

寿命
明記されていない。

能力
強靭で、「見よ、腰の力と腹筋の勢いを」［ヨブ記40章16節］と書かれている。

生息地
川や湿地で、そこで「ハスの下」に横たわっている。

今日では「ベヘモト」という言葉は、巨大トラックからハリウッドの超大作まで、群を抜いて大きく重いものをさすために使われている。また、ポーランド出身のブラックメタル・バンドの名前でもある。しかし、もともとのベヘモトは、本書に出てくるあらゆる生き物のうちでもとりわけ限定されたものをさしている。というのは、その起源をひとつの文献（旧約聖書のヨブ記）に求めることができるからである。そのテキストはヨブと主との会話からなり、嵐の中から話す神が、強大なベヘモトについて「お前を造ったわたしはこの獣をも造った」［ヨブ記40章15節］と述べて、自身の力を誇示している。

この言葉自体はヘブライ語で「動物たち」という意味でしかなく、強意複数といわれるもので、群を抜いた大きさの1頭の動物を表わしている。それから主は、この力にあふれた獣は「牛のように草を食べ」、「浅瀬の葦の茂み」や川の中で暮らし、「川が押し流そうとしても、彼は動じない。ヨルダンが口に流れこんでも、ひるまない」［ヨブ記40章15、21、23節］と説明を続ける。

これらの文章はカバをさしているように思えるが、象のことを言っている可能性があると考える専門家もいる。しかし「ベヘモト」はずっと多くのことを意味するようになった。それは、主が続いて海の怪物レヴィアタン（200～203ページ参照）について述べ、この2つの怪物がそれぞれ陸と海に生息するもっとも恐ろしい動物という象徴的な意味をもつことが明らかになるからである。

のちのテキストはこの広いほうの意味を採用して、それを極端なまでに推し進めた。聖書外典第2エスドラス書には、神が天地創造の5日目にベヘモトとレヴィアタンをつくり、海は両方を入れておけるほど大きくないと書かれている。そしてレヴィアタンの役割が原初のシー・サーペントであるのに対し、ベヘモトは太古の陸の怪物になった。

強大なバハムート

アラビアの伝説では、ベヘモトは想像を絶する大きさの生き物バハムートになっている。イーサー（イスラムにおけるイエスの呼称）はこの怪獣の幻視を見せられて気を失い、それは3日3晩続いたという。そのうちほかにも根本的な変化が起こって、バハムートは大地を支える巨大な魚になり、その背中に4000の目をもつ雄牛が立ち、それが今度はルビーの山を支え、その上に天使が立って世界をもちあげているとされる。

巨人　太古の時代からいる強大な人間

姿
人間の姿をした特別に大きな者で、超人的な英雄から人間以下の穴居人まで、広範囲のものが含まれる。

大きさ
その名のとおり非常に大きいが、その規模は宇宙的なものから約2.5メートルまでさまざまである。一般には大きな人間をいう。聖書に登場するゴリアテは、背の高さが「6キュビット半」（約3メートル）あった。ギリシア時代にスパルタ人が掘り出して英雄オレ

神話に登場する動物には、人間の想像力の限界に近いところから生まれたと思えるようなものもいるが、巨人にはほとんど説明がいらない。ふつうと違う大きさの人々についての好奇心は自然なもので、あらゆる文化になみはずれて背の高い人の話がある。おもな違いは、彼らがどうみなされているか、強大な助力者か恐ろしい敵かということである。

おそらくもっと意外なのは、世界の神話の多くに太古の巨大な種族の物語があることである。ギリシア神話にはそのようないくつかのグループ、すなわち巨人族のほかにティタン神族（コラム参照）とヘカトンケイル族（百手巨人）がいて、オリュンポスの神々と権力を争った。北欧神話にも、アース神族（アースガルズを支配する神々）とヨートゥンヘイムに住む巨人の間の争いの物語がある。ケルト神話には怪物フォモリアンの話があり、南アメリカのインカの伝説には太古の洪水で一掃された巨大な種族の話が伝えられている。聖書の創世記にさえ、非常に背の高い種族であるネフィリムについて、「当時もその後も、地上にはネフィリムがいた。これは、神の子らが人の娘たちのと

太古のティタン神族

ギリシア神話では、ティタンたちは大地の母ガイアとその夫で息子のウラノスから生まれた太古の巨大な種族だった。彼らは合わせて12人いて、6人は息子、6人は娘だった。彼らは母親に促されて、虐待する父親に反逆し、いちばん下のクロノスが寝ているウラノスを鎌で去勢した。そしてクロノスは神々の支配者という父親が占めていた地位を手に入れた。しかし彼は、かつてのウラノスと同じくらい横暴なことが明らかになった。今度は自分が子どもに退位させられるのではないかと恐れて、新しく子どもが生まれるたびに食べたのである。しかし、ゼウスだけは父親の手をのがれ、反乱を起こして、結局、クロノスのもっとも恐れていたことを実行した。

そのほかのティタンたちはクロノスの側につき、彼らとゼウス側のオリュンポスの神々との間に10年間、戦争が続いた。ついにゼウス軍が勝ったとき、ティタンたちの大部分はタルタロスの奈落に投げこまれた。しかし、彼らの軍を率いたアトラスは、空が大地に落ちないように永遠に天の重荷を両肩にになわなければならなくなった。北アフリカのアトラス山脈の名前は彼にちなんでつけられている。

ころに入って産ませた者であり、大昔の名高い英雄たちであった」[創世記第6章4節] と記されている。

神々と巨人たちの戦争

詩人ヘシオドスによって語られているように、ギリシア神話ではとくに血統が詳しく述べられている。大地の母ガイアとその夫ウラノスは、ティタンのほかに、キュクロプス（62〜63ページ参照）と怪物ヘカトンケイルという2種類の巨大な子孫も生んだ。ウラノスがキュクロプスたちをさらって引き離したことが、ガイアがティタンたちを彼に逆らうようそそのかした、そもそもの原因だった。ところがゼウスとオリュンポスの神々はティタンたちを征服しても、次にギガンテスを相手にしなければならなかった。ギガンテスは別個の種族で特別大きな敵であり、英語の「ジャイアント」はこの名に由来する。ギガントマキアすなわち巨人たちとの戦いは、古代ギリシア芸術において人気のテーマとなり、人間の英雄ヘラクレスがオリュンポス側に味方することを承知してはじめて勝つことができた。

その後のギリシア神話では、巨人のおもな役割は神や英雄一人ひとりにふさわしい敵となることであった。ゼウスがニンフのイオに恋をしたとき、彼の妻ヘラがイオをさらって隠し、「すべてを見る者」と呼ばれる1000の目をもつ巨人アルゴスに見張らせた。これに対しゼウ

ステスのものだと主張した骨格は、3.2メートルもあった。

寿命
伝説では巨人は非常に長命なこともあるが、現実の生活では、なみはずれた背丈の人は短命に終わる傾向がある。

能力
なみはずれた力持ちで、民話ではぼんやりしていてあまり知恵がないことでつりあいをとっていることが多い。

生息地
地球のあらゆる地域にいるが、とくにアメリカ大陸南端のパタゴニアのように、巨人が住んでいることで有名な地域がいくつかある。

スが送ったヘルメスは、竪琴でアルゴスの眠りを誘ってから剣で首を切り落とした。ヘラクレスの10番めの難業は、ひとつの体から３つの胴体が分かれて出ている怪物ゲリュオンの牛を盗むことであった。この英雄は最後には１本の矢で３つの胸を貫いて、この巨人を射殺した。イアソンとアルゴ船の隊員は、青銅の巨人タロスがいるところを通り抜けねばならなかった。タロスの唯一の弱点は足首にある１本の静脈だった。隊員のひとりが矢を放ち、それがこの「アキレスのかかと」にあたって、結局、彼らはタロスにつかまらずにすんだ。

北欧の伝承

北欧の神と巨人の間の争いの物語は、頭の鈍い巨人が機知に富む人間の計略にだまされるという、のちの民間伝承のもとになった。たとえばオーディンは変身の力を使って巨人スットゥングから詩の密酒ミードを盗み、その途中で彼の娘グンロズを誘惑した。トールが強大なフルングニルと戦ったときは、召使いにトールが背後から攻撃すると言わせて、盾を低くするよう巨人を誘った。いうまでもないが、するとトールは正面攻撃を始めて、ミョルニルという槌で相手の頭蓋骨を打ち砕いた。

しかし、神がひどい目にあう物語もある。たとえば、トールとロキが夜をすごした洞窟がスクリューミルという名の巨人がすてた手袋であることが判明し、そばで巨人が眠っていたという話がある。トールはフルングニルのときのようにスクリューミルを相手にしようとしたが、叩かれて目を覚ました巨人は、葉っぱが頭に落ちてきて眠りを妨げたに違いないと不満を少し口にしただけだった。別の物語では、トールは巨人と飲み比べの競争をするが、与えられた角の杯を空にするどころではなかった。この恥ずかしさは、相手がその角は世界中の海の水で満たされていたのだと明かしてようやくおさまった。

意地の悪いトリックスター神ロキが女巨人アングルボダと結婚することにしたあとは、厄介なことになった。アースガルズの住人（神）とヨートゥンヘイムの住人（巨人）の間の縁組みはどれも失敗に終わるようで、アングルボダが３人の恐ろしい子どもたちを産んだとき、このことが十分に証明された。それは狼の怪物フェンリル（138～139ページ参照）、世界蛇ヨルムンガンド、見るも恐ろしいヘルで、ヘルは冥界を支配する女神になった。フェンリルとヨルムンガンドはどちらも、アースガルズが混沌に帰することが運命づけられている黙示録的な最終決戦ラグナロクにおいて、きわめて重要な役割をはたす定めにあった。

巨石記念物をつくった者

のちの時代には、巨人は太古の種族の後継者であることをやめ、地方の伝説の登場人物へと身を落としていった。ときには、本当は昔の人々が行なったことなのに、巨人によるものだとされることもあった。たとえば、巨石記念物を建てたのは巨人だとするのはよくあることで、中世のデンマークの歴史家サクソ・グラマティクスなどは、巨人たちがかつて地上を歩いたに違いないという証拠として古代ローマの遺跡をあげることさえしている。

また、巨人は民話にもよく登場する。世界中の子どもたちが、ブギーマンが怖くて夜、眠れないでいる。ブルターニュ地方のガーガムは夜になると獲物を探して田舎を徘徊する。それに対応するものとして、ザイールにはワニの鼻面をしていて人肉を好む恐ろしいビロコ、フィリピンには上唇を額までむくことができるため「歯を見せる者」と呼ばれる食人種ブギスギスがいる。

コーンウォールの巨人

12世紀の著述家ジェフリー・オヴ・モンマスは、想像力に富む『ブリタニア列王史』によって英国に古代ローマやトロイアに匹敵する伝説の系譜を与えようとしたが、彼によれば、ゴグマゴグが古代コーンウォールに住んでいた巨人族のリーダーだったという。ブルートゥス（ジェフリーによれば、この古代ローマの英雄が英国の真の建国者であったという）がはじめてこの島にやってきたとき、彼は巨人たちを倒す任務をコリネウスという指揮官に与えた。決戦のとき、コリネウスはゴグマゴグにレスリングの試合を挑み、彼を崖に投げ飛ばして殺した。その崖はプリマスに近いどこかだろうといわれている。このため、コリネウスはコーンウォール公となる権利を主張した。

ゴグマゴグの名前は、聖書に登場する、最後の審判のときに最終戦争でイスラエル人によって破られる敵国の名前ゴグとマゴグをつなげたものである。のちにこの名前は、ケンブリッジの近くにある1対の丘につけられた。地元の伝説では、ニンフのグランタ（町を流れるカム川の古い名前）に愛を拒絶された巨人が思い焦がれてやつれはて、今ではこの丘の下に埋まっているとされている。

これに対する反作用もあって、従来とは異なるよい巨人の伝承が生まれた。ケルト神話では、フィン・マク・クウィル（フィン・マク・クール）が巨人の英雄のモデルとなった。その後、北アイルランドの海岸にあるジャイアンツ・コーズウェイは彼がつくったもので、彼はスコットランドのスタファ島にあるフィンガルの洞窟に住んでいるという伝説が生まれた。ドイツの民話にはチェコとポーランドの国境にある巨人山脈（リーゼンゲビルゲ）に住む心優しい巨人リューベツァールの話がある。また、バスク地方の子どもたちは、今でもクリスマス・イヴにはサンタクロースの巨人版であるオレンツェロがプレゼントを持ってきてくれるのを待っている。児童文学の作家ロアルド・ダールはこの伝説をもとにBFG（ビッグ・フレンドリー・ジャイアント）というキャラクターをつくった。人間をまるごと食べるマルゴト巨人やガキタベ巨人といった名前のいささか人づきあいの悪いオーグルたちの国では、親切な彼は異端者である。[邦訳（『オ・ヤサシ巨人BFG』中村妙子訳）ではBFGは「オ・ヤサシ巨人」となっている]

キュクロプス ひとつ目の巨人

姿
その巨大な大きさを別とすれば、キュクロプスのもっともめだつ特徴は、額の真ん中に目が1つあることである。

大きさ
非常に大きい。ウェルギリウスは彼らを高い森の木々にたとえ、スペインの詩人ルイス・デ・ゴンゴラは彼らが成長しきった松の木を杖として使うと表現した。

寿命
もともとのキュクロプスは神に似ていて、そのため非常に長命だったと推測できる。しかし、不死ではなく、アポロンは矢で彼らを射殺することができた。

能力
巨大な建物を建てることができることからわかるように、すばらしい体力と卓越した鍛冶技術をもつ。

キュクロプスというと、今日ではたいていの人が、ホメロスの『オデュッセイア』の有名なエピソードの中で一杯くわされたポリュペモスのことを思い出す。この食人種の大男は、住んでいる寂しい洞穴にオデュッセウスの部下たちを閉じこめて、１人また１人と脳みそをたたき出しては食べていたが、ついにオデュッセウスが熱した棒をポリュペモスの１つしかない目に突っこんで、彼を盲目にした。しかし、ポリュペモスはせいぜいかつての偉大な種族の退化したものである。彼が生きていた頃には、キュクロプスたちは法律も農業も、そして文明生活のあらゆる恩典を知らない野蛮な羊飼いにまで身を落としていたのである。

神々の武器製造者

だが、ずっとそうだったわけではない。詩人ヘシオドスによれば、最初の３人のキュクロプス（額の真ん中に目が１つある巨人）は、創世のまさに夜明けに大地の母ガイアから彼女の息子ウラノスによって生まれた。ブロンテス（「雷」）、ステロペス（「稲妻」）、アルゲス（「白光」）と呼ばれる３人は、愛情のない父親によってタルタロスに投げこまれ、ゼウスによってようやく自由にされる。ゼウスは、ティタン神族（58ページ参照）との戦争でオリュンポスの神々の側について戦うよう彼らを説得したのである。

キュクロプスたち（すでに有名な鍛冶屋だった）は、自由にしてもらったお礼にゼウスに雷霆（いかずち）を、ネプトゥヌスに三叉の銛（もり）を贈った。オリュンポス側の勝利に貢献した彼らは、褒美としてシチリア島のエトナ山の地下に鍛冶の仕事場を与えられ、そこで神々の武器を作った。アポロンの息子アスクレピオスが死者を生き返らせて神の命に逆らったため、ゼウスはもらった雷霆のひとつを使って彼を殺した。するとアポロンが仕返しに巨人たちを射殺した。彼らの幽霊はエトナ山をさまよいつづけて、今でもゴロゴロいう音と閃光を起こして火口を騒がしている。

彼らのすぐ次の子孫も同じように鍛冶屋で、はじめて鉄を加工したといわれている。彼らは建築もし、のちの世代のギリシア人はミュケナイとティリュンスにある巨石が積まれた城壁を建造したのは彼らだと信じたが、実際には失われたミュケナイ文化の石工たちによって築かれたものである。

ホメロスが書いていた時代には、おそらくキュクロプスの伝説は、歴史家ヘロドトスがはるか北方に住んでいるとして言及したひとつ目族アリマスポイ人の話と混同されていたのだろう。プリニウスによれば、彼らは「北風が吹き起こるところからそう遠くない、北風の洞穴と呼ばれる洞窟の近く」に住んでいるとされた。アリマスポイ人は、グリフィン（42ページ参照）が守っている鉱山から金を盗もうとして、この怪鳥とたえず争っているといわれた。しかしヘロドトスは、「ほかの点はふつうの人間と変わらず、ただ眼は一つしかないなどという人間がいることは信じない」と、懐疑的であることを表明した。［引用の訳文はヘロドトス『歴史』松平千秋訳より］

極東のひとつ目のブギーマン

日本の伝説にもひとつ目の生き物の話がある。しかし、ひとつ目小僧は大人よりかなり小さく、10歳の少年くらいの大きさで、坊主頭である。ゴブリンに似た彼らは、古代ギリシアのひとつ目族のように恐ろしい巨人ではなく、日本の家庭において感じやすい子どもを怖がらせたり、面白がらせたりすることが役目のブギーマンにすぎない。

生息地
もともとはトラキアとされていたが、その後、クレタやリュキアに住むとされた。のちには、シチリア島のエトナ火山の奥深くにある鍛冶の作業場に住むといわれた。オデュッセウスがキュクロプスの国に行く前に食蓮人（ロトパゴス）に出会っていることから、その舞台とされるチュニジア沖のジェルバ島からそう遠くない地中海の島に、ポリュペモスは住んでいたと推測される。

グールとゾンビ　不死者のデーモン

グール
姿
アラビアの民話に登場する肉を食べる悪魔的な聖霊。

大きさ
巨大なこともあるが、たいていはそれが体を借りている生き物（ハイエナのことが多い）の大きさ。

寿命
不死者。

夜の墓場ほど寂しく恐ろしい場所はあまりない。訪れた人々は、墓石の間を歩きまわりながら、いつのまにか自分がしのんでいる死者の霊が存在しているという思いにとらわれる。彼らと一緒に沈黙していると、生者と死者の間の境界が消えていくような気がして、盛り土を越えていくこの世のものではない足や、闇をすかしてじっと見ている人間にあらざる者の目を想像するのはたやすい。

アラビアの国々では、このような場所がもたらす恐怖から、イスラム教のサタンであるイブリスから派生した邪悪な精霊のグルあるいはグールの話が生まれた。食べるための肉を切望し、死体を求めて死者の住みかをさまよい、まず死体を墓から掘り出し、それから食べつくす。そのむかつくような作業をしている彼らに思いがけず出くわした者たちも災難にみまわれる。彼らも死んで、飢えた墓泥棒に追加の食料を与えることになるかもしれないのである。

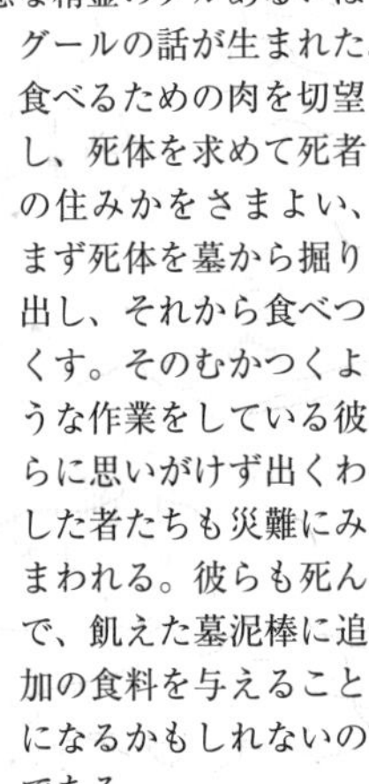

自然のなりゆきとして、アラビアの砂漠を歩く独りぼっちの旅人が感じる同種の恐怖から、餌にする人間を求めて広大な砂漠をさまよう邪悪なジン（ジーニー）についての同じような話が生まれた。彼らは精霊とみなされ、人間や動物の姿になる

ことができ、しばしばシマハイエナの姿で死肉を求めて砂漠の周辺を歩きまわる。臆病な旅行者が偶然に清掃動物を見かけると、自分が遭遇したものが人間から逃げていく野生動物なのか、疲れも知らずに追跡してくる超自然的な捕食者なのかわからず、恐怖にかられることもあっただろう。

能力
意のままに姿を変えることができ、激しい悪意と残忍さをもつ。

生息地
墓場や荒れはてた場所、とくにアラビアの砂漠。

「飢えた邪鬼」と「硬直した死体」

他の文化においても、同じような恐怖が多少異なる形で表現されている。日本には抜け首の妖怪の話がある。これは人間の姿をしているが、夜、その頭が体から離れ、餌食にする人間を探して飛んでいく。また、食人鬼と呼ばれるラークシャサ（飢えた邪鬼）の一種の話もある。これは、死後、死体か死者のために墓地に残された供物をあさらなければならなくなった呪われた精霊である。食人鬼はたいてい死体のような姿で描かれるが、昼間はふつうの人間の姿をして正体を隠すことができる者もいるといわれる。

中国において食人鬼に相当するのが僵尸（きょうし）（キョンシー）で、文字どおり「硬直した死体」である。これは、自殺したりきちんと埋葬されなかったりした死にきっていない存在で、生気を吸いとることができる生きた者を求めて跳ねまわる宿命にある。最近では香港の大衆文化で重要な位置を占めており、漫画コミックやホラー映画に登場する。そこでは彼らは一般にゾンビのようにこわばった表情と両腕を伸ばした姿で描かれ、上半身はまだあきらかに死後硬直でこわばっている。

飛び跳ねる死体の話は、出稼ぎ労働者が亡くなったときに埋葬のため死体をその人の故郷まで運ぶ中国の習慣がもとになっているのかもしれないと推測している人々もいる。昔は、死体は竹製の担架に人々に見えるように寝かされて運ばれた。遠くから見ると、下の竿がしなるたびに死体が上下に跳ねるように見えることもあった。もっと皮肉っぽい考え方をして、僵尸の話は密輸業者がわざと広めたもので、彼らの通行を止めるかもしれない税関吏を怖がらせて追いはらうためだったと主張する人もいる。

フィリピンでは、子どもたちがアスワンの話に震えた。この死肉を食べる者は、見たところふつうの市民だが、じつは暗くなると新鮮な死体を求めて街をさまよい歩き、盗んで食べる。好みの食べ物が見つからないときには、アスワンは子どもを食べてしのぐこともあり、とくに肝臓と心臓を好む。信じやすい市民は夜にすれ違う見知らぬ人に用心し、とりわけ彼らの足もとに注意をはらった。アスワンの足は後ろ向きにつ

> 「食べる肉を切望し、死体を求めて死者の住みかをさまよい、まず死体を墓から掘り出し、それから食べつくす」

ゾンビ
姿
よみがえった死体にふさわしく、死骸のような姿。

大きさ
人間。

寿命
心は死んだままなので、半分しか生きていないといったほうがよい。実在するとされたゾンビには、死後数日のものもいれば30年もたって墓からもどったものもいる。

能力
かぎられている。みずからの意志はなく、彼らを支配する魔術師の命令に従うことしかできない。

いているといわれていたからである。

同じような話はかつて英国にもあった。11～12世紀に、修道院に住む真面目な年代記作者たちが、自分の教区を歩きまわる生ける死者の報告をしている。ウィリアム・オヴ・ニューバラは、ある死んだばかりの犯罪者がヨーク近郊にある自分の墓から毎夜出てきて、周囲の村に恐怖を蔓延させているという話を書いている。彼の墓をあばいてみると、死体は多くの人々の血で膨れていた。地元の若者たちが、まず心臓をむしりとってから死体を焼いて、問題に対処したという。

シトー会の大修道院長だったトマス・バートンは、ヨークシャー南部の２人の逃亡小作農の話を記録している。彼らは死んで埋められたが、棺桶を肩にかついでさまよい歩いて近隣の人々を悩ませ、ときには犬や熊に変身したという。村人たちが彼らの死体を墓から掘り出して手を切り離し、この場合も心臓をとりのぞいて、ようやく出歩くのをやめさせることができた。

ハイチのよみがえった死体

ゾンビはアフリカの伝承がもとになっており、大西洋を渡ってハイチへ伝えられた。この島の人口のかなりの割合の人々が、ボコールという魔術師が死体をよみがえらせる力をもっていると長い間信じていた。ゾンビは自分自身の心をもたず、彼らをつくった者の道具でしかない。

こういった話には、実際にいくらか根拠がある。ボコールが、一時的に人間の能力を奪うことができる成分を含む、いわゆる「ヴードゥ

ヴァルハラからの訪問者

中世の年代記作者が記したイングランド東部を徘徊する血に飢えた亡霊についての記述は、北欧神話のドラウグの物語の影響を受けているようだ。

ドラウグはヴァイキングの亡霊で、よみがえった死骸として墓から出て、歩く死者となって以前よく行った場所を訪れる。彼らは大きな力をもち、ときには未来のことを知っているが、あとにした生者の世界での深い恨みに心を奪われている。ドラウグは夜の者で、長い時間闇が続く冬にもっとも自由に動きまわることができる。しばしば、飢えの苦しみに駆り立てられるが、生きたものの肉の味によってしか満足することはない。

古い北欧のサガにはドラウグと格闘する英雄の話がいくつも残っており、ドラウグを倒すには接近戦で戦うしかないようである。勝ったら、害をなさないように首を切り落とさなければならない。そして、死骸を燃やして灰を海にまく。こうしてはじめて、休まることのない死者はようやく平安を見出すことができるのである。

ー・ダスト」を使ったという証拠がある。カナダの民族植物学者ウェイド・デイヴィスは、1980年代にこの現象を調査して、そのような3つの成分をつきとめた。それぞれオオヒキガエル、アマガエル、そしてもっとも興味深いのはフグに由来する成分である。この魚には命にかかわる神経毒であるテトロドトキシンが含まれている。デイヴィスは、この物質はきわめて少量与えると人を意識があるままで数日間麻痺させることができ、この状態はゾンビ化された人が説明した状態とよく似ていると述べている。たとえばクレルヴィウス・ナルシスは1962年に臨死状態にされたと書かれている。彼のボコールはそののち2年間、幻覚剤であるダチュラ（チョウセンアサガオ）を含むペーストを食べさせて、彼を支配下に置きつづけた。その間、彼は主人のためにサトウキビ農園で働いたという。

生息地
主としてハイチだが、ヴードゥー教が実践されているところならどこにでもいる。

実在するかどうかはさておき、この数十年の間に発表された映画でゾンビ現象は大当たりした。成功のきっかけはジョージ・ロメオ監督の1968年のホラー映画『ナイト・オブ・ザ・リビング・デッド』で、主役はゾンビの情け容赦のなさとグールの好んで人を食べるところをあわせもっていた。その後製作された一連の続編から、2004年にヒットしたコメディー『ショーン・オブ・ザ・デッド』にあるようなうまいパロディーも生まれた。それは大衆文化における確かな栄誉のしるしである。

☉ ⊕ ⊖

ヘルハウンド ブラック・シャックとその他のデーモン犬

姿
獰猛な黒犬で、たいてい大きく毛むくじゃらで、口からよだれを流し、燃えるような目をしている。頭がない場合もある。鎖をひきずっていたり、硫黄の匂いがしたりすることもある。

大きさ
通常は子牛の大きさと表現されるが、雄牛のように大きいものもいる。せいぜいレトリーバーほどの大きさのものもいる。

寿命
超自然的存在であり、無制限。

能力
死と災いを予言することができる。

生息地
寂しい小道や暗い場所。墓地その他の死と関係のある場所にもいる。

夜の荒野で独りぼっちの旅人の耳にかなたから吠え声が聞こえ、闇の中をしだいに近づいてくる。彼は、それがどちらから近づいているのか知ろうと、必死になって周囲を渦巻く霧を透かして見る。すると突然、それが飛びかかってくる。途方もなく大きくて黒く、牙をむき出し、目には邪悪な地獄の光が輝いている…

アーサー・コナン・ドイルは、代表作であるシャーロック・ホームズのミステリー『バスカヴィル家の犬』のためにこの恐ろしい場面を想像したのだが、これには古くから伝えられる英国の民話がもとになっている。超自然の黒犬や奇怪な猟犬の物語は、英国のさまざまな地域にある。たとえば、ヨークシャーのバーゲスト、マン島のマーザ・ドゥー（マンクス語で「黒い犬」の意）、東アングリアのブラック・シャックなどである。地域的な違いもあり、注目に値するのはスコットランドのハイランド地方のクー・シーすなわち「妖精犬」で、これは一風変わっていて濃緑色をしている。

もっともよく知られているのはおそらくブラック・シャックだろうが、それに関連して生まれた多くの物語を分析すると、語られることにほとんど一貫性がみられない。犬が脅威を与える存在のこともあれば、ほとんど友好的なこともある。たいてい神秘的な現われ方や消え方をし、かき消すように消えることもあれば、たんに走り去ることもある。目撃者は、その異常な大きさによってそれが超自然的な存在であることを確信することもあれば、その火のような目や不思議な消え方をすることで確信することもある。

「奇妙で恐ろしい驚異」

しかし、ブラック・シャックには、それがヘルハウンドの血をひくことの根拠となる古い記録がすくなくともひとつはある。1577年８月４日、サフォーク州を猛烈な嵐が襲い、バンゲイの町を吹き荒れて、よく知られためだつ建物であるブライスバーグ教会の尖塔をなぎ倒した。この事件のあとすぐに、『ごく最近、バンゲイ教区教会で起こった奇妙で恐ろしい驚異』というタイトルの小冊子が出された。書いたのはロンドンのエイブラハム・フレミングという聖職者で、その嵐とともに超自然的な黒い犬が現われ、それがバンゲイ教会に押し入って、ひざまずいて祈っていた２人の教区民を襲い、彼らの首に咬みついたと述べている。その犬は次に３人めの男に注意を向け、彼の「背中を

組み伏せたので、すぐに彼はまるで火の中で焦げる一片の革のように、あるいはひもを引き締められた巾着袋のように縮みあがった」。この被害者の命は助かったが、「それは人間の目には驚異の念をひき起こすような」襲撃であった。それから犬は15キロ以上離れたブライスバーグ教会へ向かい、同じことをくりかえした。「そこでも前と同じように、２人の男と１人の少年を殺し、一緒にいたもう１人の手を火傷させ、数人が吹き飛んだ」

凶事の先触れ

フレミングの説明は、黒妖犬による残忍な襲撃を描写しているとい

> 「ケードは、彼に対して出された告発のうちでもとりわけ、彼の地元ケント州のダートフォードで『黒い犬の姿を装った悪魔を育てた』として非難された」

う点でユニークなものに思える。通常、黒妖犬は積極的な破壊者というよりは不吉なことの前兆とみなされる。そういった伝承をもとに、コナン・ドイルもバスカヴィル家の呪いを考えついたのである。ウェールズの国境地域に住むボーン家では、実際の生活で同じようなことが起こっていて、誰か家族が亡くなる前にはいつも黒い犬が目撃されると考えられている。ある物語では、子どものひとりが天然痘で倒れるまで、夫は犬がやってくるという話を妻に隠していた。家族が夕食の席につこうとしていたとき、妻が病人を見に２階へ上がったと思ったら、すぐにあわてて下りてきて、子どものベッドに大きな黒い犬が寝そべっていたと告げた。最悪の事態を恐れながら夫が寝室に駆けこむと、犬は消えていて、子どもはすでに亡くなっていた。

プルタルコスによるアテナイの政治家キモンの伝記の中での言及から判断して、このような話ははるか昔からあったようだ。このギリシアの伝記作家は、キモン将軍の死の前兆として黒い犬が現われたことを記録している。この動物が悲運をもたらす者の役割をはたしていたことは、黒い犬を抑鬱症状と結びつける言語的伝統のひとつの説明になるかもしれない。ウィンストン・チャーチルは、生涯を通じて周期的に彼を悩ませた鬱の時期を表現するために「黒い犬」という言葉を使ったことがよく知られている。チャーチルは、やはり同じ病気に苦しんでいた18世紀の著述家サミュエル・ジョンソン博士の言葉を借りた。そしてジョンソンはというと、すねている子どもや沈みこんでいる大人のことをいう古くからある「have a black dog on their back（黒い犬を背負っている）」という言い方をそのまま使っていた。

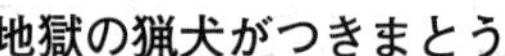

地獄の猟犬がつきまとう

犬が運命を告げる者であるという考えと、獲物を執拗に追跡するブラッドハウンド［嗅覚の鋭敏な中・大型犬で、よく捜索に使われる］のイメージとが結びついて、1930年代にロバート・ジョンソンの有名なブルース「地獄の猟犬がつきまとう」が生まれた。彼は「動きつづけなけりゃならない／憂鬱があられのように降ってくる／そして日々が俺を不安にさせつづける／ヘルハウンドが追ってくる」と歌った。その40年前、英国のアヘン中毒の詩人フランシス・トムソンは、このイメージを裏返しにして『天の猟犬』を書き、空費された不幸な人生の苦しみの中でいつも神が彼の魂を追ってくることを表現した。

ヘルハウンドの伝説の起源をたどろうとする神話学者たちは、一致した単一の起源を見つけることがなかなかできなかった。ある研究の系統はその発想の起源を、ギリシア・ローマ神話で冥界の番をする頭が3つあるケルベロス、あるいは北欧神話でそれに相当するガルムに求めている。そしてもうひとつの系統は、より一般的な猫の代わりに犬が魔女の使い魔をすることもある魔法の伝承に起源を求めている。英国において知られているもっとも古いヘルハウンドへの言及は、1450年に起こったヘンリー6世の統治に対する民衆蜂起の指導者ジャック・ケードに出された逮捕状にまでさかのぼる。ケードは、彼に対して出された告発のうちでもとりわけ、彼の地元ケント州のダートフォードで「黒い犬の姿を装った悪魔を育てた」として非難された。

その起源が何かは別として、悪い運命を知らせる不吉な猟犬のコンセプトは、英国だけでなくヨーロッパや北アメリカの多くの地域に定着した。たとえばスペインのカタルーニャ地方にはディップと呼ばれるデーモン犬がおり、片足が不自由で、人間の血を吸う。もしかしたらこういった話は、たいていの人から人間の最良の友とみなされているこの動物の獰猛な側面についての抑圧された恐怖を表現する、欠くことのできない心的機能をはたしているのかもしれない。

幽霊狩猟

北ヨーロッパでは何世紀も前から、空を突然の暴風が吹き渡るのを見た人々は、幽霊狩猟が通っていたのだといったものだ。このような言い方をするのは、幽霊の狩人たちが見えない獲物を追って狩猟用の角笛と幻の猟犬の吠え声とともに天を駆け抜けることがあると、長い間信じられていたからである。英国の民間伝承の黒妖犬と同じように、幽霊狩猟を見ることは、たまたまそれを見た人の災難か死を予告する縁起の悪いこととみなされた。

この伝説がもっともしっかりと根をはっているのはドイツで、その起源はゲルマン神話にまでさかのぼることができ、もともとはその狩人は神ウォドンすなわちオーディンであった。英国でも同様のことが信じられ、そこでは狩猟犬がガブリエル・ハウンドと呼ばれることがあり、別のケルトの伝承から影響を受けたのかもしれない。ウェールズの伝説に、アヌンという魔法の異界の支配者アラウンの猟犬の話があり、彼は獲物を追って人間の世界へ入ってくることがあった。そこでは妖精動物は白い毛と赤い耳がめだって容易に見分けることができたのである。

家事の精　家の中の小鬼的存在

姿
通常、豊かなひげを生やし、農夫の服を着た小さな老人。ブラウニーは茶色をおびているか、フードつきの茶色いマントを着ている。ドモヴォーイはたいてい毛深く、全身が毛で覆われていることもある。

グリム童話のなかでもとりわけ愛されている話に、貧しくなってしまった靴屋がある夜、作業台に最後の革を出しておいたら、翌朝には１足のみごとな靴に変わっていたという話がある。その靴はよい値で売れたので、靴屋はもっと革を買うことができ、そしてそれがまた夜のうちに靴に変わり、今度は２足になっていた。同じことが毎晩続き、しまいには靴屋はふたたび金持ちになっていた。

やがてある夜、靴屋とその妻は助けてくれているのが誰か確かめるため、寝ずに起きていた。そして、２人のひげを生やした小人であることがわかった。彼らはすばらしい器用さで働き、夜明け前には仕事をかたづけて消えるように気をつけていた。彼らにお礼をしないと気がすまないと、妻はそれぞれにひとそろいずつ服を作り、その日の夕方に靴の革の隣にならべておいた。その夜遅く夫婦が見ていると、小人たちは大喜びで新しい衣装を着てみていたが、その結果どうなったかというと、目的をはたした彼らはその家から永久に消えてしまったのである。

この物語の英語版のタイトルは一般に『エルフと靴屋』となっているが、民間伝承の研究者からみると、この生き物はまちがいなくボガートである。ボガートは家事の精で、土地ごとにさまざまな名前がついている。「ボガート」は厳密にいえばイングランド北部のも

「彼らは、すべてがしきたりどおりの清潔でよく手入れされた家を好み、だらしなさや下品な言葉、動物の酷使を罰する傾向がある」

ので、スコットランドでそれに相当するのはブラウニーである。シェイクスピアの時代には、助けてくれることもあればいたずらをすることもある見えない同居者は、パックあるいはロビン・グッドフェローと呼ばれた。スウェーデンにはトムテ(「家の老人」という意味の「tomt-gubbe」の略)、デンマークとノルウェーにはニスがいる。ドイツにはコーボルト、スラヴ諸国にはドモヴォーイがいて、その起源はかまどの後ろや下から家を監督する祖先の霊にある。

褒美と報い

家事の精には多くの共通点があるが、地域的な差異もいくつかある。助けてくれることもあれば害をなすこともあり、それはおもに彼ら自身がどう扱われたかによる。彼らは、すべてがしきたりどおりの清潔でよく手入れされた家を好み、だらしなさや下品な言葉、動物の酷使を罰する傾向がある。彼らは人前に出ず、姿を見られるのを好まず、その家の者たちが眠っている時間にだけ出てくる。そしてその場合でも、英国ランカシャーの押韻詩「星は輝き、月は明るい、今夜はボガートは出てこないだろう」からみて、いつも出てくるとはかぎらない。また、彼らは名前で呼ばれるのをとくに嫌う。ロシアの家族は、その家のドモヴォーイのことを「彼」あるいは「彼自身」、さもなければ「お爺さん」と三人称でいうように気をつけていた。

その一方で、この精霊は贈り物、とくに食べ物の贈り物を喜び、賢い家族は夜に炉のそばにパンやミルクといったささやかな贈り物を置いておく。しかし、彼らに服を与えるのは間違いで、小人と靴屋の物語にあるように、そんなことをすると彼らは出ていってしまう。この点をうたっているが、スコットランドの押韻詩「新しいマントに新しい頭巾、ブラウニーはもういいことしない」である。

その家のボガートを優しく気前よく扱うと、お返しにちょっとした親切をたくさん受けることになる。精霊たちは家をかたづけ、なくなった物を返し、どの農家にもある厩(うまや)の馬の尾を編むことまでする。たとえばスコットランドのよく知られた話に、親切に世話してくれた主婦が真夜中にひどい病気になったとき、ブラウニーが彼女のためにめざましい働きをしたというものがある。手あてしてくれる人を呼びに暗闇の中に出ていこうとする者が家に誰もいないことを知ると、彼は率先して行動を起こし、厩から馬を失敬して、いちばん近い村まで乗っていった。自分の風変わりな姿が助けてくれるかもしれない人を怖がらせるだろうということを知っていた彼は、あらかじめ用心して長

大きさ
小さく、5センチからせいぜい1メートルまで。

寿命
人間より長生き。

能力
小さな体にもかかわらず非常に力がある。変身できるものもいる。未来を予言できる。

生息地
スカンディナヴィアとスラヴ諸国を含む北ヨーロッパ全域の家や農家の庭。

アイルランドのプーカ

シェイクスピアの『真夏の夜の夢』に登場する「すばしっこい、いたずらな妖精」パックの起源とされることもあるアイルランドのプーカは、家事の精の典型的な特徴と変身能力をあわせもつ、ひとり暮らしの妖精である。ただしボガートやブラウニーとは違って、野外に住み、人気のない所や廃墟に出没する。しかし、アイルランドのキルデアに伝わる物語で語られているように、家の中に入ってくることもある。その物語では、ある夜、屋敷の台所の炉辺で寝入ってしまった下働きの少年が、目を覚まして驚くべき光景を目にする。大きなロバが忙しく家事をしていたのである。ロバは部屋を掃除して、一点のしみもなくきれいになってはじめて去っていった。翌朝、ほかの使用人たちは少年の話にとまどったが、掃除がすんでいるのを見て喜び、その後も夜に同じことがくりかえされるとますます喜んだ。

やがて、奇妙な訪問者はうながされて自分のことを話した。地上にいたときに怠け者の召使だった彼は、死後、動物の姿になって、人間だったときにしなかった召使の仕事をすべてしなければならなくなったのだという。話を聞いて気の毒に思った使用人たちは、プーカの労をねぎらうため、家の外でも暖かくすごせるようにキルトの馬着を作ってやった。しかし彼らの親切はまずかったことが判明した。ボガートの流儀で、彼は贈り物を大喜びで受けとり、仕事がすんだものと考えてもう二度と姿を見せなかったのである。

い茶色のマントで身を隠した。彼は地元の看護婦を後ろに乗せて帰ってきてからはじめて正体を明かし、彼のように臨機応変の才と勇気をもちあわせていなかったため家にとどまっていた人間たちは恥ずかしく思った。

よい行ないが報われるのに対し、ボガートの扱いを間違うと罰を受けることになる。必要な礼儀を示さなかった家族は、ちょっとしたポルターガイストを思わせるような、ありとあらゆる災難に悩まされることになる。皿が割れる、壁がキーキー音をたてる、物が説明できないような動きをしたり音を立てたりする、鼻をつままれる、横っ面を殴られる、居間の床の真ん中にどこからともなく泥だらけの足跡がついているといったことだ。もっと重大な間違いを犯すと、さらにひどい罰を受けることになる。夜のうちに牛小屋から牛が放たれたり、さらには殺されるかもしれないし、家に火をつけられるかもしれない。

ボガートの引越し

インググランド北部でよく知られているボガートの引越しの話は、人々が見えない同居人について抱いている相反する気持ちをうまく表わしている。ある家族が、いたずら好きのボガートに悩まされて、ついにもうこれ以上我慢できないと思った。一家の主人が家財道具をすべて荷車に積んで、新しい家を求めて出ていこうとしていると、隣人が声をかけてきて、なぜ出ていくのかたずねた。男は苦々しげに、一家が受けたささいな災難をすべて数えあげた。そしてそれが終わろうとするちょうどそのとき、荷物の山のてっぺんあたりから、聞きなれない小さな声が「そういうわけで俺たち引っ越すのさ！」と親切につけくわえた。一家はどういうことか理解し、のがれる方法がないのならこのボガートと一緒に住むしかないと気がついて、引越しをやめてとどまった。

ロシアでは、賢明な家族は引っ越すときにドモヴォーイのことを忘れないように気をつけて、旅の最中に中に隠れるための古い靴を与え、新しい家でも落ち着けるように、かまどから燃えさしを持っていった。

現代のグッドフェロー

最近では家事の精はあまりめだたなくなったが、彼らは今でも大衆文化の中で一定の位置を占めている。今日、英語圏の国でブラウニーが何で知られているかというと、ガールスカウトの年少部の名前としてであり、その一方で動詞のボガートは正当な分け前以上をとることを意味する方言である。またこの精霊は、ハリー・ポッター・シリーズの屋敷しもべ妖精という新たな姿をとるようにもなった。このコウモリのような耳をした悲しげなドビーは、事実上、新しい世代にとってのロビン・グッドフェローである。

家事の神をうやまう

家事を監督する精霊に敬意をはらう伝統は古代ローマの時代からあった。

ローマ市民は、亡くなった先祖の精霊であるラレースとペナーテースをなだめるように気をつけた。ペナーテースはもとはペーヌスすなわち食料品戸棚の神で、その仕事は、食卓に載せる食べ物が家族にいつもあるようにすることであった。

この２人組の守護神は、居間のめだつところに設けられた小さな祭壇で礼拝され、そこには金属または粘土でできた彼らの像がまつられていた。家長は毎日祭壇で祈りを捧げ、家族はいつもワインや香といったちょっとした供物を供えた。

☉ ⊕ ⊖

アンフィスバエナ　頭が2つある爬虫類

姿
体の両端に頭がある蛇またはトカゲ。ときにはドラゴンのように鱗で覆われた足と翼をもっていたり、角や耳がある場合もある。

大きさ
中型の蛇で、体長約1メートル。

寿命
明記されていない。実在のアンフィスバエナ（ミミズトカゲ）は、捕獲された状態で一般に1～2年生きる。

能力
滑るか転がるかして、前後にすばやく移動する。有毒な牙をもつ。2つに切られても自己再生できる。

生息地
リビアの砂漠。

紀元前2世紀にギリシアの詩人ニカンドロスは、毒のある動物をテーマにした詩を書いた。彼が描写した動物のひとつが、「両方向に進む」という意味の言葉であるアンフィスバエナと呼ばれる蛇であった。この詩人にいわせれば、体の両端に頭があるこの生き物にぴったりの名前である。

1世紀に、ローマの博物学者プリニウスが彼の主張をさらに発展させて、「アンフィスバエナは双頭、つまり尾の側にも頭があり、毒を吐き出すのに口が1つでは足りないかのようである」と記している。その他の古代ギリシア・ローマ時代の著述家たちもこの動物について述べており、とりわけ詩人のルカヌスは叙事詩『ファルサリア』において、ユリウス・カエサルと戦った内乱のときにリビアを横断するカトーの軍を襲った蛇のリストの中に含めている。ルカヌスによれば、これらの動物はすべて、英雄ペルセウスが切りとったゴルゴンのメドゥーサの頭を持って砂漠の上を飛んだときに落ちた、彼女の血のしずくから生まれたのだという。

中世の動物寓話集の作者たちは、アンフィスバエナの話を熱心にとりあげた。6世紀にセビーリャのイシドルスが書いたものによれば、それは温血動物で、「寒さに身をさらす唯一の蛇で、どの蛇よりも早く姿を見せる」という。別の作者たちは、それに翼と鱗で覆われた足を与え、双頭のドラゴンに変えた。いくつもの中世の写本の彩飾にこの姿で描かれており、たとえばアイルランドのリムリックの大聖堂など教会の装飾にも使われた。挿絵画家のなかには、一方の頭がもう一方の口にくわえられた輪になった姿で描き、滑って進むだけでなく転がって進むこともできることを示す者もいた。

毒を利用する

すでに古代ギリシア・ローマの著述家たちによって、アンフィスバエナの薬効のいくつかが明記されている。ギリシアの医学者ガレノスによるとされる論文には、それは生きているときは有毒な蒸気を発散し、妊婦がたまたま知らずにその上をまたぐと流産するおそれがあると書かれている。しかし、アンフィスバエナの皮膚にはさまざまな治療的利用法があると考えられていた。ニカンドロス自身、棒のまわりにしっかり巻きつければ、風邪の症状を弱めることができるのではないかと述べている。そのような杖には、ほかの有毒な動物を追いはらえるという利点もあった。

17世紀の懐疑論者トマス・ブラウンは、1646年の著書『伝染性謬見』で、ほかの多くの伝説の動物の存在にくわえてアンフィスバエナの存在も疑問視した。とくに彼は、ひとつの動物に前部が2組あって後部がないことの哲学的なむずかしさを論じ、自分としては生理学的に不可能だと考えると述べた。

ブラウンの時代以降、双頭の蛇の存在はしだいに信じられなくなった。しかし、ある意味ではアンフィスバエナは最後に勝利した。現代の動物学者が、四肢がなく穴を掘って進むミミズトカゲという亜熱帯の爬虫類のグループに、その名前を与えることにしたのである。そのため今では科学の教科書にAmphisbaeniaという亜目（ミミズトカゲ亜目）があり、その中にAmphisbaenidaeという科（ミミズトカゲ科）が載っている。ただし、伝説とは違って、それに属する動物はそれぞれ1つずつしか頭をもっていない。

ラミア　人を食う妖婦

姿
上半身は美しい女性だが、腰から下は蛇。

大きさ
人間の大きさ。

寿命
不死。

能力
人肉を好み、ほかの女性の子どもを食べる。男性を誘惑して生命力を吸いとる。自分の目を意のままにとりはずしたりもどしたりできる。

生息地
もともとはリビアだったが、現代のギリシアやブルガリアの民間伝承では洞窟や地下の暗い場所にいるとされている。

ラミアはもともとはギリシア神話の登場人物だった。エジプト王ベロスの娘でリビアを支配していたが、その美しさが全能の神ゼウスの目をひいた。彼女に好意を寄せた神々の王ゼウスは、自分の目を取り出したり、もとにもどしたりできる能力を彼女に与えた。これは予言あるいは予知能力を象徴し、神話では彼女はシワ・オアシスでゼウス・アモンの神託を主宰したリビアのシビュレ（巫女）の母ともされている。

ラミアはゼウスの子を何人か生み、このためゼウスの妻ヘラの嫉妬をかった。怒った女神ヘラは娘のスキュラを除いて子どもたちをすべ

死をもたらすリリス

リリスはヘブライの伝説に登場する男性を誘惑して死をもたらす妖婦で、中世になると、眠っている人間を誘惑するデーモンであるインクブスやスクブスたち（180ページ参照）の母親とされた。リリスの起源は初期のメソポタミア神話にあり、『ギルガメシュ叙事詩』にリリトゥという女性の嵐のデーモンの名が出てくる。同じものが聖書のイザヤ書でも言及されており、預言者イザヤは予見したエドムの滅亡について「夜の魔女は、そこに休息を求め　休む所を見つける」［イザヤ書34章14節］と述べている。現代の解釈ではリリスは「魔女（ナイトハグ）」とされることが多く、それは古代の伝承が彼女を夜に移動して幼い子どもや妊婦を殺す怪物としているからである。そして、リリスは彼女の使い魔として働くフクロウと関連づけられるようになった。

もうひとつ別の系統の考え方では、彼女は神が最初に男と女を創造したときにつくられたアダムの最初の妻であるとする。これは、創世記でいえば、アダムのあばら骨からエヴァがつくられる以前のことである。このリリスは性的なものを強く暗示し、娼婦と同一視される。あるタルムードのテキストには、「彼女は夜に徘徊し、男たちを悩ませて彼らにみずからを汚させる」と書かれている。のちに彼女は大衆文化において魔性の女すなわち男を誘惑する女のシンボルとなった。そして最近では皮肉なひねりがくわえられて、フェミニストの偶像的存在になっている。

て殺し、スキュラを頭が6つある怪物に変えた（204～205ページ参照）。

悲しみで気が狂ったラミア自身は心が怪物のようになり、生涯を復讐に捧げた。彼女は幼い子どもを盗んで食べることによって、自分が受けた苦しみをほかの母親たちにも味わわせようとした。また、エンプーサたちと協力することもあった。エンプーサは、ときには美しい女性の姿になって若い男を誘惑し、彼らの生命力を死ぬまで吸いとる魔女（ナイトハグ）である。

ラミアの名前はこの2つの行動に見合ったものであり、「大食」という意味のギリシア語ラミュロスに由来する。のちの民間伝承では、彼女は貪欲でだらしのない女とみなされるようになり、そのだらしなさは格言の種になった。ラミアは洞穴や人目につかない場所にいる悪夢のような生き物で、子どもの突然の死は彼女のせいにされた。子どもたちにとっては、彼女は非常に恐ろしいブギーウーマンであった。［子どもたちを危険な場所やよくない行為から遠ざけるために使われる「子ども部屋のボーギー」と呼ばれる精霊のグループがあり、ラミアもそのひとつである］

そっと食べる

しかし、ラミアを混成タイプの妖婦として描く、もっとロマンティックな伝承もある。この妖婦はウェストから上は魅惑的な女性で、なんとかして下半身が蛇であることを隠す。このイメージをもとにジョン・キーツは『レイミア』という長い詩を書いたが、彼はラミアを魔法で蛇の体に閉じこめられた魅力的な娘として描いている。もっと最近では、当時ロック・グループのジェネシスのメンバーだったピーター・ガブリエルが、この伝説に含まれるエロティックな要素を、このバンドの1974年のロック・オペラ『眩惑のブロードウェイ』のために書いた「ラミア」という歌の中に再現した。彼のラミアたちは女性の顔をもつ蛇で、人間の恋人をそっとむさぼり食う。

ミノタウロス 牛頭人身の怪物

姿
人間の体に雄牛の頭がついている混成タイプの怪物（ただし、イタリアの詩人ダンテは『神曲――地獄編』の中で、雄牛の体に人間の頭がついたものとして描いた）。

大きさ
人間よりわずかに大きく、雄牛のようなたくましい筋肉がついている。

寿命
おそらく20～30年。9年に1度、貢物として送られてきたアテナイの少年と少女を食べていたミノタウロスを、みずから志願して送られてきたテセウスが殺したのが、3回めの貢物のときであった。

能力
非常に体力があり、人肉への欲求によって勢いづく。

半分雄牛で半分人間のミノタウロスの伝説は、2000年以上前に古代ギリシアで語られるようになって以来、無数の世代の人々を魅了してきた。この物語では、神ポセイドンに送られ海から現われた白い雄牛に、クレタ王ミノスの妻パシパエが異常な欲情を抱く。彼女とこの雄牛との正道をはずれた密通の結果がミノタウロスである。ポセイドンへの恐れから殺すことはできず、ミノタウロスは発明家ダイダロスによってクノッソスの宮殿の地下につくられた迷宮に幽閉された。

しかしこの獣は人間の肉を欲しがり、ミノタウロスに食べさせるため、海洋帝国の王ミノスはギリシア本土のアテナイに貢物として7人の少年と7人の少女を送るよう要求した。この恐ろしい取決めは、アテナイの英雄テセウスがそれを終わらせようと決意するまで続いた。テセウスは志願して旅にくわわり、クレタ島に着くと、ミノス王の娘アリアドネの助けと愛情を得た。彼女はテセウスに、迷路の中でどこを通ったかわかるようにするための糸玉を与えた。テセウスは迷路の奥深くでミノタウロスに出会い、殺した。そして糸をたどって迷宮の入口までもどり、仲間たちと一緒に船でアテナイへ逃げ帰ったのだが、不可解なことに途中でアリアドネをナクソス島に置き去りにした。

現代の学者たちは、この物語が大昔に繁栄したクレタ文明の記憶にもとづいているという仮説を立てている。発掘によりクノッソスの宮殿の地下に実際に迷宮があることがわかり、その壁に発見されたフレスコ画には、そこで雄牛を跳び越える競技（猛り狂う雄牛の角をつかみ、とんぼ返りしてその背中を飛び越す）に参加する若者たちが描かれている。さらには、原初の太陽と月の結婚を象徴する、雄牛のマスクをつけた王と雌牛の角をつけた高位の女司祭の儀礼的な結婚が行なわれるなんらかの古代の儀式の断片が、この神話の中に保存されているとも考えられる。

生息地
迷宮（クレタ島のクノッソスにあるミノス王の宮殿の地下に、技術者で発明家のダイダロスによってつくられた迷路）。

トゥピラク　北極圏の悪魔の人形

姿
人間または動物の体の一部を彫った彫像。

大きさ
多くの場合、長さがせいぜい2.5センチ。

寿命
活性化したトゥピラクは何年もその力を維持できる。

能力
標的とされた者が脅威を避けるための対策の儀式をしないかぎり、その者に死、病気、不幸をもたらすことができる。

生息地
北極圏のイヌイットの土地。

世界でもっとも過酷といってもよい環境に住む北極圏のイヌイットは、精霊たちで満ちあふれた宇宙で暮らしていた。好意的なものもいれば悪意のあるものもいるが、すべて注意して扱う必要がある力をもった存在である。必要とされる儀式を無視したりタブーを破ったりして感情を害するのを避けるため、人々は精霊の世界を扱う専門家であるシャーマンに頼った。

アンガコックと呼ばれるシャーマンは、おもに地域社会の中で病気や傷を治したり、飢えているときに獲物を呼び寄せる仕事をした。しかし、なかには敵に害を与えようとする悪いアンガコックもいた。彼らの道具がトゥピラクで、骨、泥炭、布から作られ、ときには人間の髪やその他の体の部分が入れられることもある。トゥピラクはグロテスクな小さな悪魔の人形で、顔をしかめ、目をむいてにらんでいる。アザラシやセイウチ、ホッキョクグマに似せて作られたものもある。

ゴーレム

ユダヤ伝説にも命を与えられた人工物の話があり、その場合はユダヤ人地区を反ユダヤ主義者から守るためであった。その物語では、16世紀の律法学者(ラビ)で学識と神話への関心で有名な実在の人物イェフダ・レーヴが、プラハでヴルタヴァ川の土手から集めた粘土でゴーレムをつくったことになっている。ちょうど神がアダムに命を与えたのと同じように、このラビはヘブライ語で呪文を唱えて自分がつくったものに命を吹きこんだ。しかしフランケンシュタインと同じように、まもなく彼は、自分が命を吹きこんだ怪物をコントロールできないことに気づいた。

ゴーレムの乱暴が手に負えなくなると、ユダヤ人の迫害者たちがイェフダ・レーヴにそれを破壊するように頼んだ。彼はユダヤ人の虐待をやめるという条件で同意し、ゴーレムの額にあったemet（「真理」）の「e」の字を消すことによってゴーレムを静かにさせた。消したあとには「死」を意味するヘブライ語metが残った。しかし、ゴーレムは死んだというよりは活動を停止しているだけだという人もいる。それはプラハの屋根裏部屋で生きつづけ、いつか将来、ふたたびその働きが必要になったときによみがえるのを待っているというのだ。

極北の怪物たち

イヌイットの神話には、極地の長い夜や、北極圏の荒涼とした地の寂しい道を歩いていく旅人の恐怖から生まれた怪物たちがたくさんいる。たいていのものが、世界最北の人々が住みかを共有している動物に関係したものである。たとえばアラスカ沖の海をさまよっているといわれるパル・ライ・ユクというシー・サーペントや、夜ひとりで狩りをする人間を追ってくる巨大な狼アマロックがいる。キキンは中部イヌイットのコミカルな存在で、鼻、足、耳、尾の先といった先端部にしか毛が生えていない大型のこっけいな犬の精霊である。見かけは恐ろしいが、名前を呼ばれると逃げていく。アドレトは人間の女性と赤毛のハスキー犬との間に生まれた怪物の種族である。伝説によれば、生まれた子どもたちの半分だけがアドレトで、残り半分は海を渡ってさまざまなヨーロッパ人のもとになったという。

作った者が命を与えるまで、トゥピラク自体は力をもっていない。人形を活性化するために、アンガコックは歌を歌うか呪文を唱える。アンガコックは独りでひそかに仕事をし、彫像を自分の性器にこすりつけて大きくすることもある。それから敵に害を与えるため送り出すが、通常は犠牲者のところへ「泳いで」いくように海に流す。この精霊はアンガコックがトゥピラクに与えた姿で現われるため、アザラシに似せていれば、アザラシのように見えるものが復讐の道具となる。

防御対策をとる

多くのイヌイットの話が、トゥピラクの標的にされた人の運命について語っている。すべてが不幸な結末になるわけではなく、シャーマンの知識によく通じた抜け目のない者は、自分の術を使って脅威をうまく切り抜けたり、トゥピラクの破壊力をそれを作ったアンガコックに向けることさえできる。

ある物語では、２人の猟師がアザラシの姿をしたトゥピラクに出会う。１人めの猟師は、霊的な危険が迫っている確かな徴候であるほてりを腹に感じて、身に着けていた狼の鼻の魔よけに手を伸ばし、それで腹のあたりをこすって自分に向けられた力を無効にした。相棒はそれほど幸運ではなかった。彼がそのアザラシを撃つと、それは水の中へ消え、彼の胃の中に焼けるような感覚が残った。２～３カ月のち、口から血がほとばしりはじめ、まもなく彼は死んだ。

トゥピラクの危害をくわえる力は、恐怖と人々の信じる気持ちがもとになっていた。今日ではどちらも衰退し、この人形は観光客向けのみやげ物として彫られ、殺人能力はなくなり、霊的な力は去った。

ドワーフ 地下で暮らす鉱夫や職人の種族

姿
背が低くずんぐりしていて、黒っぽい肌、たくましい体つき、長いひげをもつ（いくつかの伝承では、女性にまでひげが生えている）。偏平足だとか、さらには足が後ろに向いていて歩き方がぎこちないといわれることもある。

大きさ
ふつう、背丈が0.6〜1メートルとされる。

寿命
さまざまな意見がある。ドワーフは３歳でおとなになり、７歳では老人だとする民間伝承もある。しかし、J・R・R・トールキンの『指輪物語』３部作では、ドワーフたちはふつうの人間の寿命の４倍、つまり250年も生きるとされている。

能力
すばらしい体力とともに抜け目なさをもち、鉱山とくに金属細工のなみはずれた技を有する。

伝説に登場するドワーフたちはたんなる小さな人々ではない。彼らはひとつの独立した種族をなし、その起源は北欧神話にまでさかのぼることができる。北欧神話では、彼らは原初の大地の巨人ユミルの体に蛆虫として自然に発生したとされている。そして神々は彼らに、人間より立派な意識と知性を与えた。

その後、彼らはニザヴェリルという地下の国に住み、鉱夫や金属細工師として働いた。彼らは信じられないほどの富をもち、とりわけ黄金を好む。しかし彼らは、目もくらむばかりの力と美を有する物を作ることができる名工でもある。

神への贈り物を作る

神話のドワーフについての物語は、たいていが彼らが作ったすばらしいものが関係している。彼らは神フレイのために、つねに順風を受け、使わないときは折りたたんで袋に入れて持ち運びできる便利な船スキーズブラズニルをつくった。フレイは、暗闇で輝きどんな馬よりも速く走る猪グリンブルスティ（「金の剛毛」という意味）も受けとった。トリックスター神ロキがトールの妻シヴの髪を切りとったとき、トールはロキに、彼女のために金でできた新しい頭髪をドワーフに作らせるよう要求した。ドワーフはこの仕事を非常に巧みに行ない、その後、作り物の巻き毛がもとあった本物と同じくらい自然に伸びた。武器製造の名工であるドワーフたちは、オーディンの決して的をはずさない槍グングニル、トールの投げるとふたたび手にもどってくる槌（つち）ミョルニルを製作した。

また神話では、ドワーフは強い性欲をもつとされている。女神フレイヤがすばらしく美しい「ブリーシンガルの首飾り」を自分のものにしたいと要求したとき、それを作った４人のドワーフは、代価として順番に一夜ずつ床をともにするように言った。フレイヤはそのとおりにして支払った。

別の物語では、ドワーフのアルヴィース（「完全な賢者」という意味の名前）が、トールの娘スルーズと結婚するという条件で神々に武器を供給することに同意した。トール自身はその取引に応じる気はなく、この話を聞くとすぐにこの縁組みを無効にすることにした。その夜、彼は神々の住むアースガルズから帰る途中でアルヴィースに会い、自分が出す質問に答えることができたら承諾しようと約束して、このドワーフに機知の応酬を挑んだ。自分の能力に自信のあるアルヴィースは同意し、トールが出す質問にことごとく正しく答えた。しかしトールには計画があった。彼は、地下で働くドワーフが日光に耐えられないことを知っていたため、問題を出し続け、とうとう空に夜明けの最初の光が広がった。たちまちアルヴィースは石に変わり、スルーズは婚約から自由になった。

生息地
ヨーロッパ北部の地下または山岳地帯。

アンドヴァリの呪い

このような扱いの結果として、ドワーフたちは疑い深くなり、ときには敵意を示すようになったのかもしれない。彼らは自分たちのために姿を見えなくできる帽子とマントを作り、これを使って神や人間たちを探ることができた。また、魔法を呪いの形で未来に向けて放つことを覚え、あらゆるゲルマンの伝説のなかでもっともよく知られた物語のひとつとなる悲運のサガが生まれた。

その物語では、いたずら好きのロキが網を使ってアンドヴァリという名の非常に裕福なドワーフを捕まえる。ロキは、黄金だけでなく、アンドヴァリがかつて黄金を作るのに使った魔法の指輪アンドヴァリナウトを渡すことを交換条件に、彼を解放してもよいと言った。アンドヴァリは要求に応じるしかなかったが、その際に指輪とそれを所有することになる者全員に呪いをかけた。その後、指輪はドワーフの王フレイズマル、彼の息子ファーヴニル（167ページ参照）、英雄シグルズ、彼が愛するブリュンヒルドといった一連の所有者に破滅をもたらした。作曲家リヒャルト・ワーグナーは、この物語をもとに『ニーベルン

「畑で手を貸すこともあり、その褒美として彼らが期待するのは、夜のうちにすきの刃に置かれた1切れのケーキや何かである」

グの指環』4部作を書いた。

北の国々にキリスト教が到来すると、ドワーフたちは民話の中へ引っこんでしまった。彼らについて昔から信じられていたことの多くが残ったが、あまり体系的な形でではなかった。まだ彼らは地下に住んでいると考えられ、壮麗な宮殿に住んでいるといわれた。男たちは鍛冶屋と鉱夫を続けているが、この頃になると、彼らには妻がいて、糸つむぎと織物を織る技術に長けているとされた。彼らは依然として姿を消す力をもち、変身もできた。日中に外に出たいときはヒキガエルに変身すると考えられた。夜には本来の姿で外に出ることができ、満月の下で宴を張りダンスをするのが大好きである。

中世のドイツやスカンディナヴィアのドワーフたちの人間との関係は相反する面が併存し、日常の雑事で人間を助けることもあれば邪魔することもあった。場合によっては、物がなくなったときには泥棒のそしりを受け、まれに女性や子どもの誘拐の犯人にされることもあった。また彼らは、邪魔されれば復讐することでも知られていた。しかし、敬意をはらった扱いをすれば、たいてい彼らの善意を期待することができた。畑で手を貸すこともあり、その褒美として彼らが期待するのは、夜のうちにすきの刃に置かれた1切れのケーキや何かである。ドワーフに会ったという人々もおり、そのような場合、彼らはよい助言をしてくれる。それは、彼らが未来を見通せるからである。いくつかの物語で、ドワーフはプレゼントをしている。ドワーフの贈り物はた

鉱夫のコーボルト

ドイツには、地下の鉱夫についての独自の伝承がある。彼らはコーボルトと呼ばれるが、同じ名前をもつ家事の精（73ページ参照）とはまったく別の種族で、人間の家ではなく鉱山に住む。性質の点では、彼らはコーボルトと呼ばれる者たちのなかでも邪悪な側にいて、たいてい意地の悪いトリックスターとみなされ、坑道で何かうまくいかないことがあると彼らのせいにされた。鉱物のコバルトの名前がこのような精霊にちなんでつけられたのは、この鉱石は当初、銀の粗末な代用品でしかなく、鉱夫たちをがっかりさせるためにコーボルトが変えたのだと考えられていたからである。1548年には、ドイツの偉大な鉱物学者ゲオルギウス・アグリコラが『De animantibus subterraneis（地下の動物について）』という本をまるまる1冊コーボルトとその行動にあてた。

緑の子どもたち

中世イングランドの２人の年代記作者ラルフ・ド・コギシャルとウィリアム・オヴ・ニューバラが、12世紀の東アングリアに地下から出現した少年と少女についての奇妙な話を語っている。彼らの皮膚は緑がかった色あいをしていて、地元の人々には理解できない言葉を話した。２人はしばらく豆だけで生きのびた。少年はやつれはてて死んだが、少女のほうはしだいに新しい環境に適応し、英語を話せるようになり、食べ物の範囲を広げ、洗礼を受け入れた。彼女は、黄昏が続く国から来たと言った。そこで彼女と兄弟は羊の世話をしていたが、偶然に洞穴を見つけた。それを抜け、教会の鐘の音にひかれて、彼らが発見された場所にたどり着いたのだという。その少女はしだいに緑の色あいを失い、結婚して新しい家に落ち着いたといわれている。

いてい受けとった者の手の中で黄金に変わるため、大きな恵みである。

冬にイチゴを集める

こういった比較的親切で穏やかなドワーフがさまざまな民話に登場しており、なかでも有名なのが白雪姫の物語である。グリム童話にもよく似た話があり、ひどい継母が真冬に娘に紙の服を着せてイチゴを探しに行かせ、籠いっぱい摘むまで帰ってくるなと命じる。絶望した娘が震えながら森に分け入ると、ちっぽけな小屋があり、３人のドワーフが住んでいた。そこで彼女は持っていた１切れのパンを喜んで彼らと分けあい、お返しに、必要としていたイチゴだけでなく、日ごとに美しくなり、王様と結婚し、話すたびに口から金のかけらがこぼれるという３つの贈り物ももらった。あとで継母の実の娘が同じことをしようとしたとき、ドワーフに厳しい口のきき方をするという過ちを犯し、パンを分けるのを断わった。その結果、彼女は日ごとに醜くなり、ついには惨めな死にざまをし、口を開くたびに宝物ではなくヒキガエルが出てくることになった。

20世紀になるとこういった物語は多くがその気骨のあるところを失った。北欧神話のドヴァリン、スキルヴィル、ハールはディズニーのドック、スニージー、ハッピーで置き換えられた。ドワーフ族が昔の叙事詩的威厳といったようなものを回復するには、トールキンの『指輪物語』を待たねばならなかった。彼のドワーフたちは斧をふるうたくましい戦士で、その気質は、あいだの数年間に現われた気まぐれな存在よりもニザヴェリルの住人たちにずっと近いのである。

⊙⊕⊖

エルフ 光の国の美しい人々

姿
『散文エッダ』によれば、「太陽よりも美しい」。アングロサクソンには「エルフのように美しい」という言いまわしがある。

大きさ
北欧神話では人間の大きさだが、その後の伝説では小さくなり、雀より小さいこともある。

寿命
不死でない場合も非常に長命。

能力
魔法と予見の術に長けている。彼ら自身は年齢による衰えをまぬがれており、エルフの国を訪れた人間のために時間を遅くしたり止めたりすることもできる。

エルフの起源は北欧神話にまでさかのぼる。鍵となる文書である『散文エッダ』の中の、神々が住むアースガルズのさまざまな場所について説明している部分で、「ひとつはアールヴヘイムと呼ばれるところで、そこには光のエルフと呼ばれる人々が住んでいる。しかし、闇のエルフたちは地下に住んでいて、両者は外見がかなり違っているが、中身はもっと違っている。光のエルフは姿が太陽よりも美しいが、闇のエルフは瀝青よりも黒い」と書かれている。そのあとに書かれていることから、『散文エッダ』の著者スノッリ・ストゥルルソンにとって、闇のエルフはドワーフ（84～87ページ参照）と同義であることは明らかである。

ドワーフの金属細工師や鉱夫とは違って、光のエルフは人間の世界と神の世界の仲介者とみなされた。そして彼らはアールヴヘイムの神フレイの保護下にあった。エルフが人間の住むミズガルズを訪れる場合、誕生のときに子どもにつきそってその運命を決定するのを助ける超自然的存在であるノルンとして働くこともある。守護者であるエルフとともにこの世にやってきた子どもたちは、未来が保証されているため、じつに幸運である。

それほど幸運でない人々は、犠牲を捧げてエルフに助けを求めることがあった。あるサガは、戦いの傷から早く回復するためにエルフの丘で雄牛を殺すよう教えられた英雄の話を伝えている。ある10世紀の詩から判断して、同様の習慣は異教徒の時代のごく末期まで残っていたようである。その詩の中でキリスト教徒の作者は、異教徒の家の中でエルフの供儀（alfblot）が行なわれていたため、出入りを拒否されたと不満を述べている。

異教信仰の終わりとともにエルフは民話へと退いた。体も、北欧神話の人間の大きさから、ヴィクトリア朝時代の挿絵画家たちが愛した小さな生き物へと縮小していった。そして次には、別の小さな人々と混同されるようになった。ドイツでは『エルフと靴屋』の話でわかるようにコーボルトとほとんど区別がつかなくなり（72ページ参照）、シェイクスピアの時代の英国では実質的に妖精と同じものになった。スカンデ

「エルフは丘や森に住む美しい乙女で、夜や霧の深い朝に踊っているのを目にすることがあると考えられた」

ィナヴィアにおいてのみ、彼らは以前の尊厳をいくらか保っていた。そこでは、エルフは丘や森に住む美しい乙女で、夜や霧の深い朝に踊っているのを目にすることがあると考えられた。エルフの供儀の伝統も、エルフの好意を得るために牛乳や蜂蜜といったささやかな供物をそなえる習慣としていくらか残った。

しかし古代スカンディナヴィアの地以外のところでも、昔の迷信の要素がひき続き残った。英国の民間伝承では、エルフがいたずらをするとされた。人間の髪や動物の毛が理由もなくもつれるのはエルフの巻き毛（elf-lock）と呼ばれ、突然の激痛あるいは家畜の予期しない病気はエルフの太矢（elf-bolt）やエルフの矢傷（elf-shot）のせいにされた。通常こういったエルフの武器は目に見えないが、石器時代の矢じりがその実在の物的証拠だという人々もいた。その一方でウィル・オ・ザ・ウィスプ（鬼火のこと）がエルフの火（elf-light）、岩の上の滑らかなくぼみがエルフのカップ（elf-cup）と呼ばれた。

20世紀になるとそのようなことは言われなくなり、エルフは子どもの絵本に追放される危機にひんした。もっとも顕著な例はサンタの助手である。彼らを救ったのがJ・R・R・トールキンであり、彼の『指輪物語』３部作はふたたび新しい世代のためのエルフをつくり出すことに成功した。彼はケレボルン、レゴラス、ガラドリエルとその一族という、北欧伝説の光のエルフの立派な跡継ぎをつくったのである。彼らは人間の姿をしているが、賢く公正で、人間のように時間に追い立てられることはない。

生息地
北欧神話の光のエルフは、神々の国アースガルズの一部であるアールヴヘイムに住む。のちの伝説は彼らを森や丘、あるいは塚と結びつけている。

妖精　永遠に若い者たちが住むもうひとつの世界

姿
さまざま。妖精の国の住人は美しくて年をとらず、時による衰えをまぬがれている。ひとり暮らしの妖精はあまり魅力的とはいえず、レプラコーンとその同類はたいてい深いしわの刻まれた老人である。

大きさ
W・B・イェイツによれば、「ときにはわれわれと同じくらいの背丈で、ときにはもっと大きく、またときには私が聞いたように1メートルたらずのこともある」。現代の妖精は小さくなる傾向があり、背の高さが数インチしかないことが多い。

寿命
妖精の国では永遠。そこの住人は病気も老いも知らない。

能力
変身し魔法をかけることができる。空を飛び、人々に触れて癒し、すばらしい音楽を奏でることができる。通常の状況では、人間の目には見えない。

ホルヘ・ルイス・ボルヘスは、彼らは「小さな超自然的存在のなかでもっとも数が多く、もっとも美しく、もっとも忘れがたいものである」と書いている。また、彼らはきわめて広範囲に存在し、すくなくともヨーロッパとアジアではおおかたの国に妖精に似たものの話があり、人類のかたわらで生きて予想できないやり方で人々と交流し、親切なこともあれば残酷なこともある種族について語られている。

「妖精」という言葉は、もっとも広い意味ではノームやエルフ、ボガートやドワーフを含むことがある。妖精自体は多様なルーツをもつ。妖精すなわちフェアリー（fairy）という言葉は運命を意味するラテン語*fatum*に由来し、ギリシア神話であらゆる誕生のときにいて新生児に運命を割りあてる運命の三女神と関係がある。この伝統は、妖精の名づけの母の民話にひき継がれている。

妖精の民間伝承がとくによく発達したアイルランドでは、妖精は昔から、レプラコーンのようなひとり暮らしの妖精と群れをなす妖精という、2つの異なる系統に分けられている。ひとり暮らしの妖精には多くの種類がある。詩人W・B・イェイツは1891年に書いたものの中で9種類の妖精をあげており、それにはバンシー（146〜147ページ参照）、気味の悪いいたずらをよくやるファー・ジャルグ（「赤い男」）、飢饉のときに現われるやせ衰えたファー・ゴルタ（「腹をへらした男」）、頭のない御者でその黒い乗り物は、死が近づいていることの不吉なしるしであるデュラハンなどが含まれている。

ほかの2種類は悪い妖精で危険である。美しいが死をもたらすリャナン・シー（「妖精の愛人」）は人間の恋人から命を吸いとって衰弱させる。プーカ（74ページも参照のこと）にいたっては変身でき、馬、雄牛、山羊といった動物に姿を変えて酔っぱらいをからかう。背中に乗せることができたら、丘を登り谷を下り、茂みやいばらの中を荒々しく駆けたあげく、夜明けの光の中に酔いがさめて震えている男を残して去るのである。

レプラコーンは勤勉な靴屋だが、たいへんな大金持ちだと書かれている。もし捕まえることができたら、黄金の入った壺をとりあげることができるという。しかしレプラコーンはすばらしく機敏で、一瞬でも目を離すと姿を消してしまう。もう2種類よく似た妖精がいて、レプラコーンと同じくしわが刻まれ小柄であるが、彼のように勤勉に働くことはしない。クルーラコーンはパーティ好きのレプラコーンで、

生息地
世界中にいるが、とくにアイルランドとその他のケルト諸国。

たいてい金持ちの酒蔵で酔っぱらっているところを見つかるか、さもなければ羊の背にまたがって乗りまわし、汗をかき疲れはてた羊を残していなくなる。ガンコナー（「恋を語る者」）については、（イェイツの言葉を借りれば）「もの淋しい谷間にいつもパイプを口にくわえて現われ、羊飼いの娘や、乳しぼりの娘に言い寄って時を過す」。［引用の訳文はW・B・イエイツ編『ケルト妖精物語』井村君江訳より］

ケルトの妖精国

群れをなす妖精はまったく別の系統である。彼らは人間の世界と並行して存在する世界に住み、魅惑的かつ危険である。彼らの起源については不確かなところがある。神話によれば、妖精はアイルランドの太古の住人である女神ダヌの一族トゥアーハ・デ・ダナーンの子孫である。ミレー族に敗れた彼らは、妖精塚（小さな丘のこともあるが、青銅器時代の埋葬塚のことが多い）の地下に避難せざるをえなくなった。もっとも有名なのがミース州ニューグレンジの堂々たる巨石墓である。

それとは別にほかの要素も神話の中に入りこんでいる。妖精の伝承のなかには、キリスト教の到来で追放された古代の神々の記憶も残っているのである。大勢の妖精たちを統べるマップ女王は、ケルトの地母神の一側面を表わす伝説の女王メーヴをほうふつとさせる。そしてアーサー王伝説に登場する悪者の妖精モルガン・ル・フェは、モリガンという恐ろしい戦いの女神の子孫である。また、妖精は塚だけでなく湖や洞窟といった特定の地形要素と密接に結びついており、妖精の系譜に太古の自然の精霊の側面も認められる。妖精の輪（牧地や草地にできる暗緑色の草の輪で、キノコの輪ができることもある）は妖精のしわざで、夜の間にダンスをした場所のしるしとみなされた。趣のないことではあるが、現在では植物学者が、この輪の原因が地下の菌類シバフタケ（*Marasmius oreades*）であることをつきとめている。このキノコがいると土壌中の窒素含有量が多くなるのである。

「このパーティ好きのレプラコーンは、たいてい金持ちの酒蔵で酔っぱらっているところを見つかるか、さもなければ羊の背にまたがって乗りまわし、汗をかき疲れはてた羊を残していなくなる」

取り換え子

人間と妖精の関係についての話でもっとも不穏なものは、妖精の母親が人間の赤ん坊を揺りかごから盗んでいく話である。その代わりに取り換え子、つまり妖精の子を残していくが、それはしなびていたり醜かったりすることが多い。そのような不運を避けるため、心配する母親たちは、盗みをしようとする妖精にとって不快な物を置いて子どもを守ろうとした。妖精は異教徒なので聖書や十字架、さもなければハサミや刃物といった冷たいはがねを置くのである。

取り換えが行なわれたと思った親たちは、残酷にも子どもの肌に炎をあてる。それは、火によって、子どもを奪った者の正体をあばくことができると考えられていたからである。そうすれば、妖精の母親が突然現われて、自分の子どもを苦しみから救うために人間の子どもをもどそうと申し出るかもしれないのだ。

人間の世界で成長することを許されれば、妖精の子どもたちはしばしば、予知あるいは美しい音楽を奏でるといった特別な才能を示す。妖精に育てられた人間の子どももうまくやってゆくことができる。たとえばアーサー王伝説のランスロットは、幼いときに湖の麗人に盗まれたのである。

しかしなんといっても、ケルトの妖精国には死者の国の響きがある。それは地下にあって埋葬場所とかかわりがあるだけでなく、ギリシア神話のハデスや北欧神話のヘルのように水を渡って行くことが多い。その一例が、アーサー王物語に登場する妖精の女王「湖の麗人」の国である。

妖精の世界へやってきた人間には、特別なルールが適用される。そういう人のひとりがエルセルドゥーンのトマスで（エルセルドゥーンは現在のスコットランド・ボーダーズ州メルローズに近いアールストン）、今日では詩人（うたびと）トマスとしてのほうがよく知られている。次のような話が13世紀のバラッドにうたわれている。ある日、トマスがエイルドンの丘を歩いていると、銀の鈴で飾られた白馬に乗った女性と出会い、恋に落ちた。彼女にキスをすると、彼女はエルフェイム（妖精国）の女王であることを明かし、彼をつれて魔法の国へもどった。トマスは話すことを禁じられてそこにとどまったが、彼には時が少ししかたっていないように思えた。しかし、ようやく家に帰ることを許されたとき、7年が過ぎていた。トマスは予知能力という贈り物をもらって帰ったため、その後、詩人としてだけでなく予言者としての名声も得た。

ジャネットとタム・リンの物語

スコットランド南部の国境地域は、アイルランドに次いで妖精の伝承が多いところである。やはりスコットランドの、もう少し暗い話がタム・リンの話である。彼はハンサムな妖精で、エトリック川とヤーロウ川が合流するカーターホフの野原に出没した。このあたりの娘た

ペルシアのペーリ

ヴィクトリア朝時代の優美で薄い繊細な羽をもつ妖精の概念は、千夜一夜物語で広く知られるようになったペルシアのペーリに負うところが大きい。ペーリは美しい女性の姿をした精霊で、壮麗な宮殿に住み、えりすぐりの芳香だけを食べて生きている。邪悪なデーウとつねに戦っており、彼らはいつもペーリたちを捕らえようとしていて、つかまえると鉄のかごに入れて高い木からつるすのだった。

皮肉なことに、ペーリの起源はゾロアスターの聖典アヴェスタに出てくる邪神アーリマンの使いパリカーにあり、この女デーモンはネズミの姿をしていることが多い。しかしペーリはその芳しくない部分をすて去って、やがて正しい人の魂を天国に導く任務を負った慈悲深い仲介者とみなされるようになった。

ちは、純潔を失う危険があるため近寄らないように言われていた。地元の地主の娘ジャネットは、この警告を無視してタムと出会い、はたして妊娠した。2度目に会ったとき、彼女は、彼がかつては「地上の騎士」だったが、妖精の女王の呪文に縛られて、今では近くの丘の下にある王国で女王の家来のひとりとして暮らしていることを知った。しかしタムはそこにとどまることを恐れていた。というのは、妖精は地獄に税として毎年魂を1つ払わなければならず、彼はそろそろ自分の番がきそうだと感じていたからである。

このためジャネットは、タムの言うとおり彼を救って人間の世界にもどすと誓った。タムは彼女に、その日はハロウィンで、夜にマイズ・クロスで待っていれば大勢の妖精が馬に乗って通り、自分は乳白色の馬に乗っているから、それが見えるまで見張っているように言った。ジャネットがタムを馬からひきずり落とし、何が起ころうとも彼を放さないでいることができれば、妖精の力から彼を奪いとることができるという。

勇敢にもジャネットは言われたとおりにして、妖精の女王が魔法を使ってジャネットの腕の中のものをイモリ、次にクサリヘビ、そして熊、ついにはライオンに変身させても、頑として放さなかった。最後にはジャネットは「裸の騎士」を抱いて残された。彼女はその裸の体を緑のマントで覆った。妖精の女王はどうすることもできず怒り狂って見ていたが、ジャネットは勝ち誇ってタムを人間の世界へつれて帰り、子どもの父親にすることができた。

妖精と恋に落ちる人間の話が数多くあるが、幸せな結末になることはほとんどない。たいてい、結局、人間の世界と妖精の世界が根本的に両立しがたいことが障害になって、ふたりに悲劇的な別れが訪れるのである。アイルランドの伝説に戦士オシーンの話がある。彼は、現在のキラーニーに近いリーン湖の岸辺で、馬に乗っていた妖精の王女ニアヴと出会い、恋に落ちた。ふたりはもうひとつの世界で幸せに暮らし、子どもを3人もうけたが、オシーンは地上のわが家をもう一度見たくてたまらなくなった。ついにニアヴは彼を一度行かせることにしたが、ずっと馬上にいて、アイルランドの土に足をつけてはならないと警告した。しかしオシーンは軽率にも水で体を洗おうと足を下ろした。彼は一度に300歳年をとり、ハンサムな若者からしなびた老人に変わった。オシーンは、アイルランドにやって来たばかりの聖パトリックの世話を受けながら、若かりし頃の英雄譚を語る詩人として最後の何年かをすごしたという。

たいていそうなのだが、これは人間圏と妖精圏が混じりあうことはないという教訓である。イェイツの詩に出てくる男のように、妖精の国にあこがれる者は、死をまぬがれぬ灰色の空の下へ追放されて、永遠に安らぎを得られないのである。

木の精霊 森のニンフと森の主

姿
ドリュアスは美しい女性の姿をしており、スラヴ神話のレーシーはしわだらけの老人の姿で現われるのがふつうである。

大きさ
ドリュアスは人間の大きさだが、レーシーはどんな大きさにも変身できる。

寿命
長命だが不死ではない。ハマドリュアスは、宿っている木が切り倒されると死ぬ。

能力
変身できる。木や森の生き物を傷つける人間に害を与えることができる。

生息地
森や林。

夜明けや夕方、静まりかえった、かろうじて葉がかすかに動いているようなときに大きな森に入ったことがある人なら、周囲の木陰からひそかに何かに見られているような気がしたことがあるだろう。その感覚は、さまざまな文化において木の精霊の形で表現されており、森の主の形をとることもあれば、個々の木に宿る超自然的存在のこともある。

古代ギリシア・ローマの世界は後者を採用し、ドリュアスと呼ばれる女性のニンフたちがそれである。特定の木と結びついたハマドリュアスたちもいて、彼女たちは自分の木が切り倒されると死んでしまう。古代ギリシア・ローマ世界で森の主にもっとも近いのはローマ神話の森の神シルウァヌスで、牛飼いたちは森の中を歩きまわる牛を守るためこの神に犠牲を捧げた。

正確にいえばドリュアスはオークの木の精霊である。メリアスはトネリコの木のニンフであり、文化英雄アリスタイオスに（そして彼をとおして人類に）オリーヴの育て方、ミツバチの飼い方、牛乳を凝固させてチーズを作る方法を教えたとされるギンバイカのニンフもいる。

アリスタイオスは、ドリュアスがかかわる別の神話にも登場する。

ドイツの森の守護者

スラヴ諸国と同じように、ドイツにはヴァルトガイステル（直訳すれば「森の精」）という森の守護者の伝承がある。ヴァルトガイステルはレーシー（98ページ参照）に似ているが、だいたいにおいて、すくなくとも彼が守る森に対して好ましい気持ちをもつ訪問者にはもっと優しい存在である。それでも、森に入ろうとする者は、敬意を表するしぐさをして精霊の好意を得たほうがよい。

聞くところによると、木製品をコンコンと叩くのが幸運を招くという考え方は、ドイツの木こりが古い森の巨木の幹をやさしく叩いて、一挙一動を見ているかもしれない地元のヴァルトガイステルにあいさつする習慣から来ているという。[英語で「knock on wood」と言いながら木製の机などをノックするように叩くことがあり、これはいま口にした幸運が続くように、または幸運を招くようにというまじないである]

オルペウスの妻エウリュディケが蛇にかまれて死んだのは、アリスタイオスに言いよられ、嫌がって逃げているときだった。その後、アリスタイオスのミツバチがすべて死んだ。打ちひしがれた彼が神託に助けを求めると、雄牛４頭と若い雌牛４頭をエウリュディケと親しかったドリュアスたちに捧げるように言われた。彼がそうすると、牛の死骸から新しいミツバチの群れが飛び立った。この話は、聖書にあるサムソンがライオンの死骸から蜂蜜をとる話と奇妙なほどよく似ている。

ギリシア・ローマ神話には、人間の女性が木に変えられる話もある。トラキアの王女ピュリスは、恋人のアカマスがトロイ戦争からもどるのを待ちこがれてやつれはててしまい、女神アテナによってアーモンドの木に変えられた。ディオニュソスは、スパルタの王の娘で最愛のカリュアが亡くなると、彼女をクルミの木に変えた。もっとも有名なのは、好色なアポロンにつきまとわれて大地の母ガイア（父親である川の神ペネイオスという説もある）に助けをこい、月桂樹に変えられた山のニンフ、ダフネである。

タイガの恐怖

このような優雅なファンタジーは地中海の木々や林のたおやかな美しさにはよく合っているが、北の大森林の雰囲気にはそぐわない。スラヴ神話には、トウヒやマツが広がるタイガが呼び起こす畏怖と恐怖を反映する険悪な存在レーシーの物語がある。

本来、レーシーはそびえるような大男の姿で現われるのがふつうである。しかし彼は変身でき、しばしば非常に年老いた男の姿で旅人の前に現われ、森の小道のわきに座っていたりする。燃えるような目と後ろ前の靴だけが、彼の正体を示している。賢い旅人は森に踏みこむ前にレーシーをなだめるための手段を講じ、たとえば手で十字を切ったり、パンやタバコといったちょっとした供物を置いていったりする。

レーシーの楽しみはよそ者に間違った道を教えて、どうしようもないほど迷ったり野獣の餌食になるようにすることである。彼は森の動物や植物の保護者で、木を切り倒す木こりや獲物を殺す猟師は、つねに彼の怒りをかうおそれがある。熊と狼がレーシーの特別な守護者で、侵入者が茂みの中にいることを知らせ、危害をくわえられないように彼を守る。この精霊は必要とあれば膨れあがり、とてつもない大きさになることができ、林の中の嵐の爪あとが２人のレーシーが戦った破壊のあとだといわれることもある。同様に、つむじ風は彼らの結婚式のくるくる回るダンスによってかきまわされて

「賢い旅人は森に踏みこむ前にレーシーをなだめるための手段を講じ、たとえば手で十字を切ったり、パンやタバコといったちょっとした供物を置いていったりする」

起こるといわれる。

お柳と平太郎の悲しい物語

中世の日本も生い茂った森の国で、ここにも木の精霊がいた。木魂（こだま）が木や岩に宿っていて、こだまは彼らが人間の声をまねるせいで起こるとされた。これに対して「木のお化け」は変身でき、さまざまな姿に化けることができるが、人が近づくと幹や葉に引っこんでしまう。

一部の日本人が木に対して感じる親密な一体感は、柳の妻の昔話にはっきりと表われている。若い農夫平太郎のいちばん好きな気晴らしは、彼が住む村に長いこと生い茂っている大きな柳の木の下に座ることだった。何年ものあいだ、彼はその世話をし、害から守ってやった。ある日の夕方、彼がその葉陰で休んでいると、木陰の中に自分と一緒にそれまで見たことのない美しい娘がいることに気がついた。ふたりは話しはじめ、娘はお柳と名のった。まもなくふたりは恋に落ち、結婚した。

ふたりは何年も幸せに暮らし、お柳は子どもを産んだ。あるとき村に、鳥羽上皇が京都に大きな寺を建立したいとおおせなので、どの村も木材を提供するように、というお達しがあった。その村では柳の大木を納めることになった。それを聞いてお柳は青ざめた。その夜、平太郎は苦しげな叫び声で目を覚ました。

お柳が泣いているのが聞こえた。「誰かが柳の木を切っています。私はあの木の精霊で、もしあれが死んだら、私も死んでしまいます」

そのとき、大木が倒れるひき裂くような音がした。あわてて平太郎は妻の方をふりかえったが、すでに寝床はからっぽだった。ギリシア神話のハマドリュアスのように、お柳は永遠に消えてしまったのだ。

野人ウッドワス

ウッドワスは中世の伝説に登場する森の野人で、いたるところにいる緑の男（グリーンマン）と呼ばれる自然の精霊と同類である。裸でぼさぼさ頭、毛むくじゃらの彼の姿が、教会の彫刻や写本の装飾、紋章などにみられる。

文学にもよく似た人物が登場し、特筆すべきはジョフリー・オヴ・モンマスの『マーリンの生涯』で、6世紀のアルスレッドの戦いで主君が敗北したことによりこの予言者が正気を失い、隠れ場を求めて森に入ったときのようすが書かれている。

13世紀の北欧の年代記に、実在のウッドワスがノルウェーの森で捕らえられたという記述がある。それには、「それが人間なのかなにか別の動物なのか、誰にも確かなことはいえなかった。…しかし、それはあらゆる細かな点まで人間の姿をしていたが、獣のように全身が毛で覆われていて、長く粗い馬のようなたてがみが背中の下の方まであり、その生き物がかがんで歩くとたてがみが両側に落ちて地面をひきずった」とある。

ユニコーン 処女だけがおとなしくさせられる角のある馬

姿
アンテロープの前脚と山羊のひげをもつ白馬で、額かららせん状にねじれた長い角が突き出ている。

大きさ
ある中世の動物寓話集によれば、「非常に小さな動物で、子山羊くらい」だという。しかし、ローマの著述家アエリアヌスは、インドのユニコーンは成長した馬の大きさであるとしている。

寿命
明記されていない。おそらく、たいていの馬が野生状態で生きることが期待できる十数年といったところ。

能力
なみはずれたスピードで走り、どんな狩人も捕らえることができない。また気性が荒く、象と戦うほど勇敢である。

ユニコーンほど難解あるいは矛盾に満ちた象徴体系を発達させた生き物は少ない。１本の長い角をもつ雪のように白いこの動物は、性愛と純潔、獰猛さと癒し、抑制されない熱情とイエス・キリストといった相反するものの象徴とみなされてきた。それでも長い間実在の動物とみなされ、ユニコーンの角は解毒剤になると固く信じられていたため、フランス王は1789年の革命のときまでそれを材料に作られたと称される容器から飲んでいた。

ユニコーンについて信じられていたことの大部分は、たどっていけばたった２つか３つの文献に帰すことができる。もっとも古いのは、紀元前４世紀にペルシアの宮廷で医師として働いていたギリシア人クテシアスによる記述である。インドの野生生物について書いた彼は、馬と同じくらいかそれより大きく、胴体は白く頭は紫で、額の真ん中から長さ約45センチの角が１本突き出ている動物について説明している。その角はつけ根は白いが、中ほどは黒く、先端は深紅色である。非常に速く走り、どんな馬も追いつくことができない。獰猛に戦い、ひづめで蹴り、歯でかみ、どんな狩人も捕まえることができない。クテシアスはユニコーンの角の治療効果についてはじめて明確に説明した人でもあり、「その角で作った杯から飲む者は、痙攣を起こすことも病気になることもないといわれる。実際、彼らは毒の影響さえまぬがれる…」と書いている。のちの著述家たちは、この考えをさらに拡大して、ユニコーンは水を飲むとき、角を浸すだけで汚染された水を浄化することができるという内容をくわえた。

さらなる目撃報告

クテシアスとメガステネス（102ページのコラム参照）に続いて、別の場所からもユニコーンに似た動物についての報告が出はじめた。過信する人とはいえそうにないユリウス・カエサルが、ドイツの森の中に「雄鹿に似た姿をして、額から角が１本生えている雄牛」がいたと報告している。のちのローマの著述家アエリアヌスは、その角はらせん状にねじれた形をしていると明記している。紀元前1200年にまでさかのぼるエジプトの風刺的なパピルスの絵から判断して、古代ギリシア・ローマ以外にも伝承があったようである。それには、腰かけてセネトというチェッカーに似たボードゲームをしているライオンと一角獣が描かれている。

生息地
通常は森林に棲むが、ある言い伝えではユニコーンは砂漠や山頂から離れないとされている。かなり古い西洋の記述にはインドに生息するとあるが、ギリシアの旅行家ヘロドトスはリビア原産だと考えていた。

捕らえられないモノケロス

クテシアスよりのちの西洋のユニコーン伝説の主たる情報源は、ギリシアのもうひとりの旅行家メガステネスであった。彼は紀元前300年頃にインドへ旅行した。彼の著作は今では失われているが、断片はのちのギリシア・ローマ時代の著述家たちの書物の中に残っている。

注目に値するのがプリニウスで、彼がモノケロスと呼んだ動物についての情報はメガステネスの書いたものに依拠しているようである。プリニウスのモノケロスは、馬の胴体、雄鹿のような頭、象の足、猪の尾をもつ獰猛な生き物である。それは低い声でうなり、1本ある黒い角は長さが90センチあり、ユニコーンと同様、捕獲することができない。

モノケロスはのちの文書でクテシアスのユニコーンと混同されたが、現在では、じつはプリニウスとメガステネスは実在の動物であるインドサイ（*Rhinoceros unicornis*）についてのまた聞きの情報を伝えたと考えられている。興味深いことに、インドの伝承では、古くからサイの角の粉には医療効果、とりわけ毒の影響に対する力があるといわれている。

処女のひざ

２～４世紀に書かれ大きな影響をおよぼした動物伝承のコレクション『フィシオロゴス』に、ユニコーン伝説のもうひとつの重要な部分がはじめてその姿を現わした。そこには、この動物はある非常に変わった方法でしか捕獲できないと書かれている。それによれば、「ユニコーンがよく行く場所に処女をつれていき、そこにひとりで残す。ユニコーンは処女を見るや否や、駆け寄って頭を彼女のひざに乗せる。彼女が優しくなでると、ユニコーンは眠りに落ちる。そうしたら狩人がやってきて、ユニコーンを捕らえる」という。

この一節から、中世芸術のきわめて独創的で魅力的なテーマが生まれることになった。なかでもきわだっているのが、現在ニューヨークのメトロポリタン美術館にあるユニコーン狩りをテーマとする有名な７枚の連作タペストリーで、パリのクリュニー博物館にもよく似た連作タペストリーがある。そしてこのモチーフは複数の意味をもつようになった。ポストフロイト派の目には、獰猛なユニコーンとその猛威をふるう角が、処女のひざでおとなしくなるというのが、何を象徴しているか十分明白なように思えるが、中世の人々は違ったふうに物事を見ていた。処女はすぐに処女マリアと同一視されるようになり、ユニコーンは、処女の胎内から生まれ、迫害者によって捕らえられて十字架にかけられたキリスト自身を意味するようになった。そしてこの宗教的な意味とならんで、このテーマにはもうひとつ、ユニコーンの結末に恋によって破滅した情熱的な騎士の運命を重ねる騎士道的な解釈もあった。

解毒剤

一方でユニコーンの角（「アリコーン」と呼ばれるようになる）の薬効は忘れられてはいなかった。王や王子が毒見役を雇って飲み物に毒が入っていないか調べさせていた時代においては、アリコーンは大いに価値のある品物で、ユニコーンの角と称されるものに大金が支払われた。ルネサンスの彫刻家で金細工師のベンヴェヌート・チェッリーニは、1532年に教皇クレメンス７世から、「これまでに見たもっともすばらしい」ユニコーンの角を載せるために設計をするよう依頼されたと自叙伝に書いている。その角に、教皇は17000ダカットという大金を支払ったという。教皇クレメンスはその後、フランス王フランソワ１世の息子アンリ２世とカトリーヌ・ド・メディシスの結婚に際して、王にその角を贈った。博物館や大聖堂の宝物庫にはそのような角がまだ多数残っており、それらはユニコーンのものではなく、らせん状に伸びる牙をもつ北極海の鯨、イッカクのものであることがわかっている。

もうかるアリコーン市場のおかげで、ルネサンス以降もユニコーンの迷信は生きつづけたが、しだいに懐疑的な声が聞かれるようになった。トリエント公会議は、1563年の布告で、ユニコーンの象徴表現の宗教的使用を正式に禁止した。17世紀中頃、ついにオーレ・ウォルムというデンマーク人動物学者が、アリコーンの本当の原料はイッカクであることを明らかにした。

しかしそれでもこの古い迷信は細々と生きつづけた。ユニコーンの目撃が報告されつづけ、それはいつも旅された世界のもっとも遠いところからであった。1673年、ドクター・ラップという人物が、ユニコーンが北アメリカの広大な森林地帯に生息していると主張した。19世紀初めにあった最後の報告は、外モンゴルの砂漠とチベットの山地で暮らしているというものだった。そしてついに迷信は消え、ユニコーンは美術品や文学の中に純粋に象徴的なものとして生き続けることとなった。その純粋性のイメージは汚れた現実世界で生き残るには無垢すぎたようである。

「獰猛なユニコーンとその猛威をふるう角が、処女のひざでおとなしくなるというのが、何を象徴しているか十分明白なように思えるが、中世の人々は違ったふうに物事を見ていた」

麒麟 中国の縁起のよい一角獣

姿
1本の角をもつ動物で、鹿の体、馬のひづめ、牛の尾をもつ。角は短く肉質であるとする記述もあれば、長さ3メートルもあるとする記述もある。

大きさ
雄鹿の大きさ。

寿命
千年。

能力
生まれながらに有罪か無罪かがわかる。通常はまったく穏やかだが、善が悪によって迫害されるのを見ると、火を吐くことがある。

生息地
公正な支配者に統治されている国にのみ出現する。

中国の歴史の黎明期の物語に、皐陶(こうよう)という刑官が、もちこまれた訴訟をどのようにして裁いたかが書かれている。彼が頼みとしていたのは、一部が馬、一部が山羊、一部が鹿で、額の真ん中に1本角がある動物で、その性質は非常に清らかで生まれながらに正邪を見分けることができた。その角で罪を犯した側をそっとつついて、責めを負うべきは誰か示すのである。確かな判決の功績が認められ、皐陶は知恵のある者としてソロモンのように尊敬されるようになり、今日でも裁きの神として広大な中国の万神殿に列せられている。

皐陶を助けたのは、しばしば中国の一角獣といわれる麒麟である。この動物は単独で暮らし、つがいにはならない。その名前は、「雄」と「雌」を表わす2つの表意文字からできており、このためそれ自身の中で陰陽のバランスが正しくとれている。[雄を麒、雌を麟という。皐陶を助けた一角獣は觟䚦(かいち)と呼ばれる]

侵入者は死刑

アラビアの伝説にも、カルカダンと呼ばれる一角獣の話がある。しかし、それは麒麟とは違って獰猛な獣で、ペルシアと北インドの平原にあるその縄張りに侵入するすべての者に戦いを挑む。象ですらその犠牲になり、象を殺したときは、勝ち誇ってその死骸を角で串刺しにして太陽に向かってもちあげ、ついには溶けた脂肪が目に流れこんで目が見えなくなるという。

この象の話は、ギリシアの旅行家メガステネスがモノケロス（102ページ参照）について語った話とよく似ており、この2つの動物は同一のものだったのかもしれない。もしそうなら、どちらもインドサイについてのまた聞きの説明から生まれたのかもしれない。もうひとつ興味をそそられる可能性は、ロシア南部の平原に歴史時代の初めまで生き残っていたと考えられている絶滅した巨大なサイ、エラスモテリウムについての話を反映しているというものである。エラスモテリウムは全体的な外見はサイに似ており、体重が5トン、体長が6メートルもあり、広い頭に長さ約2メートルの角が1本生えていた。

そして麒麟は完全さの見本である。性質は非常に穏やかで、生きているものは食べず、枯れた植物のみで生きている。その歩みは非常に軽く、倒すことなく草の上を通ることができ、どんなに小さくてもいかなる生き物も踏みつけないように注意する。俊足で、生け捕りにされることは決してない。いずれにせよ、麒麟を傷つければ確実に不運が続くから、きわめて軽率な狩人しか追おうとはしなかった。

このように鋭い感受性をもつ動物はこの世にとってはあまりにすばらしく、麒麟が姿を見せるのは例外的で、偉大な人物が国を統治しているか影響をおよぼしている時代だけである。古代の年代記には、中国に文明の恩恵を数多くもたらしたとされる文化英雄である伝説の黄帝の庭を麒麟が訪れたと記されている。孔子の理想の統治者である堯(ぎょう)帝のときには２頭いたし、この偉大な聖人自身との関連でも２回目撃された。１頭は孔子が誕生するときに見られたとされ、もう１頭については彼の生涯の終わり頃、軽率にも狩りでしとめたという知らせが来た。孔子にとってはその知らせが何を意味するか明らかで、この動物の死に自分自身の来たるべき死の前兆を見たのである。

麒麟の話は歴史時代をとおしてくりかえし語られた。永楽帝の命により、宦官の鄭和(ていわ)はインド洋を探検する一連の大航海に出た。鄭和は1414年にいったん帰国したとき、現在のケニヤにあったマリンディのスルタンからの贈り物をたずさえていた。それは、中国ではそれまで誰も見たことがなかったキリンであった。外交上の駆けひきとして、このめずらしい動物が偉大な明国の支配者に麒麟として贈られたのである。

タラスク 聖女マルタによっておとなしくなった貪欲な両生動物

姿
「半獣半魚の竜」で、ライオンのような頭、蛇の尾、そして左右に翼がある。鋭い爪が生えた足が6本ある姿で表わされることが多い。

大きさ
「牛よりも太く、馬よりも長い」

ヤコブス・デ・ウォラギネの『黄金伝説』には、ドラゴンを退治する聖人の話が数多く載っている。しかし、彼がタラスコヌスと呼んだ、優しい聖女マルタの手で鎮められた怪物についての物語ほど有名なものはないだろう。

もちろんマルタ自身は新約聖書でよく知られた人物である。妹マリアや復活させられた弟ラザロといった、彼女と彼女の家族はすべて主キリストから愛された。デ・ウォラギネの語る物語によれば、マルタはキリストの復活後、船に乗り、フランスのローヌ川河口に漂着したという。その後、彼女はこの地域に住む人々にキリストの教えを広める仕事にとりかかった。

そこでマルタは、地元の住人が貪欲な怪物を恐れて暮らしていることを知った。タラスクは原初の大海蛇レヴィアタン（200～203ページ参照）と牛に似たボナコン（114～115ページ参照）の汚れた交わりから生まれ、小アジアのガラテア地方からこの地にやってきた。この狂暴な怪物は、アルルとアヴィニョンの中間あたりの、川と接する森の中に棲みついていた。タラスクは水陸両生で、巣穴から周囲の田園、そして川自体にも恐怖を広めた。陸上の旅人はもちろん、船に乗っていても襲われて安全ではなかった。

この地方からこの害獣を除くと約束したマルタは、勇敢にも森の中の巣穴へ乗りこんでいった。怪物が襲ったばかりの犠牲者をむさぼり食っているのを見ても、彼女の勇気はくじけなかった。それどころか彼女は怪物に聖水をふりかけ、十字架をつきつけた。すると怪物はたちまち「降参し、子羊のようにおとなしくなった」。こうしてマルタは腰帯で怪物を縛ることができた。この怪物を恐れていた人々も知らせを聞

パドストーのオビー・オース

タラスコンのタラスクの歴史が比較的よく記録されているのに対し、英国コーンウォール州の北海岸にあるパドストーで毎年祝われるオビー・オースの起源は謎に包まれている。この名前は、工業化以前の時代に子どもたちが乗って遊んだ（棒の先に馬の頭がついた）棒馬「ホビー・ホース」の方言である。

毎年5月のはじめに、オビー・オースになった踊り手が、黒いケープで覆った水平のフープが特徴の衣装を身に着けて、様式化された馬の頭を掲げながら町をパレードする。オビー・オース（近年では同時に2頭いる）は通りがかった独身女性にふざけて突進し、言い伝えではケープの下に捕まえられた女性はその年のうちに妊娠するという。

祭りが行なわれる日付や、そのやや挑発的な内容から、なにか古代の豊穣の儀式の名残と考えられ、おそらくやはり5月祭に祝われた古代ケルトのベルテーンの火祭りと関係があるのであろう。オース自体は、永遠に繁殖する伝説の種馬についての民間伝承の名残と考えるのが妥当だろう。

いて急いでやってきて、槍や剣でそれを切り刻んだ。のちにマルタは、タラスクが棲んでいた森に居を定め、「肉やすべての脂肪分、卵、チーズ、それにぶどう酒を避け」る禁欲的な生活を送った。マルタの死後、彼女の栄誉をたたえてそこに教会が立てられ、その周囲にタラスコンの町が発展していった。今でも地元の伝承は、その教会がマルタの埋葬の地だと伝えている。［引用の訳文はヤコブス・デ・ウォラギネ『黄金伝説』前田敬作ほか訳より］

タラスクが今日でもまだよく覚えられているのは、この町が高徳の恩人を決して忘れないからである。今でも昔と同じように、毎年6月の最後の日曜日に、タラスコンの通りを作りものの怪物がひきまわされる。『オズの魔法使い』の臆病なライオンを思わせる頭と、カタツムリの殻に棘が生えたような胴体がついた現代のタラスクの山車は、恐ろしいというより親しみがもて、怖がるのは今日の祭りが狙いとしているごく小さな子どもたちくらいである。

しかし、眠る前のおとぎ話では、いまだに想像力に富む読み手が、タラスクの襲撃の説明に身の毛もよだつような細部をつけくわえ、犠牲者の数を増やしたり、彼らがどんなにひどい死に方をしたか描写を競いあっている。その怪物があまりに醜いので人間は誰も目で見ることができないと言う人もいれば、その息があまりに臭いので吸ったら死んでしまうと言う人もいる。しかし、最後には白いローブを来たはだしの若い女性の慈愛によって服従させられるという点ではすべて一致しており、キリストの愛がもっとも下劣で獰猛な形をとる悪にも勝つことができるという明確な教訓を示しているのである。

寿命
明記されていないが、よく知られている物語では7年の3倍の間、その地方を襲った。

能力
ライオンまたは熊の12倍強く、剣のように鋭い歯をもち、人間の肉を好む。追ってくる者がいれば、あたり一面に灼熱の糞をまき散らすことができる。

生息地
フランスのタラスコンに近いローヌ川。

キマイラ　ベレロポンによって退治された火を吐く混成動物

姿
ホメロスによれば、前がライオン、後ろが蛇、中間が山羊。

大きさ
明記されてないが、たいていライオン程度とされる。

寿命
盛りのときに英雄ベレロポンによって殺された。

能力
息をするたび火を吐く。

生息地
リュキア（現在のトルコ南西部）、クサントス川（現在はコジャ川と呼ばれている）の渓谷。

ホメロスをはじめとして古代ギリシア・ローマの文献には、ティリュンスのアンテイア女王の誘惑をはねつけたベレロポンの物語が書かれている。拒絶された女王は、腹いせに彼が自分を犯そうとしたと夫に告げた。客を殺すのは気が進まなかった王は、ベレロポンを殺すようにイオバテスに依頼する封印された手紙とともに、彼をアンテイアの父イオバテスの国リュキアへやった。このためイオバテスは、この若き英雄に、王国からキマイラを駆逐するという死が避けられそうもない仕事を与えた。この狂暴な混成動物は、100の頭をもつテュポンとその妹で半人半蛇のエキドナから生まれた怪物たちのひとつにすぎない。この近親相姦からは、ヒュドラ、そして頭が3つあるハデスの番犬ケルベロスも生まれたのである。

一般的な見解として、キマイラはライオンと山羊と蛇の要素を併せもつということになっているが、それらがどのように一緒になっているかは文献によって異なる。ホメロスは、この怪物はライオンの前部と蛇の後四半分をもち、間が山羊の胴体であるとしている。しかしヘシオドスは『神統記』の中で、3つの頭が別々に、おそらくは3種類の動物の頭が1つずつあるとしている。この怪物のもっともよく知られている古代ギリシア・ローマ的表現は、紀元前4世紀にまでさかのぼるエトルリアの青銅の像で、ライオンの頭をもち、尾は蛇で、背中から山羊の頭が出ている。

諸説を総合すると、キマイラは火の息を吐く。それを殺すため、ベレロポンはまず空飛ぶ馬ペガソスをならしたのち、キマイラの上を飛んで矢を浴びせた。怪物が弱ったとみるや、あらかじめ先に鉛をつけておいた槍をその口に突き立てた。怪物の火の息によって金属は溶け、それが喉に流れ落ちて怪物は窒息し、内臓が焦げて、ついには死

んでしまったという。
　キマイラはあまり説得力のある怪物ではなかった。各部分があまりに異質で、スフィンクスやミノタウロスのようなほかの混成動物の場合ほど十分に融合することができなかった。その結果、キマイラはむしろ姿を消していったのである。今日ではそれは英語の形容詞「chimerical」に残っていて、ひどく空想的で不可能なもの、最終的には無に帰す幻想を表わすために使われている。

キュノケファロス 中世の伝説に登場する犬頭人

姿
犬の頭をもつ人間。

大きさ
人間。

寿命
ふつうの寿命。

能力
超人間的な特性はない。

生息地
ヘロドトスは彼らがエチオピアに住んでいると考えた。マルコ・ポーロは彼らがインド洋のアンダマン諸島にいると書いている。

マルコ・ポーロは、1290年代に中国からインドへ航海したときの記録に、アンダマン諸島の住人について「この島の人間はみな犬のような頭をもっていて、歯も、眼も、さながら犬に似ているが、これはまったく偽りない事実である。頭について説明すると、どれもこれも大きな猛犬のように見える」と書いている。[引用の訳文は『全訳マルコ・ポーロ東方見聞録』青木一夫訳より]

ポーロの記述からは、彼が直接その諸島を訪れたのかどうかはっきりしない。彼がそこに行っていない可能性もある。というのは、彼がそこにいるとしたものは、じつはすくなくとも古代ギリシアの時代から世界のさまざまな場所で報告されている伝説上の犬頭族だからである。ペルシアの宮廷で働いたギリシア人医師クテシアスは彼らが馬の首をもつと考え、ヘロドトスは彼らは火の息を吐くと述べた。

似たような話は中国にもある。西暦499年に慧深（けいしん）という仏教の伝道者が、彼の説明ではシナ海のかなた2万里（おそらく1500キロ）のところにある扶桑国を訪れた。慧深も犬頭人の島の存在を報告しており、彼の場合は扶桑国の東海岸沖のどこかだと述べている。

古代ギリシア・ローマの物語のいくつかは、ジャッカルの頭をもつエジプトの神アヌビスの描写から発想を得たのかもしれない。もうひ

バルト海の犬人

東バルト地方の民間伝承に、また違った人間と犬の混成動物の話が残っている。エストニアの伝説に登場するコイラクーンラセッドは、犬の頭をもち、額の中央に目が１つある。しかしキュノケファロスと違って、体の中央から半分が人間、半分が犬で、たとえば片側には人間の手と足が１本ずつあるが、もう一方の側には犬の足がついている。

この動物は人間を餌とし、自分の子どもに犠牲者の肉を与える狂暴な捕食者である。彼らを追いはらうことができるのは、クロウメモドキの香りだけである。クロウメモドキは、昔、その有毒な実が下剤として使われた低木である。同じような伝説がラトヴィアにも広まり、それほどではないがリトアニアにもある。そのうちコイラクーンラセッドは、なじみのない野蛮とみなされる人々と同義語になった。クリミア戦争のときにはじめてコサック人を見たエストニア人は、彼らに「犬頭」というあだ名をつけた。

とつ、犬のような鼻口部をもつ猿バブーンに由来すると考える説もある。現在でも、東アフリカのキイロヒヒの学名は*Papio cynocephalus*である。

起源が何であれ、中世になるとその話は大いに広まった。セビーリャのイシドルスからブレーメンのアダムまで、多くの権威が犬人の存在を認めただけでなく、さまざまな量の付随する詳細をくわえて記述した。犬人は、13世紀ヨーロッパでもっとも広く使われていた百科事典であるヴァンサン・ド・ボーヴェの『自然の鏡』にも載った。それには、キュノケファロスは穏やかなときは人間のようにふるまうが、興奮すると野蛮にもどると記されている。

もっとも奇妙なのは、今でも旅人の守護聖人としてよく知られている聖クリストフォロスの話である。西方の伝承では、彼は旅人を肩にかついで川を渡していた巨人であったが、ある日幼少のキリストと会って改宗したとされる。これに対し、東方正教会で語られる物語はかなり違っている。それによれば、古代ローマ時代にリビア砂漠で戦っていた軍団が犬の頭をした巨人を捕まえたという。その後、この怪物は味方になるよう説得されて、予備隊マルマリテに配属された。そこで彼は忠誠を誓ったが、洗礼を受けてキリスト教徒になって信仰を説くようになり、ついには皇帝デキウスの迫害のなか、殉教する。この広く受け入れられた古代の伝承の興味深い名残として、まぎれもなく犬の頭をもつこの聖人の肖像がいくつか今日まで残っている。

バーバ・ヤガ 小さな子どもを食べる醜悪な妖婆

姿
小さな子どもを食べる醜悪な妖婆。

大きさ
たいてい背が高くひどくやせた姿で描かれる。

寿命
年をとるのが早い。いくつかの伝説では、誰かが彼女に質問をするたびに1年分老けるとされる。

能力
臼にまたがり、杵を櫂にして空を飛ぶ。嵐を起こすことができる。鉄の歯をもっていて獲物の肉をひき裂くといわれる。

生息地
昔のロシアの森。そこでニワトリの脚の上に建った丸太小屋に住む。

グリム童話のヘンゼルとグレーテルを知っている人なら誰でも、スラヴのバーバ・ヤガの話のなかに共通のモチーフを見てとるだろう。無垢な主人公が深い松林の中の空き地にたどり着き、そこで奇妙な住居を目にする。そして恐ろしいことに、周りにはりめぐらされた柵の杭は人間の骨でできていて、てっぺんには頭蓋骨が載せてあることに気づく。小屋自体については、ロシア民話は超現実的な味つけをしており、それはニワトリの脚の上に建っていて、しかもときどき動く。これはあきらかに、中に住んでいる恐ろしい者が超自然の力をもっていることを示している。

ロシアでは、「バーバ」は「お婆さん」を愛情をこめて呼ぶときの言い方であるが、バーバ・ヤガを優しい老婦人と思う人は誰もいない。彼女はぞっとするような醜い老婆で、ヘンゼルとグレーテルの物語の魔女のように、人を捕まえて食べるのが大好きな人食い鬼でもある。数々の物語から、彼女がかつてはただの魔女ではなく、今は民話のブギーウーマンとなっているがじつはなんらかの古いスラヴの女神（この世とあの世の境界を守る根源的な力をもつ女神）についての先祖伝来の記憶から生まれたのではないかと考えられる。一緒に昼と夜と太陽を表わす騎手が登場する物語もあれば、食べるための魂を与えてくれる死をつれて旅をする物語もある。

しかし、バーバ・ヤガはそのような暗示的意味より、彼女について語られる話の純粋な物語の力によって、人々の記憶に生きつづけている。何世代にもわたって、子どもたちは日常生活とはかけ離れた気味の悪い内容に震えた。肉をひき裂くためのナイフのように鋭い鉄の歯、獲物をゆでる穴ぼこだらけの鍋といったものだ。そして移動のための魔力。鉄のやかんに乗って嵐を巻き起こしながら空を飛ぶと言う人もいれば、巨大な臼にまたがって杵で進み、シラカバのほうきで跡を掃き消すと言う人もいる。

意外な善意

バーバ・ヤガはいつも外見どおり恐ろしいわけではない。多くの物語で、利口な主人公がどうやってバーバ・ヤガを出し抜いたか、またときにはどのようにして機転と努力で彼女の好意を得たかが語られている。

ロシアのおとぎ話のなかでもとりわけ有名な物語のヒロイン、うるわしのワシリーサの場合もそうだった。意地悪な継母からひどい扱いを受けていたワシリーサは、森へ入ってバーバ・ヤガに火種をもらってくるよう言いつけられる。ワシリーサは、実の母親が死の床でくれた魔法の人形の助けをかりて、ニワトリの脚のついた小屋にたどりつくが、あまりに怖くて入ることができなかった。夜になり、臼に乗って飛んで帰ってきたバーバ・ヤガがワシリーサを見つけ、おびえている彼女を家の中に招き入れた。

そこでワシリーサは、とてもできそうにないたくさんの家事を言いつけられたが、人形に助けられてうまくこなした。根負けした魔女は、求められていた火種を持たせて娘を家に帰した。じつはそれは目から光を発するしゃれこうべで、その光があまりに強かったため、ひどい継母とそばにいた醜い実の娘たちは一目見ただけで燃えつきてしまった。ワシリーサはというと、その後、サンクトペテルブルクへ行き、彼女の勤勉さと美しさにひかれた王様と結婚した。こうして彼女はそれからずっと幸せに暮らした。すべてはバーバ・ヤガの乱暴な善意の力のおかげである。

「鉄のやかんに乗って嵐を巻き起こしながら空を飛ぶと言う人もいれば、巨大な臼にまたがって杵で進み、シラカバのほうきで跡を掃き消すと言う人もいる」

カトブレパスとボナコン 奇怪な牛

カトブレパス

姿
胴体は大きな鱗で守られ、頭は長い毛で覆われて地面すれすれにある。

大きさ
中程度。アエリアヌスは家畜の雄牛と同じくらい大きいとしているが、ほかの文献では半ば育った子牛の大きさとなっている。

寿命
明記されていない。

能力
その目を見た者はみな即座に死ぬ。

生息地
エチオピア、ナイル川の源流近く。

旅行の機会がかぎられていた古代ギリシア・ローマの博物学者たちは、既知の世界のはてに生息する生き物についての情報を、2次あるいは3次的な資料に頼るしかなかった。必然的に、彼らのところにとどいた話は途中でいくらか歪められていた。そのような歪曲のせいで、はっきりした特徴があるにもかかわらずそれに相当するものが自然界に実在しないカトブレパスとボナコンが生まれた。

この2つの動物は、ローマのプリニウスが1世紀に書いた大著『博物誌』に載っている。彼は、カトブレパスはエチオピアのナイル川の源流近くに棲むと考え、その特徴を「大きさはそこそこで、手足の動きは緩慢だが、ただ非常に重い頭をもっていて、それを運ぶのに難儀する」と書いている。そして、頭はいつも地面にまで垂れており、その目に一瞬でも見られれば人間にとって致命的であることを考えれば、それはかえって好都合だとも述べている。[引用の訳文は『プリニウスの博物誌』中野定雄ほか訳より]

プリニウスの150年後に、アエリアヌスがさらに詳しい説明をくわえた。彼は、この動物は「雄牛くらいの大きさだが、眉が高くて毛むくじゃらで、その下にある目が雄牛の目のようには大きくなくて細く血走っているため、どちらかというと気味の悪い顔つきをしている」と書いている。また、頭のてっぺんにたてがみがあって、額にたれかかっているとも述べている。

アエリアヌスは、この動物に注意して近づかなければならない第2の理由として、それが有毒な根を食べているため息が有害であることを指摘している。不安を感じると、「喉から刺激性の悪臭を放出するため、周囲の空気全体が汚染され、近づいてそれを吸った動物はひどい悪影響を受け、声が出なくなり、致命的な痙攣を起こす」という。このためほかの動物は逃げ、この怪物は単独で暮らす。

この記述はフランスの偉大な小説家ギュスターヴ・フロベールの想像力をかきたてたようで、彼は短編物語『聖アントワーヌの誘惑』の主人公である荒野の教父を誘惑する悪夢のような存在のひとつとして、カトブレパスを登場させた。フロベールのカトブレパスは陰鬱な調子で聖人に語りかけ、腹の下の温かい泥以外はほとんど何も感じないと言い、あるときなど、ぼんやりしていたので知らないで何本も自分の足を食べてしまったと明かした。

理性の時代の偉大なフランス人博物学者キュヴィエ男爵は、カトブレパスの話のもとになっているのはおそらくヌーについての歪曲された記述で、おまけにバシリスクの凝視が（そしておそらくはセンザンコウの鱗も）くわわったのではないかと考えた。ボナコンについての古代ギリシア・ローマの認識も、同じような誤解から生じたのに違いない。プリニウスによればボナコンはパエオニアで発見されたとされているが、当時そのマケドニア北部の地域はギリシア世界のはずれでほとんど知られていなかったのである。

恐るべき防御

プリニウスが解説したこの獣は全体的な姿は牛だったが、たてがみは馬のものに似ていた。角は後方へ曲がっているため戦いには役に立たなかった。その代わり、スカンクのように排泄物を使って身を守る。攻撃されると遁走し、あとには灼熱の糞による破壊の跡が残る。このナパーム弾のような排泄物は樹木や林に火をつけ、それに触れた不運な猟犬の毛を焦がす。

ボナコンは中世の動物寓話集の作者たちにたいそう人気があり、十数の文献で言及されている。プリニウスの記述にならった文章に、大型反芻動物を思わせる挿絵が添えられた。候補として可能性があるのがヨーロッパ・バイソンで、これは野生状態では1919年に絶滅したが、現在ではポーランドのビャウォヴィエジャの森などに再導入されている。17世紀まで東ヨーロッパの一部を歩きまわっていたオーロックス（原牛）も候補にあげられたことがあるが、すでに絶滅してしまったこの大型の牛は、一般に真っすぐで非常に危険な角をもっていたとされる。そして、たいていの大型草食動物が温かい糞をするが、ボナコンの糞の可燃性を説明できるような動物はいない。非常に印象的だが不可解なこの特徴は、人間の想像力の発明の才の賜物というほかない。

ボナコン

姿
馬の胴体、曲がった角のある雄牛の頭をもつ（上の挿絵参照）。

大きさ
雄牛の大きさ。

寿命
明記されていない。

能力
灼熱の糞を放って身を守り、それは3スタディオン（550メートル）もの範囲を覆うこともある。

生息地
プリニウスによればパエオニア（バルカン東部の現在のマケドニア共和国北部地域）。

⊙ ⊕ ⊖

グレンデル　ベーオウルフに殺された、人を食らう沼地のデーモン

姿
沼地の怪物で、手は鉤爪になっている。

大きさ
大きいが、ベーオウルフが１人で戦えるほどの大きさ。

寿命
途中で英雄ベーオウルフによって殺された。

能力
強靭で人食いの欲求をもつ。水陸両生の特徴ももつ。

生息地
デンマーク王フロースガールの宴の館に近い沼沢、「狼の徘徊(はいかい)する山坂、索々(さくさく)と風吹き荒(すさ)ぶ岬、おぞましき沼地を通(かよ)う小径」に棲む。
[引用の訳文は『ベーオウルフ』忍足欣四郎訳より]

早朝、大広間は松明であかあかと照らされているが、外の闇の中では何かが動めいていた。霧に包まれた棲みかの池から、光を放つ館に向かってよろめいているその生き物の歩みには、恐ろしい目的があった。血のことが頭から離れない。ヘオロットの館で冬至の夜の酒盛りの酔いをさまそうと眠っているデンマーク兵の血だ。

グレンデルは闇の生き物で、光とその中に住む者すべてを嫌っていた。カインの末裔として生まれた彼は、呪われた地獄の住人で、人間でも動物でもなく、沼の底の棲みかでやはり怪物の母親と一緒に暮らしていた。そこで苦い孤独の中でくよくよして、自分たちの運命について考えれば考えるほど、復讐したくなるのだった。グレンデルは、夜に人間の根城を襲撃することで渇望を満たした。血みどろの大惨事をひき起こし、眠っていた宴会の出席者を寝姿のままひき裂いてずたずたにしたのだ。

ベーオウルフと「幽界の悪霊」

グレンデルとは、もちろん英雄ベーオウルフがアングロサクソンの同名の詩の中で戦った怪物である。世界のゴシック文学の怪物のさきがけであるグレンデルは、きわめて恐ろしい怪物たちのなかでもとりわけ純粋に邪悪な生き物で、キリスト教徒であるこの詩の作者は、「地獄の奴隷」、「幽界の悪霊」、「闇の彷徨者」といったあらゆる婉曲的な表現を使って、呪われた者であることを描こうとした。薄暗いランプやろうそくの光のそばで、人食いの欲求をもつグレンデルの行為を聞いてぞっとし呆然としている者たちは、生暖かく暗い映画館でホラー映画の怪物に震える今の世代の人々と同じくらい、恐怖をかきたてられたに違いない。

「どんな剣もその鱗で覆われた皮を貫通できないため、最後の戦いは力比べになり、英雄がグレンデルの腕をまるごと関節からひきちぎって終わった」

学者たちは、それ以前のゲルマンや北欧の伝説の中にグレンデルの祖先を見出そうと取り組んできた。この怪物が巨人サイズであることから、トロール（182～183ページ参照）との結びつきが考えられ、トロールは昼の光を嫌うから、グレンデルの夜活動する習性もこの結びつきを裏づけている。彼の攻撃性の一部は、戦

いを始める前にみずからを怒り狂った忘我状態に入りこませるヴァイキングの戦士ベルセルク（狂戦士）に由来するのかもしれない。

恨みに駆られて

しかしもっと可能性があるのはドラウグ（66ページ参照）の物語の影響で、このよみがえった死体は、墓から起き上がって、大きさや形を意のままに変えることができた。ドラウグはよく知られているように生者の喜びをねたむが、それはちょうどグレンデルが、毎夜ヘオロットの館から聞こえる宴会のさんざめきで自分が決して共有できない喜びのことを思い出し、激怒するのと同じである。

のちにアイスランド・サガは、人間が素手でドラウグに勝つものすごい戦いを描く。グレンデルも同じようにしてベーオウルフに倒された。ベーオウルフは広間で寝ている人々のあいだで待っていて、グレンデルにとっては手の役割をしている鉤爪をしっかりつかんだ。どんな剣もその鱗で覆われた皮を貫通できないため、最後の戦いは力比べになり、英雄がグレンデルの腕をまるごと関節からひきちぎって終わった。ぽっかりと開いた傷口から血を流し、足をひきずりながら悪魔は沼にもどり、悲嘆にくれる母親に、憎むべき人間に復讐をくわだてる新たな理由を残して死んでいった。

狐 日本の伝説に登場する狐の精霊

姿
人の姿をした狐で、たいてい美しい娘か老人の姿で現われる。

大きさ
一見したところふつうの人間。

寿命
千年以上。年をとった狐には最大9本になるまで追加の尾が生える。

能力
数えきれないほどある。変身できるほか、人の心を読む、未来を見通す、飛ぶ、人にとりつく、完全に現実に見える幻覚を生み出すといった能力をもつことがある。

生息地
おもに日本だが、中国と韓国にもよく似た伝承がある。

日本の伝説に次のようなものがある。12世紀、あるとき鳥羽上皇が清涼殿で宴を張り、才能があり美しいとりまきたちをすべて招いた。音楽を奏でて皆がご馳走を食べていると、人々が集まっていた広間が突然、闇に包まれた。客たちは急いで外に出たが、そこもまったくの陰気な暗闇で、どこからともなく大風が起こって宮殿の広間を気味の悪い音をたてながら吹き抜けた。客たちは肝をつぶして明かりを呼び求めたが、上皇の寵愛を受けていることで知られる玉藻前（たまものまえ）という宮廷の美女から不気味な光が発せられているのが見えるばかりだった。

この不吉な出来事からまもなく上皇が病いに倒れ、ほどなく死を待つばかりとなった。呪術に長けた神官を召し出して調べさせると、彼はすぐに問題を明らかにした。彼がいうには、玉藻前は見かけどおりの者ではなく、それどころか女性に化けた狐だった。自分の秘密がばれたと知るや、この娼婦は動物の姿にもどって宮廷を逃げ出し、江戸よりさらに北の人里離れた荒野へ向かった。そこで雌狐は何年も無人の地ですごしたが、やがてある仏教の僧侶が彼女を邪悪な道から救い出し、心の平安をもたらした。

日本の伝説では、狐は変身や予知から意のままに火を吐く能力まで、大きな超自然の力をもっているとされている。この動物はとてつもなく長生きして、年をへると余分の尾が生えてくると信じられた。きわめて多くの年をへた狐は9本もの尾をもち、世界で起こったすべてのことについての知識を有している。

誘惑のエキスパート

だが、まだ若い狐でも人間の姿になれる。玉藻前が鳥羽上皇の愛情を勝ちとったように、雌狐はしばしば美しい娘の姿を装って男性を誘惑する。雄狐の精霊も同様に人間の女性を狙うことがあるが、彼らの場合、霊的に女性をコントロールするのであり、胸か指の爪の下から女性の体に入る。狐の精霊にとりつかれた女性は、一種のひどい精神病である狐憑きになっているといわれた。憑かれた者は口から泡を噴き、獣のように鳴き、不自然な声で話し、さらには外国語で話すことさえあり、狐にふさわしいとしか思えない食物を食べる。20世紀の初めになっても、女性が精神病になると狐憑きだと診断されていた。

しかし、すべての狐が邪悪な意図をもっているわけではない。狐が化けた女性との悲恋の物語もある。そういった話では、ついに正体が露見したとき、人間の相手との長く幸せな関係が無残に打ちきられる。ときには犬によって正体が暴かれることもある。犬は雌狐の本性を嗅ぎ出す鋭い能力をもっているのである。鏡と水も危険である。というのは、変身していても、人間ではなくもとの狐の姿が映るからである。比較的若い狐が人間に化けても尾でばれる話がいくつかあるが、もっと経験を積んだ狐はふさふさした尾を術で隠すことができるようだ。

稲荷の使い

まぎらわしいことに、日本の伝説で狐は、たいへん愛されている稲の神である稲荷の使いというまったく縁起のよい役割もはたしている。伝統的な図像の表現では俵の上に座る太った老人の姿をした神の両側に2頭の狐が侍しているが、のちの時代には侍者と混同されて、その神自身が狐の顔で描かれることもあった。この姿での狐は幸運をもたらす者で、厄除けになり、ときには守護霊の役をすることされある。

⊙ ⊕ ⊖

マンドラゴラ　危険を覚悟で収穫しなければならない植物

姿
茎が短く、葉が長い植物で、その根は不気味なほど人間の姿に似ている。

大きさ
根は成長すると長さ1メートル以上にもなるといわれる。

寿命
たいてい2～3年で根を引き抜かれる。

能力
この植物のどの部分も有毒で、眠気を誘い感覚がなくなる。昔から、根は地面から引き抜かれるときに叫び声を上げ、それを聞いた人は発狂あるいは死ぬかもしれないといわれている。

生息地
南ヨーロッパ原産。

伝説の世界には奇怪な生き物が数多くいるが、マンドラゴラ（マンドレイク）は不気味な植物というめずらしい例である。植物学的にはこの名称はナス科マンドラゴラ属の種、とくに*Mandragora officinarum*という学名で南ヨーロッパ東部原産の茎の短い植物に使われる（アメリカでは、アメリカン・マンドレイクという名前がメイアップル［ポドフィルム］というまったく別の植物に使われる）。

マンドラゴラを調合した薬は古くから催眠剤や麻酔剤として使われてきた。かつてカルタゴ軍は、町をすてたあとにマンドラゴラ入りのワインを大量に残して敵のローマ軍を破ったと、一般に信じられている。征服者たちが自分たちの「勝利」を祝して乾杯したあと、カルタゴ軍がもどってきて、眠っている彼らを殺したのである。

しかしこの植物をめぐる迷信の大部分はその根に関係したことである。根はしばしば下端が二股に分かれ、人間のような外見を呈することがある。昔から魔術師は、成長中のこの植物の先端をつまんで頭に似た球状の部分をつくり、ますます人間に似せた。何もしなくても想像すれば男性器官に似ているといえないこともなく、この植物が女性の多産につながるという考えが広まることになった。イタリアのルネサンス時代の著述家で、その政治理論で有名なニコロ・マキャヴェリは、この考えをもとに夫婦の不倫を扱ったコメディ『マンドラゴラ』の構想を得た。

こういったことが大昔から信じられていたという証拠が、旧約聖書の創世記の興味深い一節にある。そこには、イスラエル民族の祖ヤコブがラケルとレアの姉妹と結婚したことが書かれている。レアは息子を３人産んだが、ラケルには子ができなかった。ある日レアのいちばん上の息子ルベンがマンドラゴラをもってきて、レアとラケルはどちらがそれをとるかで口論になった。結局、レアは子のないラケルにそれを与えることにしたが、その夜、レアがヤコブと床をともにすることを承知するのが条件だった。そしてその結果、レアはもうひとり息子を産むのである。

> 「伝説では、その根は金曜日の朝に夜が明ける前に引き抜いて洗い、目覚めて活動しはじめるまで蜂蜜、牛乳、血の混合物の中に浸しておかなければならないとされている」

マンドラゴラの根の収穫は危険な仕事である。なぜなら、それが地面から引き抜かれるとき、人間を発狂させるほどのものすごい悲鳴をあげるといわれているからである。そのためユダヤ人の著述家ヨセフスは、犬を茎につないでこの植物を引き抜く方法を提案したという。ヨセフスによれば、犬は主人のあとを追おうとして根を引き抜き、その過程で死んでしまう。それから犬の持ち主はもどり、植物を持ち帰って使えばよい。

この植物についてはもっとおどろおどろしい迷信も広まった。絞首刑になった男たちが死の激痛で射出した精液から生まれて、絞首台の下で育つといわれたのである。このような話から、マンドラゴラの根は人間の姿をとることができ、魔術師はこのホムンクルス（精子微人）を使って未来を予言するという考えが生まれた。伝説では、その根は金曜日の朝に夜が明ける前に引き抜いて洗い、目覚めて活動しはじめるまで蜂蜜、牛乳、血の混合物の中に浸しておかなければならないとされている。

J・K・ローリングは『ハリー・ポッターと秘密の部屋』でマンドラゴラの人間に似た特徴とされるものを面白おかしく書き、この本の中ではバシリスクの凝視（24ページ参照）で石になった者たちを蘇生させるのにマンドラゴラの調剤が使われた。ホグワーツの温室で栽培されるこの植物は、人間を思わせる成長サイクルをたどる。青年期には乱痴気パーティをくりひろげるようになり、この学校の薬草学の教師であるスプラウト先生は「マンドレイクがおたがいの植木鉢に入りこもうとしたら、完全に成熟したということです」と説明する。［引用の訳文はJ・K・ローリング『ハリー・ポッターと秘密の部屋』松岡佑子訳より］

ケンタウロス 騒動を起こすのが好きな馬と人間の混成動物

姿
人間の上半身と馬の胴体をもつ混成動物。

大きさ
馬の大きさ。

寿命
明記されていない。ローマの詩人ルクレティウスは、人間が成長しきる前に馬の部分が死んでしまうため、存在しえないと主張した。

能力
力が強く持久力がある。全力疾走しながら矢を射ることができる。

生息地
古代ギリシア。最初はテッサリアのペリオン山にいたが、のちにペロポネソス半島へ移った。

けんか好きで酒好き、好色なケンタウロスは、サテュロスと同様、人間の内にいる獣を表わしている。彼らの起源については相反する意見がある。ひとつの説は、イクシオンがゼウスの妻ヘラを犯そうとしたとき、ゼウスが妻に似せて形づくった雲とイクシオンが交わって生まれたというものである。もうひとつの説は、この雲はあとでネペレというニンフだとわかるのだが、じつはこのニンフがケンタウロスという名の子どもを産み、この生まれた息子がテッサリアの海岸にいた雌馬と交わってケンタウロスたちの父親となったというものである。

それが神話の話である。もっと時代が進むと、学者たちは、ケンタウロスの話はじつは単純な誤解から生まれたのかもしれないと考えるようになった。その説は、ホメロスの時代のギリシア人はみずからは馬に乗らず、テッサリアの平原ではじめて馬に乗ったスキタイ人を見たとき、馬と乗り手をひとつの生物だと誤解したというものである。この考えはちょっとみると荒唐無稽のように思えるかもしれないが、そうでもないことの証拠として、一部の専門家は、同じように乗馬が知られていなかった、スペインが征服した当時のメキシコからの報告を引用している。その中で征服者たちは、メキシコの戦士たちがはじめてスペインの騎士が馬から降りるのを見たとき、それまで両者が肉体的につながっていると思っていた戦士たちは背を向けて逃げ出したと述べている。

好色な騒ぎの張本人

彼らの起源が何かはともかくとして、ケンタウロスは奔放で御すことのできない色欲のシンボルとなった。ケンタウロスについての物語の大部分が、人間の女性の誘拐未遂にかかわるものである。カリュドンの猪を退治する狩りのとき、ヒュライオスとロイコスという２人のケンタウロスが女性狩人アタランテを犯そうとして、たちまち彼女に射殺された。また、ヘラクレスの花嫁になるはずのデイアネイラをさらおうとしたエウリュティオンも、同様にすぐにかたづけられた。しかしこの場合は、ケンタウロスたちは恨みを晴らすことができた。というのは、最後にヘラクレスを滅ぼしたのが、ネッソスという別のケンタウロスの毒を含んだ血だったからである。デイアネイラ自身が、知らずにヘラクレスが着る衣にその血をつけたのである。

しかしケンタウロスの行状でもっとも有名なのは、彼らがテッサリ

「その説は、ホメロスの時代のギリシア人はみずからは馬に乗らず、テッサリアの平原ではじめて馬に乗ったスキタイ人を見たとき、馬と乗り手をひとつの生物だと誤解したというものである」

アの隣人ペイリトオス王の結婚式に招かれたときに起こした騒動である。彼らはワインとなるとまったく分別がなくなるのだが、ワインで泥酔したケンタウロスたちは、最高に魅力的な女性客たちをみんなつれて逃げようとし、その中には花嫁のヒッポダメイアもいた。英雄テセウスを含むほかの客たちは仲間を守りに飛んで行き、ついには悪党たちを追いはらって女性たちを救った。その後、ケンタウロスたちはペイリトオスの王国に隣接するペリオン山の故郷をすてて、ペロポネソス半島へと南下した。

この戦いのことが知られるようになると、ケンタウロマキア(「ケンタウロスとの戦い」)がギリシア芸術において人気のテーマとなり、アテネのパルテノン・フリーズやオリュンピアのゼウス神殿の西壁面に描かれた。これらの傑作が建設された古代ギリシア時代には、ケンタウロスは馬の首があるべきところから人間の胴が出て腕と頭で終わる優美な姿で描かれた。もっと古い時代には、人間の脚をもちその後ろに馬の胴体と臀部がぎこちなくついている男性で、あまりうまく描かれているとはいえなかった。

名誉ある例外

大部分のケンタウロスが『ガリバー旅行記』に登場する理性的なフイヌムより野蛮なヤフーに似ているとしても、すくなくともひとつは注目に値する例外がある。それはケイロンで、この例外的に聡明なケンタウロスは多くの古代ギリシアの英雄たちの教育係をつとめ、それにはイアソン、ペレウス、テセウスも含まれている。医療の神アスクレピオスに薬用術を教えたのも、幼いアキレウスに狩りと乗馬を教えたのもケイロンである。

思いやりがあって穏やかなケイロンの性質は彼の一族とはかなり違っていたため、ケイロンには別に彼自身の神話上の系譜が与えられた。ケイロンは、神々の父クロノスが森のニンフのピリュラと浮気してできた子どもだといわれる。妻のレアをあざむくためにクロノスが雄馬の姿になっていたため、ケイロンは半分馬で生まれたのである。

ケイロンは長く有益な生涯を送り、その知恵で、あまり思慮深くない親類たちによってもたらされた破壊の埋めあわせをした。ついに彼の生涯が終わるとき、それは皮肉にも長年の友であったヘラクレスによってもたらされた。ヘラクレスは、12の難業の4番めの仕事でエリュマントスの猪を捕まえるためにペロポネソスのポロエにやって来た。

ティクバランのトリック

古代ギリシア・ローマ以外の文化にも、それぞれ特有の馬と人間の混成動物がいる。インド神話にはキンプルシャとキンナラが登場する。彼らは、地下の財宝を守るドワーフに似たヤクシャたちの王クベーラの召使と従者である。キンプルシャは馬の体に人間の頭（ただし人間の胴はついていない）、キンナラは人間の体に馬の頭がついている。

ティクバランも同様にケンタウロスとは反対で、人間の下半身に黒または茶色の馬の頭と前部がついている。これはフィリピンの山の森にいる自然の精霊で、迷惑な人間の訪問者から自然環境を守ろうとする。スラヴ神話のレーシー（98ページ参照）と同じように、その楽しみは森の中で旅人たちを迷わせることで、しばしば彼らにまわり道をさせたあげく最初のところへもどらせる。そのために人間の姿に変身することもあり、信憑性を増すため、被害者が知っている人物の姿をとることがよくある。ティクバランの注意をひかないために、旅人はシャツを裏返しに着て、静かに森をぬけるとよいとされる。念のために最初にティクバランに聞こえるように通行の許可を求めて敬意を表すれば、ふつう、この生き物をなだめるのに十分である。

そこで彼はポロスというケンタウロスの歓待を受けた。ヘラクレスが強く要求したため、ポロスは何年も前に神ディオニュソスに与えられた強いワインの壺を開けた。

アルコールの香りはほかのケンタウロスの群れをひきつけるに十分で、彼らはポロスの洞穴に突進してきた。ヘラクレスに追いはらわれたケンタウロスたちは、近くに住んでいた彼らの統治者であるケイロンのところに逃げこんだ。追ってきた英雄ヘラクレスが毒矢を放つと、それがたまたま彼の古い友人にあたった。あわてたヘラクレスはなんとかして傷を治そうとしたが、ケイロン自身のすばらしい治療の腕前をもってしてもその傷を癒すことはできなかった。

ケイロンは苦しみもだえたが、半分神だったので死ぬことができなかった。永遠に苦しむことになりそうなので彼はゼウスに訴えた。するとゼウスは、ケイロンがみずから不死を放棄する代わりに、人間に火を与えたプロメテウスを不死にするという取引をまとめた。ゼウスはケイロンの記憶をとどめるため彼を夜空の星座にし、それは射手座として見ることができる。それは、彼がいなかったら悪評高いだけの血統に名誉と尊厳をもたらした賢い教師にふさわしい記念碑である。

吠える獣 アーサー王の罪深さの象徴

姿
蛇の頭、豹の胴体、ライオンの臀部、雄鹿の足をもつ混成動物。

大きさ
大きいが、全体として各構成部分との調和を保っている。

寿命
長命だが不死ではない。最後にはパロミデス卿によって殺された。

能力
なかなか捕まらない。何年ものあいだ、追跡をのがれた。

生息地
アーサー王の時代の英国。

中世に好まれた象徴主義は、多くの忘れられないイメージを生み出したが、聖杯や楽園のようなよいものと、死の舞踏のような悪いものの両方があった。アーサー王物語の作者たちも、最後にアーサー王の宮廷を破滅に追いやる腐敗を表現するために、その没落を象徴する生き物をつくり出すことにした。彼らが生み出したのが、吠える獣である。

トマス・マロリー卿の『アーサー王の死』には、アーサー王がはじめてこの獣と遭遇するくだりが次のように記されている。王が森の泉のほとりに腰を下ろして休んでいると、「30頭ほどもあろうと思われる猟犬の声が聞こえたような気がした。その時、未だかつて見たことも聞いたこともない不思議なけものが王の方へやって来るのに気づいた。けものは泉のところへ来て、水を飲んだ。30頭もの猟犬が獲物を追って吠えたてているように聞こえた音は、そのけものの腹の中から出ていたのである」［引用の訳文はT・マロリー『アーサー王の死』厨川文夫・圭子訳より］

この獣のようすは、腹から吠え声が聞こえてくるというまったく奇妙なものであった。マロリーのフランス語の文献に書かれているように、それは豹の胴体に蛇の頭がついていて、ライオンの臀部と雄鹿の足をもっていた。あと少しのところまで迫りながら、捕まえるにはやって来るのが遅すぎた騎士のペリノア王は、この怪物を永遠に追う宿命にあった。アーサーが彼に代わって自分が追跡しようと申し出ると、ペリノアはその提案を拒絶し、この獣を追うのが自分ののがれられない宿命なのだと言い張った。

のちにマーリンが説明したこの獣の起源にかんする話は、獣の肉体的な特徴よりさらに奇怪であった。魔法使いがいうには、その獣は自分の兄弟に欲望を抱いた王女から生まれたのだという。自分の異常な欲望を受け入れてもらえないことを知った王女は、彼女を誘惑しに来た悪魔の言葉に熱心に耳を傾けた。悪魔は、まず自分と床をともにしさえすれば、王子の愛情を手に入れることができると約束した。王女は言われたとおりにしたが、相手のほうは自

> 「王子は死ぬ前に、王女がその行ないの報いに怪物を産んで罰せられ、それは動くたびに彼を殺した犬たちの吠え声を思い出させるだろうと予言した」

分の義務をはたさなかった。悪魔とはそういうものなのである。それどころか悪魔は王女をそそのかして父親のところに行かせ、王子が強姦したという偽りの告発をさせた。驚いた王はこの若者に、飢えた猟犬の群れにひき裂かせるという恐ろしい死刑を宣告した。王子は死ぬ前に、王女がその行ないの報いに怪物を産んで罰せられ、それは動くたびに彼を殺した犬たちの吠え声を思い出させるだろうと予言した。

これはとくだん啓発的な話でもないが、アーサーが獣を見たタイミング故に、物語の中で特別な意味をもつ。アーサーはその少し前に、宮殿に来たオークニーの王ロットの妃モルゴースと同衾した。そして、そのときは知らなかったのだが、この女王はじつは彼の母イグレーヌから生まれた、父親違いの姉だったのである。このため、アーサーは知らずに姦通だけでなく近親相姦も犯したことになり、この行為からモルドレッドが生まれ、最終的にはこの騎士の裏切りによってアーサーの王国は滅びるのである。

何を象徴しているのかは十分明白である。吠える獣は、アーサーに恐ろしい罪を犯させた色欲の象徴なのである。しかしそれでもこの話は、物語にある種満足のいく結末をもたらす。ペリノア王自身はこの怪物を殺すことができなかったが、イスラム教徒の騎士パロミデス卿がペリノアの死後その追跡を引き受けた。最初は彼も果てしない仕事を運命づけられたように見えたが、彼はキリスト教に改宗する。

洗礼を受けた彼はついに獣を追いつめ、殺して湖に沈める。アーサーがその間違った行ないの結果をのがれることができなかったとしても、すくなくとも獣自体はキリスト教徒の手で当然の報いを受けたというメッセージが告げられているのである。

神話の猪　英雄たちの標的にされた牙のある暴れ者

姿
多くは巨大で、恐ろしい牙をもつ（実際には伸びた犬歯）。

大きさ
実在の野生の猪は体長2メートル近く、体重200キロにもなることがある。神話に登場するものはさらに大きい。

寿命
実在のものは20年まで。神話では、彼らを狩る英雄しだいである。

能力
たいへんなスピード、力、機敏さをもち、人間の肉を好んで食べる場合もある。

生息地
世界中の野生の豚がいる土地。現在の分布はフランスから中国および日本までのユーラシア大陸と、アフリカの熱帯のジャングル。

昔は、槍と弓で武装した狩人にとって、怒った猪と遭遇することほど恐ろしいことはほとんどなかった。立ったとき、たっぷり筋肉がついた肩までの高さが1.2メートルほどもあるこの動物は、勇敢で攻撃的な性質で知られる。追いつめられるとしばしば突進するほうを選び、その前に倒れるような不運な人には、鋭い牙でひどい傷を負わせる。

そういうわけで、彼らが神話に登場するようになったのも驚くにはあたらない。ハワイ諸島では、創世の開始時にカマプアという原初の巨大猪がその鼻で諸島を押し上げたと信じられていた。インドでは、ヴィシュヌの３番めのアヴァターラ（化身）は猪のヴァラーハ（次ページの図参照）で、邪悪なデーモンが大地を沈めたときにはそれを海底から救い出した。ペルシアでは、勝利の神ウルスラグナが猪の姿になって太陽神ミトラを守り、その姿のときはどんな邪悪な力も立ち向かうことはできなかった。

猪は北欧神話にも登場する。ドワーフの職人が豊穣の神フレイのためにつくった黄金の猪グリンブルスティは、フレイの馬車を昼も夜も引き、夜にはその輝きで闇を照らした。死んだ兵士たちの魂がヴァルハラで食べていたのは、また別の不思議な猪セーリムニルで、これは驚いたことに毎朝生き返るため、ふたたび狩って食べることができた。

しかしなんといっても猪は英雄伝説の一翼をにない、ときには破壊者としての役割をはたした。ギリシア神話では、アドニスがアプロディテの愛を勝ちとったために知らないうちにアレスの嫉妬をかったとき、この戦争の神は野猪の姿になってアドニスを突き殺した。ケルトの英雄ディルムッドも同じような結末を迎えた（次ページのコラム参照）。

追跡のスリル

しかし多くの場合、猪はこういった対決で敗れる。さまざまな文化に狩りの獲物として猪を追う英雄物語がある。ウェールズの伝説に巨大な猪トゥルッフ・トゥルウィスとその子どもを狩る話があり、猪は英雄たち、とりわけアーサー王に追われて、アイルランド、そしてウェールズからコーンウォールへと逃げた。

ギリシアの伝説では、ヘラクレスの４番めの難業は、アルテミスに捧げられたエリュマントスの猪を捕まえて、生きたままミュケナイへ持ってくることだった。彼は、エリュマントス山の上で雪の吹きだまりに猪を追いこんで網でからめとり、肩にかついで持って帰った。テセウスも同じように、コリントス地峡のクロミョン周辺の地域を荒らしていた巨大な雌豚と戦った。そして大勢の戦士が集まってカリュド

ンの猪を狩った。この猪は、女神アルテミスが彼女への崇拝を怠ったカリュドンの王の土地を荒廃させるために送ったものである。結局、この猪は、ギリシアの数少ない女性戦士のひとりアタランテによって倒された。とどめの一撃をくわえたのは、王の息子メレアグロスである。

ディルムッドの死

アイルランドのフィン・マク・クウィルの伝説では、ケルトの戦士ディルムッドが猪に倒される。「愛のほくろ」に恵まれた（あるいは呪われた）彼は、そのせいで女性にとって耐えられないほど魅力的で、フィアナと呼ばれる戦士団を率いる老いたフィンが愛するグラーニャの愛情を獲得した。ふたりは駆け落ちし、フィンがふたりを追った16年のあいだ、アイルランドは彼らをめぐってほとんど無政府状態におちいってしまう。ついにフィンはふたりをボイン川にのぞむニューグレンジに追いつめ、それから休戦を提案して、一緒に猪狩りに参加するようディルムッドを招いた。

しかし、それは罠だった。猪には、この若い戦士を殺すよう呪いがかけられていたのである。ディルムッドはだまされたことに気づいたが、遅すぎた。死を覚悟した彼はこの危険な動物に立ち向かい、槍で打ち倒したものの、腹を裂かれてしまった。

ディルムッドは、スコットランドのハイランド地方のきわめて有力な一族であるキャンベル氏族を立てたと信じられている。この氏族の家紋には猪の頭があり、祖先の英雄を称えてのことだと言う人もいる。

スフィンクス 命がけのなぞなぞを出す、人間とライオンの混成動物

姿
エジプトでは人間の頭をもつライオン。ギリシアでは女性の頭と胸をもつ有翼のライオン。

大きさ
エジプトでは途方もない大きさ。ギリシアのスフィンクスはふつうもっと小さく、人間くらいの大きさで描かれる。

寿命
ギリシアのスフィンクスはなぞなぞを解かれてみずから命を絶った。

能力
ライオンの強さと力をもつ。ギリシアのスフィンクスは、ときには人間の犠牲者を食べることがあった。

生息地
最初の記録は古代エジプト。ギリシアのスフィンクスはエチオピアで（怪物たちの母エキドナから）生まれたが、テーバイ周辺の地域に送られた。

いずれもライオンの胴体をもつが、スフィンクスは２つの非常に異なるタイプに分けられる。エジプトでは彼らは神殿や墓を守る守護獣である。しかしギリシア神話のスフィンクスは、テーバイ周辺の道に出没した１頭の雌の怪物である。のちの時代には両者が混同されるようになり、両方の特徴をもつギリシアとエジプトの混成種ができた。

もっともよく知られているのはギザのスフィンクスである。4500年以上前に彫られ、全長73メートル、高さが20メートルあり、一枚岩から掘り出されたものとしては現在でも世界最大である。これはファラオの頭（おそらく紀元前26世紀に支配したカフラ王の顔）をもつ腹ばいになったライオンの姿をしている。クフ（ケオプス）王の大ピラミッドを守っている像に名前をつけたのはギリシア人で、その建造は古代ギリシアの時代より2000年以上前のことなのだが、彼らはギリシアのライオンの体をもつ怪物にちなんでその名前をつけた。

エジプトの彫刻家たちは、ギザの人間の頭をもつスフィンクスだけでなく、雄羊の頭をもつよく似た動物も彫った。雄羊が神の聖獣とされるカルナックのアモン神殿の入口には、そのような彫像が90体ならんでいる。

エジプトのスフィンクスが威厳と権力の象徴であったのに対し、ギ

リシアのスフィンクスは１頭だけの悪意のある怪物であった。彼女は神によって、もともといたエチオピアの故郷からテーバイ周辺の地域に送られた。そこで彼女は旅人を待ち伏せして、できなかったら殺すと脅して無理やりなぞなぞに答えさせた。ソフォクレスの『オイディプス王』に書かれているように、その問題は、「朝は４本、昼は２本、夕べには３本足で歩くものは何か？」だった。ついに英雄オイディプスが、それは幼いときは４本足で這い、大きくなると立って歩き、年をとると杖の助けを借りてよろよろ歩く人間であると正解を言った。謎を解かれたのを聞いて愕然とした怪物は、それまでいた崖から身を投げ、下の岩に体を打ちつけて死んでしまった。

⊙ ⊕ ⊖

ブレムミュアエ人とスキアポデス 遠い異国の風変わりな人々

姿
ブレムミュアエ人は頭がなく、胸に顔がある。スキアポデスは真ん中に脚が1本あって、それで跳ねる。

大きさ
人間。

寿命
周囲のほかの人間と同じくらい。

能力
それぞれの肉体的に変わったところに対処できるよう発達したもの以外、特別な力はない。たとえばスキアポデスは速く力強く跳ねることができる。

生息地
プリニウスによれば、ブレムミュアエ人はサハラ砂漠西部に住む。スキアポデスはインドに住むと考えられた。

人々はいつも、遠い国に行った旅行者が語る面白い話に夢中になる。しかしときには、話が何度も語られているうちに歪められることもあった。たとえばギリシアの探検家クテシアスが紀元前4世紀に大ブリテン島を訪れたのち、彼がトゥーレと呼ぶ北方の国まで航海したのはほぼ確かである。しかし、彼の失われた著作にもとづくのちの報告に、そこの大気がクラゲのように粘り気があって歩行や航行ができないと書かれているのは、どう見ても凍てつく濃霧についての彼の記述を誤って解釈したものであろう。つまり、例外的な条件での記述が標準的なものと誤解され、もとの文章が意図した意味が失われているのである。

古代ギリシア・ローマの地理学者たちの著作にみられる話から判断して、同じような誤解は遠い国の人々についての報告にも入りこんでいる。プリニウスはアフリカのさまざまな種族について典拠のない情報を伝えており、たとえば「半獣のアエギパン族が、そしてブレミュアエ族、ガンパサンテ族、それからサテュロスとヒマントポデスがいる」と書いている。これらのうちブレムミュアエ人（ブレミュアエ族）がおそらくもっとも衝撃的で、頭がなく（次ページの図参照）、その代わり「口と目は胸についている」とプリニウスは述べている。このローマの著述家は、その情報をおもにそれより前のギリシアの旅行家ヘロドトスに依拠したようで、ヘロドトスはエチオピアの山岳地帯に目が胸についている頭のない人種がいると報告していた。プリニウスがつけたブレミュアエという名前は、ローマ時代後期の資料にあった実在するヌビアの遊牧民の名前である。［引用の訳文は『プリニウスの博物誌』中野定雄ほか訳より］

彼らの起源が何であろうと、ブレムミュアエ人は人々の想像力をかきたてた。彼らは中世の動物寓話集にしばしば掲載され、シェイクスピアの劇にさえ登場した。その中でオセロは、「たがいに食いあうという食人種アンスロポファジャイ族、頭が肩の下にあるめずらしい人種」の中で戦った経験について語っている。一部の専門家は、この話は部族のダンスで体を丸め

> 「オセロは、『たがいに食いあうという食人種のアンスロポファジャイ族、頭が肩の下にあるめずらしい人種』の中で戦った経験について語っている」

て歩行する人々についての説明が誤解されたものだと考えている。
[引用の訳文はウィリアム・シェイクスピア『オセロー』小田島雄志訳より]

プリニウスはスキアポデスの主要な情報源でもあり、インドの驚異についての記述の中で、モノコリという名前で彼らのことを書いた。プリニウスは紀元前4世紀のギリシアの著述家クテシアスを引用して、彼らは脚が1本しかなく、跳躍しながら驚くべき速度で動くと述べている。そして、「この種族は傘足族とも呼ばれ、それは暑いときには仰向けに寝て、その足を使って太陽の日差しから身を守るからだ」と説明をくわえている（134ページ参照）。ちなみに彼は、スキアポデスはトログロデュタエ人すなわち穴居族から遠くないところに住み、「さらに東方には首がなく目が肩についている人々もいる」とも書いている。あきらかに、これはもうひとつのブレムミュアエ人の集団である。これについては、エウヘメリスト（一見神話的現象に見えるものに合理的な説明をしようとする人々）は、この話は片足で立って瞑想するインドの放浪の修行者についての説明をとり違えたのが元ではないかと考えている。

プリニウスは異国の風変わりな人々にかんするとりわけ豊かな情報

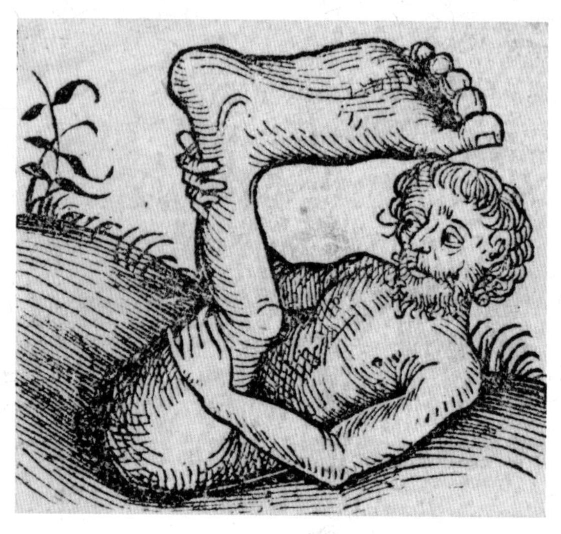

源で、カルパチア山脈の向こうにいるヒッポポデス(「馬の足をもって生まれた人々」)も報告している。また、アフリカには「アトランテス族」がいて、夢を見ず、おたがい名前で呼ぶことがなく、日の出と日没に向かって恐ろしい呪いの言葉を発して、自分たちの畑を干上がらせる原因だとして太陽を責めると記録している。しかしそれは決して彼だけではなかった。ふつうの人間が接触できる範囲外に奇妙な人々が住んでいると報告するのは、すくなくとも知識がかぎられていた時代には、じつはほとんど世界共通の現象だったようなのである。

驚異の世界

多くの場合、そういった話はヨーロッパのウッドワス(99ページ参照)を思わせるような野蛮な人種にかんするものであった。オーストラリアの奥地に住むアボリジニは、ジュンジュディーの話をしてたがいに怖がらせあった。それは赤い毛皮に覆われた小柄な毛深い人々で、現在のクイーンズランド州とニューサウスウェールズ州の境にある山地に住んでいるといわれた。伝えられるところでは、彼らはなわばり意識が強く、毒蛇の牙がついた槍を投げつけるのがうまいという。世界の反対側のアラスカにはウラユリについてのよく似た話があり、同じように毛深くもじゃもじゃの髪をしているが、彼らの場合は極端に背が高く、足首にとどくほど腕が長い。彼らは平和な森の住人で、ときおりその奇妙な甲高い叫び声が、凍えるようなアリューシャンの夜のしじまを破るのだった。

中央アジアの山岳地帯には、古くから奇怪な特徴をもつ失われた部族の話がある。プリニウス自身、足が後ろ向きについているが驚くほど速く走れるアバリモン人に言及している。彼らの故国はヒマラヤ西部のイマウス山周辺であるといわれる。さらに有名なのがアルマス(187ページ参照)で、この名前はモンゴル語で「野人」を意味する。彼らは中央アジアのパミールおよびアルタイ地域に住むといわれ、裸で毛むくじゃらだが、猿のようなヒマラヤのイェティとは違って完全に人間であるとされている。たいていの説明が彼らの姿を漠然と、突

マゼランの部下たちの途方もない話

旅行家たちの話で長く語り継がれているもののひとつが、アメリカ大陸の南端パタゴニアに住むといわれる異常に背の高い人々にかんするものである。

彼らの存在についてはじめて報告したのは、フェルディナンド・マゼランの初の世界一周の航海に同行したアントニオ・ピガフェッタである。彼は、探検隊がアルゼンチン南部の海岸にそって航行したとき、海岸に「踊り、跳ねて歌い、そして歌いながら自分の頭に砂や塵をふりかけている真っ裸の巨人」を見たと述べている。

興味をそそられたマゼランは、部下をやってその奇妙な者と接触させたが、害意がないと思わせるために同じように跳ねまわるよう指示した。そのようにして巨人は誘われてマゼランの旗艦に乗船した。のちにマゼランは、スペインにつれ帰って後援者のカルロス王を感心させようと思い、別の巨人を2人だまして足かせをした。しかし実際には、甲板の下の劣悪な環境で、不運な捕虜たちはどちらもその年の内に死んでしまった。

のちの探検家たちはピガフェッタの報告の正しさを認めている。たとえば1590年代にトマス・キャヴェンディッシュ卿の周航にくわわったある船員は、その地域で体長約3.5メートルの死骸を見たと主張した。

こういった話、つまりアルゼンチン南部の草原に住む背の高いテウェルチェ族との遭遇についての記録は、ときには誇張されていることがあるにしても、本当のように思える。悲しいことに、1870年代にアルゼンチン政府が軍事拡大を進めたことで、彼らの数は激減した。最新の国勢調査では、生き残っているのは6000人未満と記録されている。

出した眉、平らな鼻、後退した顎をもつ石器時代の人間のように描いており、何人かの未確認動物学者が、彼らの存在の報告が続くのはその地域の辺境の山にネアンデルタール人の集団がひそかに生き残っていることの証拠だとする説明を試みてきた。

遠く離れていることが風変わりな人々の話の必須条件ではない。アイルランドで妖精族（90～95ページ参照）という地下に追いやられた集団について詳しく語る豊かな民話が生まれたように、ハワイ諸島にも森の中に隠れていてめったにみられない部族についての話が残っている。ナヴァオは狩猟民で、ふつうの人間より大きいといわれた。これに対し、メネフネは小さくて腕のいい職人で、みごとなカヌーや家、寺院をつくった。アイルランドのトゥアーハ・デ・ダナーンのように、彼らはハワイ諸島の初期の住人で、のちにやってきた人々にとって代わられ、山の中に追いやられてそこでおもにバナナを食べて生きていると考えられた。

ケツァルコアトル　羽毛のある蛇

姿
メソアメリカ神話に登場する羽毛のある蛇で、ガラガラヘビの胴体と色鮮やかな鳥ケツァールの羽毛をもつ。

大きさ
さまざま。神であるケツァルコアトルは、姿と大きさを意のままに変えることができる。

寿命
不死。

能力
ほとんど無制限で、アステカの世界観で認識されている５つの世界のサイクルの１つを創造したほどである。

生息地
メキシコとその隣接地域。

アステカの伝承に登場する羽毛のある蛇ケツァルコアトルについては、はっきりしたことが何もわかっていない。メソアメリカ神話ではよくあることだが、使える証拠がどうにでも解釈できるのである。現存する資料を見てみると、ケツァルコアトルは複雑な存在で、いくつものまったく異なる姿をとっている。

羽毛のある蛇としてのケツァルコアトルは、ケツァール（カザリキヌバネドリ）という鳥の緋色と緑色の羽飾りを身に着けたガラガラヘビの姿をとる。口から人間の頭が突き出た蛇の姿で彼を描いた肖像がいくつもあり、この神が蛇の体に宿っている、あるいはおそらくもっと正確には蛇の姿をとったことを示している。

羽毛のある蛇のイメージ自体は、じつは言葉遊びとして始まったのかもしれない［ケツァルが鳥の名前、コアトルが蛇の意］。ナワトル語では、この言葉は「高貴な双子」を意味すると解釈することもできる。これは、この神の化身のひとつである明けの明星、つまり金星のことをいっている。その場合はケツァルコアトルは燦然と輝く夜明けの神で、宵の明星の神ショロトルと永遠に対をなす。

アステカ族にとってケツァルコアトルは、トウモロコシを世界にもたらすとともに、数多くの役立つ技術、とりわけ綿布を織ったりヒスイを磨く方法や星の運行についての知識をもたらした文化英雄である。さらに彼は死者の国へ下りていき、以前にこの世を去った人類の骨をひろい集めて、人類を現在の姿で創造したとされる。

ケツァルコアトルはこれらのことを、さらにもうひとつの化身である風の神エエカトルとして行なった。その場合の彼は、彼の兄弟で占いと争いの悪神テスカトリポカ、すなわち「煙をたてる鏡」との激しい敵対を語るメソアメリカ神話で重要な役割をはたす。アステカの世界観では、現在の５番めの太陽の前に４つの太陽すなわち創造の時代があり、神が交替で支配した。ケツァルコアトルが支配したのは２番めの太陽で、ダーウィンの進化論の逆で、テスカトリポカがそこに住んでいた人間を猿に変えて終わった。しかしケツァルコアトルはあとで恨みを晴らした。死者の国に下りていって、死者の骨を盗み、それを自分の血に浸して人類を復活させたのである。

フェンリル　世界の終末に解放される混沌の怪物

姿
獰猛な狼。

大きさ
巨大で、さらに大きく成長し、ついには異常なプロポーションになる。

寿命
ラグナロク（現在の存在サイクルの終わり）まで生き残る運命であるため、殺すことは不可能。

能力
途方もない強さと狂暴さをもつ。

神話ではしばしば、性的な制約が越えられたときに怪物が生まれる。トリックスター神ロキが女巨人アングルボダと結婚することにしたときもそうであった。アングルボダは古くから神々に敵対していた種族の一員で、その結果によいことはほとんど期待できなかった。しかし、アングルボダが産んだ者たちには、ロキ自身でさえ不安を感じたに違いない。狼の怪物フェンリルのほか、見るも恐ろしいヘルと世界蛇ヨルムンガンド（203ページ参照）もいたのである。

この３者が災いとなるだろうという予言を受けたアース神族（北欧神話における統治する神々）は、彼らの力を抑えこもうとした。オーディンはヨルムンガンドをもっとも深い海に投げこみ、そこでこの怪物は成長して大地をとりまいた。半分は生きた肉体で半分は死骸と表現されるヘルは、死者の国を管理するためにニヴルヘイムへ送られた。そして残ったのがフェンリルである。神々は、フェンリルは自分たちが目を光らせることができるアースガルズで縛っておくのがいちばんよいと考えた。

しかし、まずはフェンリルを拘束する必要があった。神々は、この

狼を捕らえておけるほど強い物を探した。神々は2度、この獣に力試しを挑んで強力な鉄の鎖を試した。どちらの場合も、フェンリルが筋肉を緊張させると、金属の破片が遠くまで飛び散った。

オーディンは、こうなったらもう、魔法の器具の製作者として有名なドワーフのところへ行くしかないと悟った。はたして彼らはまったく違った留め具を鍛えあげた。グレイプニル（「からませるもの」）は、猫の足音、女性のひげ、山の根、熊の腱、魚の息、鳥の唾といったきわめてめずらしい材料からできていた。それらがドワーフの地下の炉で混合されて、絹のひもほどの太さもない枷ができた。これがフェンリルを縛るものだと、ドワーフはオーディンに言った。

「グレイプニル（「からませるもの」）は、猫の足音、女性のひげ、山の根、熊の腱、魚の息、鳥の唾といったきわめてめずらしい材料からできていた」

生息地
北欧神話の神々の住むアースガルズで縛られている。

また力試しだと言われたとき、なかなか抜け目のないこの狼は、何かの計略だと思った。最初、フェンリルはひもで縛られるのをそっけなく拒否した。しかしアース神族がフェンリルの強さについて中傷すると、狼は条件をひとつ出して力試しをすることに同意した。嘘偽りがないという証拠に、神のひとりが手をフェンリルの口に差しこむというのが条件だった。前に出る者は誰もおらず、オーディンの計画が頓挫しそうになったとき、ついにアース神族でもっとも勇敢なテュールが志願してこの難局を救った。グレイプニルがフェンリルの胴体と脚に巻かれ、狼は全力でもがいたが、激しく動くほどそれはますますきつく締まった。怒り狂ったフェンリルが口をしっかりと閉じ、テュールは手首をかみきられて手を失い、以来、手首の関節は「狼の関節」と呼ばれるようになった。

それでも、ついにフェンリルは縛られた。そして、永遠ではないが、この狼が引き金の役をするラグナロクの最後の大変動まで、生き残ることになる。自由だった頃、フェンリルは自分と同じように恐ろしい狼の子どもを2頭つくっていた。1頭はスケルで、毎日空で太陽を追ってそれを急がせる。もう1頭はハティで、月を追いかける。運命のときがやってくると、2頭はついにそれぞれの獲物を捕らえ、大地を闇に投げ入れる。

それから破壊の勢力は協力してアースガルズを執拗に攻撃する。上顎が天に達するほど大きく成長したフェンリルはついにその束縛を破壊して、不倶戴天の敵オーディンと対決し、彼を飲みこんでしまう。しかし、オーディンの息子ヴィーザルがこの狼の怪物の心臓に剣を突き立て、その顎を切り裂いて、父の仇を討つ。こうして、混沌と流血のうちに現在の存在サイクルが終末を迎え、ついに世界からフェンリルが除かれるのである。

サテュロス　古代ギリシア・ローマ時代の森や林の好色な山羊人間

姿
腰から下は山羊で、頭と上半身は人間の男性のもの。

大きさ
ほぼ人間くらい。

寿命
長命だが不死ではない。

能力
自然のままの欲求の化身である彼らは、そのとどまるところのない性欲と飲酒量で有名だが、危険から逃げるときの臆病さでも知られている。

ギリシアの酒の神ディオニュソスが出かけるときは、サテュロスの行列がつき従った。ケンタウロス（122～125ページ）と同様、この自然のままの欲求の化身は半人半獣で、フロイト派の言葉でいえば、超自我によって抑制されないエスばかりの動物的な欲望で特徴づけられる。彼らと同族の半神のシレノスは、ディオニュソスの教師だった。実際には年長のサテュロスたちはシレノス族と呼ばれ、太って賢いが、一般に若いサテュロスよりさらにひどい酔っぱらいとして描かれた。

初期の古代ギリシア・ローマ芸術においてはおもに人間として描かれたが、おそらくローマ神話のフォーン（次ページのコラム参照）の影響を受けて、紀元前４世紀からは腰から下が動物の姿で描かれた。たいていその動物は山羊であるが、馬の尾とひづめをもっていることも多い。サテュロスは、ルネサンス芸術において人気のあるテーマとなった。下に示す15世紀末のフィレンツェの画家ピエロ・ディ・コジモによって描かれた絵画では、典型的な山羊の下半身をもつサテュロスがニンフの死を悼んでいる。

強迫症的な女好き

しかしピエロの絵に表現されている優しさは例外的である。なぜなら、サテュロスにひとつきわだった特徴があるとすれば、それはつきることのない性欲だからである。プリニウスによれば、彼らの名前自体、男根を意味するギリシア語に由来しているという。サテュロスはニンフを追いかけているときほど幸せなことはなく、強迫感にとらわれたような女好きを表わすために使われる現代の言葉「サティリアシス」からも彼らの偏愛がうかがえる。またサテュロスは豊穣を象徴するものとして崇拝され、古代ギリシアでは田舎の人々は彼らをたたえて子羊や初物の果物を捧げた。

ファウヌスの追従者

ローマ神話でサテュロスに相当するのがフォーンで、牧野の神ファウヌスに従い信奉する。サテュロスの山羊に似た姿は、じつは、たいてい山羊の脚と角をもつ者として描かれるこの神からきているのかもしれない。ファウヌスは、羊の群れと畜産物の豊穣の神である以外に予言の神でもあり、神託の夢を神聖な林の中で相談者に解き明かした。彼と一緒にいるフォーンたちは、ギリシア神話のサテュロスに比べて気性が穏やかで、酔っぱらったり騒いだりする習癖はあまりない。

現代になると、C・S・ルイスが『ライオンと魔女』にタムナスという名のフォーンを登場させており、彼はルーシーがナルニア国に来てはじめて会った生き物で、それで彼女が魔法の国に入ったことがわかった。最初はルーシーを悪者の白い魔女に渡すつもりだったが、気持ちが変わって、結局、もとの世界へもどれるようルーシーを案内する。

生息地
古代ギリシア・ローマ世界の森や林。

中世になると、サテュロスの混成の姿や大胆な行動についての古代の記述が原因で、動物寓話集の作者たちは新たに発見された新種の猿と混同した。理性の時代に入ってからでさえ、先駆的な分類学者リンネがオランウータンの最初の学名を*Simia satyrus*とした（現在は*Pongo pygmaeus*とされている）。サテュロスについての記憶は、現代のギリシアでカリカンツァリと呼ばれるクリスマスのゴブリンの話の中に生き続けており、尖った耳と山羊の脚をもち、ダンスに熱中する、サテュロスに似た姿で描かれる。

⊙ ⊕ ⊖

雪女　日本の美しい雪の精霊

姿
美しく白い顔をした女性で、白い着物を着ていることもあるが、何も着ていない場合もある。

大きさ
通常の人間の大きさ。

寿命
不死。

能力
触れたり息を吹きかけて殺すことができる。

生息地
日本の山や荒野。冬にのみ見られる。

日本のとある山脈を越えている旅人たちが、突然、厳しい気象条件にみまわれる。霧に包まれ、やがて2～3メートル先も見えない真っ白な中で立ち往生する。それから雪が降りはじめる。ほどなく、猛烈な吹雪が荒れ狂う。

雪が降る不気味な静けさの中で、気づいたときには孤立し、天と地のあいだで死の白い繭の中に閉じこめられている。気温が下がるにつれ、恐ろしい無感覚に襲われる。自分ではどうにもできず、ただ待つだけで、助けも希望もない。意識が朦朧としてきたちょうどそのとき、渦巻く雪の中から人影が現われる。美しい女性がこちらに向かって音もなく滑るようにやってくる。その肌は、まとっている絹の着物と同じくらい白い。顔は静かで穏やかだが、決然とした感じもある。彼女は、氷のような抱擁で人々を包みにやって来た雪の精霊なのだ。ようやく吹雪が終わったときに残っているのは、旅人たちが立ち止まったところに崩れ落ちている命のない体だけ。彼らの魂は雪の美女とともに行ってしまい、彼女が住む氷の要塞へ永久に失われたのだ。

偉大な日本の映画監督黒澤明が、彼の最後の映画『夢』でこのシーンを描いた。西洋の観客は大部分がこのエピソードをシュールリアリズム的と思ったが、じつは彼は、日本の伝説で確固たる地位を確立している雪女を表現していたのだ。雪女は、狐（118～119ページ参照）や天狗（40～41ページ参照）とならぶ、非常によく知られた妖怪すなわち精霊である。彼女はかつては純粋に邪悪なものとみなされていたが、今では黒澤の表現にみられるように、死をもたらそうとする意図とこの世のものならぬ魅力という相反する側面をもつ存在とみなされることが多くなった。

巳之吉の約束

ときには雪女が哀れみを示すこともある。雪女についての物語でもっともよく知られているのは、ラフカディオ・ハーンの英語の名作『怪談』に載っているものである。その話では、2人の木こりが吹雪で火も焚けない小屋に閉じこめられる。年上の方は死ぬが、若い見習いの巳之吉は生き残り、自分の上に美しい女性の影が守るようにかがむのを目にした。そして彼女が、その夜見たことを誰にも言わないかぎり生かしておいてやろうとささやくのを聞いた、あるいは聞いたような気がした。

それからまもなく、若者は毎日森へ行くときに通るいつもの小道で、見知らぬ人に会う。彼と同じ年頃の娘で、長い黒髪がひどく青白い顔を縁どっていた。遠くにいる親戚のところに身を寄せるため旅をしているという。巳之吉が母親と住んでいる家に来て休むよう娘を説得するのに、ほとんど時間はかからなかった。彼女はそのまま家にとどまり、まもなくふたりは結婚した。

夫婦は幸せに暮らし、何人も子どもを育てた。ある夜、外で冷たい風が吹くなか、ふたりで暖かい家の中で休んでいたとき、巳之吉はいつのまにか、何年も前、妻と出会うより前にあの小屋で自分の身にふりかかったことを思い出していた。何も考えずに妻にその話をしはじめると、いきなり口をはさまれた。
「誰にも言わないと約束しましたのに」と、いつもはもの静かな妻が、これまで聞いたことのない恐ろしい声で吐き出すように言った。「私がその雪女。こうなってしまった以上、私は行かなければなりません。子どもたちに免じて、もう一度あなたの命を助けましょう。でも、子どもたちをかわいそうな目に遭わせたら、たとえわざとでなくても、あなたはもう一日もいっときも生きてはおれないでしょう」。そう言うと精霊の花嫁は行ってしまい、それきり姿を目にすることも声を聞くこともなかった。

ウェンディゴ　カナダの森林にいる氷の心臓をもつ恐ろしい怪物

姿
身の毛もよだつような姿ということでは一致しているが、報告によって詳細はさまざまである。共通の特徴は、鋭いぎざぎざの歯、動物にかじりとられたような唇（ときには舌も）、骸骨のような体つき、何本も足指が失われたひどく変形した足などである。

大きさ
さまざま。ウェンディゴは小さくなったり異常なほど巨大になったり、大きさを変えることができる。

寿命
ふつうはウェンディゴを殺すことはできないが、その氷の心臓を溶かせば滅ぼすことができると主張する報告もある。

能力
変身でき、人を食べるのにくわえて、地上と空中をものすごいスピードで移動できる。

生息地
カナダの大森林。

カナダの森林は世界でも最後の広大な原生環境のひとつであり、その静まりかえった広大な空間がもたらす恐怖にふさわしい伝説が生まれた。北アメリカ東部のアルゴンキン語族には、森の精霊ウェンディゴの話がある。それは、人間をはるかに超えたスケールで広がる風景の中で独りぼっちの旅人が感じるあらゆる恐怖を具現化している。なにか恐ろしいものが追ってくるという気配を感じながら林をぬけたことのある人なら、その存在がもたらす妄想がどんなものかわかるだろう。

長年のあいだに、さまざまなヴァージョンの伝承が生まれた。ウェンディゴは１頭しかいないと語る者もいれば、多数いると言う者もいる。一般に一致しているのは、それがなみはずれた変身能力をもっているということである。

ウェンディゴがもつとされているおもな特徴は、いずれもなんらかの点で森林がひき起こす原始的な恐怖と関係がある。ウェンディゴは氷の心臓をもつといわれ、孤独な狩人など生きようが死のうが頓着しない大森林の容赦のなさを象徴している。その体は骸骨のように痩せていると描写され、冬には決して遠い話ではない餓死の恐怖を思わせる。その足はつま先が欠けているといわれ、凍傷が暗示される一方で、唇は食いちぎられ、森の清掃動物のなすにまかされた死体の唇のようである。そしてなんといってもウェンディゴは食人種で、最大のタブーを思い起こさせる。それは、極度の飢えの中にある小さな地域社会で共食いを防ぐためのタブーなのである。

死よりも悪い

シャーマンが敵を怪物に変えたのかもしれないと考える人々もいれば、理由は何であれ食人にふけって追放された者たちが、最初はそうでなかったのにウェンディゴになったと主張する人々もいる。しかし、最大の恐怖はすでにいるウェンディゴに追いつめられることで、それはこの怪物が吸血鬼のように自分と同じような犠牲者をつくる能力をもっているからである。そのような災難の起こり方はいくつかある。旅人が森でウェンディゴに出くわすかもしれないし、偶然にそれの通り道を横切るかもしれない。もっと恐ろしいのは、狩人自身が狩られるかもしれないということである。何時間もあるいは何日も、森の中で見えないストーカーに追われるのである。ウェンディゴは犠牲者の眠りの中で彼らにつきまとうことさえできる。先住アメリカ人の世界観では、夢は心霊エネルギーの強力なチャネルなのである。

接触の形がどうであろうと、犠牲者の運命はつねに悲惨である。いくつかの物語では、犠牲者はウェンディゴにむさぼり食われて、姿を消してしまう。別の物語では、恐怖で動けなくなり、ついには心臓が止まるか凍って死んでしまう。しかしもっとも多いのは彼ら自身がウェンディゴになる場合で、それは最悪の結果である。というのは、犠牲者はふつう、自分に何が起こっているかわかるくらいは以前の意識をもち続けているからである。そして、正気にもどったとき、彼らの唯一の望みは死ぬこと、この永久に続く苦痛からのがれることなのである。

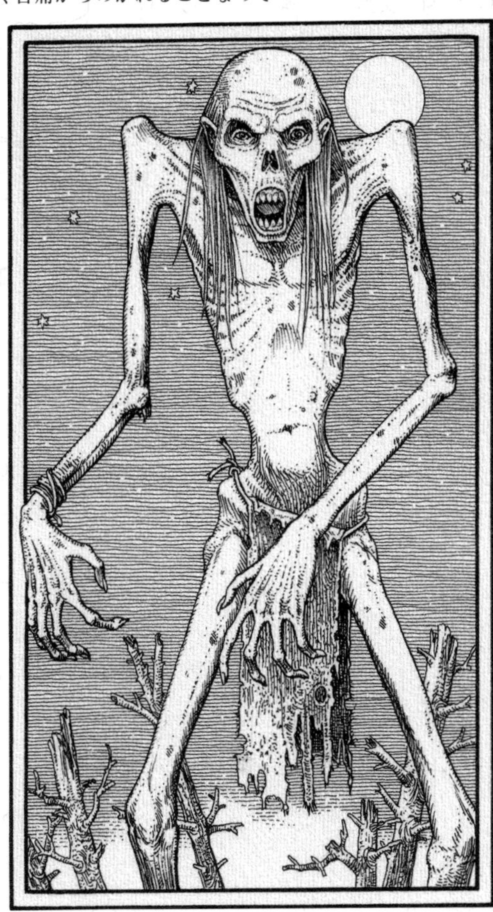

このような恐怖は怠惰な空想にはほど遠い。長い北の冬に閉じこめられ、ウェンディゴになるのではないかという恐怖のあまり気が狂う人もいる。人肉を渇望する狂気に悩まされる人もいる。このような症状は、もったいぶった科学的な名称でウェンディゴ精神病と呼ばれさえする。

じつは、ウェンディゴについての知識をカナダの森林地帯からもっと広い世界へ広めたのは、そのような症例であった。20世紀初めに、超自然的な話を書くことで知られる英国人作家アルジャノン・ブラックウッドがカナダの辺境の森林地帯に住んでいて、そこで偶然にこの症状に苦しめられている男性のことを聞いた。彼はその話に刺激を受けて『ウェンディゴ』という物語を書き、これはやがてホラーの古典になった。ウェンディゴが世界の空想の暗い奥まった場所に位置を占めるようになり、もっとよく知られている吸血鬼や狼男の仲間にくわわったのは、彼の働きに負うところが大きい。

バンシー　泣き叫ぶ死の先触れ

姿
妖精の女で、たいていすすり泣いてとり乱しているところを見られ、白か灰色の服を着ている。

大きさ
人間の大きさであるが、背が高いと描写されることが多い。

寿命
妖精であり、時間の経過や年齢の影響を受けない。

能力
死を予言することができる。

バンシーは多種多様なアイルランドの妖精のなかでも特異な妖精である。バンシーという言葉の文字どおりの意味は「シーの女」で、シーとは人間の住人とアイルランド島を共有していた妖精のことである。現在の居住者の到来により地下へ追いやられた残存集団だといわれ、丘や小山、つまりケルト伝説の妖精塚の下で暮らしていると考えられていた。

バンシーは死の先触れで、女性の姿をとり、美しいことが多い。肉親との死別がさしせまっていることを意味する彼女たちのものすごい泣き声を聞いた人は、いつまでも忘れはしない。アイルランドの通夜で農民の女性がしていたキーン（弔い泣き）は、その声の模倣だといわれている。

この話の起源としてひとつ可能性があるのは、水辺のすすぎ女である。彼女は若い娘として描かれることもあれば、しわくちゃの老婆として描かれることもあり、ケルト神話では不運を予言する者として登場し、血で汚れた服をごしごし洗っているところを戦場へ行く途中の兵士が目にする。立ち止まって何をしているのかたずねると、彼女はたいてい、不吉にも洗っているのは彼の服だと答える。

キーンの習慣自体がこの伝説に寄与したのかもしれない。ふつうの死者については人間の哀悼者が悲しむのに対し、アイルランドの5つの由緒あるゲール人の家（カバナフ、オブライエン、オコナー、オニ

エール・キング

ドイツでバンシーに相当するのはエール・キングで、シューベルトによって曲がつけられたことで有名なゲーテによる同名の詩（「魔王」）によってもっともよく知られている。この言葉の文字どおりの意味は「ハンノキの王」であるが、一般に「エルフ・キング」の誤訳から生まれたと考えられている。アイルランドのバンシーとは異なり、ドイツのエール・キングは死の前兆というだけでなく、積極的に人々をそそのかして死を選ばせる。ゲーテの詩では、犠牲者となる子どもの耳に、あの世のあらゆる楽しみを約束するエール・キングの甘言が聞こえる。しかしそれがわからない少年の父親はかまわず馬を走らせ、家に着いたとき、息子は父親の後ろの鞍の上ですでに亡くなっているのである。

ール、オグレイディ）の家族についてはシーがその死を悼む。このように精霊による哀悼に、ある種の俗物主義が結びついて、たとえばクラレンス・マンガンの詩では「バンシーたちは嘆き悲しむ、だがそれは、行商人の心をもつ卑しき者のためではない！」とうたわれている。［引用の訳文はW・B・イエイツ編『ケルト妖精物語』「嘆きの歌」井村君江訳より］

時がたつうち、伝説は別のアイルランドの妖精で死を告げるデュラハンの話と混同されるようになった。自分の頭を腕に抱え、首なし馬に乗る彼は、何世代もの物語の語り手たちにとって大切な空想の人物であった。最盛期には、死の予告の話には泣き叫ぶバンシーだけでなく、デュラハンが御し首を切り落とされた馬が引く、柩を積んだ黒い馬車も登場した。

しかしもっとも印象的な物語は一般にもっと単純なものである。W・B・イェイツは典型的なバンシーとの遭遇を記録している。ある母親と娘たちが、死者が出そうなアイルランド南部の家に呼ばれた。夜になって彼女たちが目的地に近づくと、突然垣根の背後から恐ろしい叫び声が聞こえてきた。「この世のものとも思われませんでしたが、喩（たと）えていうなら、誰か女の人が、いきなり死ぬほど強く打たれて、激痛に悶えながら、まさに息を引きとろうとする泣き声のようでした」と娘のひとりが手紙に書いている。垣根の隙間から月の光に照らされた人影が見え、声はその女性からしていた。「それは背の高い痩せぎすの女で帽子はかぶらず、豊かな髪を肩に波打たせていました。ゆったりした袖無しマントを着ているような、敷布を身にまとっているようにも思われました」と描写されている。まもなく彼女たちが家に着くと、その家の息子が亡くなった。［引用の訳文はW・B・イエイツ編『ケルト妖精物語』井村君江訳より］

生息地
アイルランド。スコットランドでこれに対応するのはベン・ニーァ（「洗濯女」）。

狼男　狼に変身した人間

姿
狼のような姿。たいてい変身は完全で、冒されている人間は変身して実質的に狼になる。場合によっては変身が部分的で、一部の特徴しか変化しないこともある。

大きさ
狼と人間の間。

寿命
狼男の状態はたいてい一時的であるが、ときには決まった期間（たとえば9年）がすぎると終わる場合もある。

能力
変身能力。狼男はたいてい凶暴で人肉を好むが、意に反して変身した者は害がなく、おとなしいことさえある。

生息地
狼が知られているほとんどすべての国。

ほとんどあらゆる文化に、自分自身または他人を動物に変える能力のある人の話がある。もっとも広範囲に存在する伝説は狼男の話であるが、狼のいない国では、インドの虎、アフリカの豹、南アメリカのジャガー（152〜153ページ参照）など、ほかの肉食獣に変身する類似の物語がある。

この物語は古くまでさかのぼることができる。ヨーロッパの伝承の場合、狼男の由来を紀元前５世紀のギリシアの旅行家で歴史家のヘロドトスにまでたどることができる。彼は、現在のポーランドにあたるスキュティアの領土よりさらに向こうに住むネウロイ人と呼ばれる部族が、年に１度狼に変身して、何日かその状態が続くといわれると報告している。ヘロドトス自身はこの話に懐疑的で、それは宗教儀式のために狼の皮を身に着けるシャーマニズム的なしきたりをいっていた

ジェヴォーダンの野獣

1764年から1767年にかけて、人食い狼がフランスの荒涼としたジェヴォーダン地域を恐怖におとしいれた。ジェヴォーダンは、フランス中央高地南部の現在のロゼール県の一部にあたる。どの報告でも、大勢の人々が殺されたことになっている（たいていの報告が60〜100人の死者が出たとしている）。犠牲者の大部分は子どもや若い女性で、『旅は驢馬をつれて』の中でこの話に触れているロバート・ルイス・スティーヴンソンの言葉を借りれば、とくに「その美を謳（うた）われし羊飼の乙女共」であった。やがてその非道な行為が国王ルイ15世の注意をひくことになり、国王の狩人たちが派遣されて追跡し、追いつめた。彼らは首尾よく大きな狼を殺したが、襲撃は続き、それは犯人ではなかった。約18カ月後に地元の狩人ジャン・シャステルが別の狼を殺して、ようやく襲撃はやんだ。たとえ同じ野原で牛がそばにいてもその獣が人間の獲物のほうを好んだこと、そしてそれが後肢で立って川を渡っているのが目撃されたという報告があることから、襲撃の一部は狼男またはもっと可能性があるのは狼の衣装で変装した連続殺人魔のしわざだったのかもしれないと考えられるようになった。［引用の訳文はＲ・Ｌ・スティヴンスン『旅は驢馬をつれて』小沼丹訳より］

のかもしれない。

ギリシア神話にも、アルカディアの最初の王リュカオンの物語がある。彼は生け贄として人間の子どもをゼウスに捧げ、罰として狼に変えられた。別のヴァージョンでは、リュカオンとその50人の息子たちがゼウスに人間のはらわたで作ったスープを出して、やはり皆変えられた。また、この物語に手をくわえた話では、その後、リュカオンの供物台に犠牲が供えられるたびに祭司たちのひとりが狼になり、人肉を食べることを慎んだ場合だけ、9年後に人間の姿にもどることになっている。

古代ローマの狼人間

ローマ時代にも狼男の物語は広まった。プリニウスは納得せず、「私は、人間が狼に変えられふたたびもどることがあるという主張は間違いだと自信をもって言うことができる。それを信じれば、何世代もかかって作りごとだと判明したほかの物語をすべて信じなければならないことになる」と述べている。

古代ローマの作家ペトロニウス・アルビテルが1世紀に書いた『サテュリコン』の中に、古典的な狼男の話が書かれている。主人公のひとりが宴会の客たちに、愛人を訪ねて出かけたときにつれになった兵士のことを話す。その兵士は満月の下で服をみな脱ぎ、そのまわりに丸く小便をかけて石のように硬くした。それからその奇妙な人物は狼の姿になり、さっさと夜の闇の中へ消えてしまった。愛人の農場に着くと、狼が家畜を襲ったが、

狼憑依妄想

現代の精神医学では、患者が自分が動物に変身する（あるいは変身させられた）と信じるめずらしい症状が認められている。このタイプの精神病では狼が想定されることが多いが、変身先の動物として犬、馬、鳥、虎、そして蛙さえも報告されている。この症状は、伝統的に悪魔祓いで対処されたインドやエチオピアを含め、世界各地で記録されている。

最近、２人の患者についての神経画像調査で、身体イメージの概念化にかかわる脳領域の活性レベルが異常になっていることが明らかになった。つまり、この調査の被験者は実際に自分の体が形を変えていると認知していたのである。このことから、特定の文化的要因の影響もかなり受けるだろうが、この状態にはなんらかの神経学的理由があるのではないかと考えられる。

首に槍を突き刺して追いはらったと聞かされた。翌日家に帰ると、人間の姿にもどったあの兵士が、首の傷を医者に治療してもらっていた。

迷信の世界

この種の物語は、その後2000年のあいだ、多くの国々で語られることになる。とくに人間が狼男としてどのような結末を迎えるかについての詳細はさまざまである。魔術師に魔法をかけられた者のこともあり、こういった者は多くの場合、気の毒な人たちで、昔住んでいたところをうろつき、哀れにも以前の知りあいからの助けを求める。ほかに、たとえば私生児として生まれたとか、さもなければクリスマス・イヴに生まれたとかいう理由でこの状態になりやすい者や、手が異常に毛深いとか左右の眉が鼻の上で接しているとかいった特徴のある者もいた。アルゼンチン北部では７番めの息子は狼男になる運命だという迷信があって、ときにはその運命を避けようとする親によって赤ん坊がすてられたり、さらには殺されることさえあった。この慣習と闘うため、イポリト・イリゴージェン大統領は1920年に、自分がすべての７番めの息子の名づけの父をつとめるという布告を出し、その伝統は現在まで続いている。

そのほか自分で狼に変身することを選んだ者もいて、たいてい魔法の軟膏で体をこすったり、狼の皮の帯を身につけたりして変身する。このような者は狼の姿ではほとんど決まって肉食獣で、人間を捜し出して殺して食べる。ふつう、彼らは夜行性で、夜明けには人間の姿にもどらなければならない。彼らの魔法に対抗する方法は数多くあり、十字架のしるしを見せることや、相手の洗礼名を３度大声で唱えるなどといった簡単なものもある。しかし伝承によっては、彼らを殺すのは困難で、狩人の守護聖人である聖ユベールの礼拝堂で祝福された武器を使わないかぎり倒すことができないという場合もある。もっと新しい時代になってからは、狼男を殺そうとする人々が選ぶ武器は、銀の弾をこめた銃になった。

狼の無法者

14～16世紀の時期には、ヨーロッパでは狼男が伝説から抜け出して法的に重大な懸念の対象となった。そのきっかけとなったのは、神聖ローマ帝国皇帝シギスムントが召集した教会の評議会が狼男が実在するという布告を出したことである。その結果、狼男の行動の報告がいちじるしく増加した。スウェーデンの聖職者で歴史家のオラウス・マグヌスは、東バルト地方で定期的に魔女の集まりがあり、おそらく「この国の要人や最高位の貴族」もかかわっていると報告した。これらの人々はクリスマスの夜に集まって、エールの杯を前に呪文を唱えて狼の姿になる。そして人家に押し入って殺人と暴力行為を犯すが、彼らは暴れている最中にビールの樽を壊して開けるため、本当の狼と簡単に区別できるという。

16世紀末のフランスでは、狼人間だとされる者の裁判が頻発した。被告のなかには連続殺人を犯したと考えられる者もいて、ときには食人の嗜癖がある者もいた。その他の者は疑いなく完全に潔白だった。1588年にクレルモン＝フェランに近いリオンで起こった事件では、ある貴族の女性が狼の姿で猟場の管理人を襲ったとされた。彼はその動物の前足を切って、なんとか撃退した。彼がその戦利品を主人に見せると、報告によればそれは人間の指にもどり、恐ろしいことに地主にはそれが自分の妻の手だとわかった。その指にはまっていた指輪が先祖伝来のものだったからである。こうして、狼への変身で有罪になった人々の多くと同じように、その女性も火あぶりの刑に処せられた。

「ほかに、たとえば私生児として生まれたとか、さもなければクリスマス・イヴに生まれたとかいう理由でこの状態になりやすい者や、手が異常に毛深いとかいった特徴のある者もいた」

猫　猫人間とネコ科動物の姿をした神

姿
ネコ科動物の姿で、多くの場合（つねにではないが）女性。世界中の国々の民間伝承に、ほとんどの大型のネコ科動物を含むさまざまな種類の動物に人間が変身する話がある。

大きさ
通常、その動物の平均的な大きさ。しかし、変身の話のなかには、後足で立って歩く人間の大きさのイエネコが出てくるものもある。

寿命
さまざま。

能力
人間と動物のあいだで姿を変えることができる。

生息地
南極とオーストラリアを除くすべての大陸で、猫が昔からいるところならどこででも知られている。

今日の西欧でもっともよく知られている猫人間は、典型的なものとはいいがたい。もちろんキャットウーマンは、バットマンの創案者ボブ・ケインとその協力者ビル・フィンガーによってコミックブック用につくられた架空のキャラクターである。彼女がはじめて登場したのは1940年に刊行されたオリジナルの『バットマン』のコミックで、マントをはおった主人公の敵としてであった。ケインは「キャット・バーグラー」［屋根を伝ったりして上階の窓や天窓から建物に忍びこむ夜盗のこと］という言い方から思いついたようで、なぜなら最初のキャットウーマンはなによりその機敏さが特徴の泥棒だったからである。1992年の映画『バットマン・リターン』で顕著なように、その後の解釈のしなおしによっても彼女の犯罪性は維持されたが、このキャラクターには女性の力のシンボルというフェミニスト的ひねりがくわえられた。

キャットウーマンにかんしてもっとも重要なことはその性別である。狼人間がおもに男性であるように、猫人間は女性のことが多い。魔女の使い魔の場合もそうである。裁判の記録にはときどきほかの動物も現われるが、使い魔は一般にネコ科で、ときにはその女主人とともに姿を変える。16～17世紀のヨーロッパの汚点となった魔女裁判では、多くで猫が重要な証拠とされ、害のないペットについての不当な主張のせいで、多くの無実の女性が刑場へ送られたことは疑いない。フランスでは、使い魔の嫌疑がかけられた猫は檻に入れられたり、さらには生きながら焼かれることさえあった。

悪魔との結びつきが長く疑われたことが、猫が不幸をもたらすという迷信につながったのであろう。部屋に迷い猫がいるときは、それが使い魔だったらいけないので、家族の内輪の事柄について口にしないようにする人もいたし、東ヨーロッパでは魔女に変わるのを防ぐために飼い猫に十字架をつけることもあった。

しかし、猫をむしろ幸運をもたらすものとみなす別の伝統もあった。この肯定的な見方には、すくなくとも悪魔的な使い魔というイメージと同じくらい長い歴史がある。それは古代エジプトまでさかのぼることができ、そこではイエネコがペットとしてたいへん愛され、ネズミを捕る動物として、また日常の悩みの種である蛇の敵として大切にされた。太陽の神ラーにさえヘリオポリスの大いなる猫という味方がいて、ラーが毎日空を渡るときに待ち伏せている混沌の蛇アペプ（196ページ参照）からラーを守るのに協力した。

もっともよく知られているエジプトの猫の女神が、ラーの娘バステトである。初期には彼女はライオンの頭をもつ者として描かれ、戦争や復讐と結びつけられた。しかしのちには、やはりライオンの頭をもつ上エジプトの戦争の女神である妹のセクメトにその役割をゆずった。その代わりにバステトは猫の顔をもつようになり、イエネコの守護者および保護者として愛情をもって崇拝された。

ギリシアの旅行家ヘロドトスは、現在のカイロの80キロ北東にあるブバスティスの町で開かれたこの女神の祭りに参加したときの騒々しいようすを記している。この祭りには、年に1度、70万人以上の人々が集まったと推定される。人々は艀(はしけ)に乗りこんで、歌い、手を叩き、シストルムと呼ばれるガラガラのような楽器をふりながら、ナイル川沿いに中心へ向かって旅する。町を通過するときには岸に近づき、女たちは踊り、通行人に向かって大声で呼びかけてひやかし、思わせぶりにスカートをたくし上げる者さえあったという。

メソアメリカの猫の神は、エジプトのものとほとんど同じくらい神聖であるが、もっと不気味である。この地方に知られている初めての系統立った文化を生み出したオルメカの人々は、謎めいた姿の像を彫った。それは丸々太った赤ん坊で、猫の耳と野獣のような牙、そしてときには様式化された大きな猫の足形が額についていることで、ふつうの人間の赤ん坊と区別される。オルメカはその風習についての記録を文書で残していないが、この子どもたちはジャガーと女性が交わって生まれた、要するにジャガー人間とみなされていたと、考古学者たちは考えている。オルメカ人の神聖な祖先として崇拝されたのかもしれないこれら捕食性の幼児たちは、両親のどちらかの姿をとることができ、人間の知性とジャガーの力をあわせもっていた。

ゴルゴン 蛇の髪をもつ見るも恐ろしい姉妹

姿
鋭い牙、突き出した舌、青銅の爪をもち、髪は蛇という恐ろしい姿をしている。

大きさ
実物より大きめに描かれる。

寿命
3人のゴルゴンのうち2人は不死。メドゥーサは英雄ペルセウスに殺されたのだから、不死身ではない。

能力
非常に恐ろしい顔をしていて、見た者をみな石に変えることができる。

生息地
西の海のはて、ヘスペリデスの園の近く。のちの伝承ではリビアに住むといわれた。

古代ギリシアの人々は、戸や城壁、胸あて、さらには墓石まで、純粋な恐怖の浮き彫りで飾った。そのシンボルはゴルゴネイオンと呼ばれ、非常に恐ろしく、邪悪なものを避けるために用いられた。人々はそれを描いた魔除けをつけて、身を守った。ホメロスによれば、トロイアに対してギリシア軍を率いたアガメムノン王は盾をゴルゴネイオンで飾っていたという。ゼウスさえ魔法の丸盾アイギスにそれをつけたといわれている。

ゴルゴネイオンには、髪の代わりに蛇が渦巻く悪夢から出てきたような顔が描かれている。モデルとなった顔は、あまりに恐ろしいため見た者をみな石に変えるといわれた。初期の神話では、それは大地の女神ガイアから生まれた１人の者の顔で、彼女は神々に対する戦いでガイアの息子である巨人たちを守った。しかしのちには、ステンノ（強い女）、エウリュアレ（遠くに跳ぶ女）、メドゥーサ（女王）という３人のゴルゴンが存在するようになった。

伝説では、メドゥーサはその恐ろしい姉妹とは違って、生まれたときは美しかったとされている。そのため海神ポセイドンが彼女を求め、アテナに捧げられた神殿で彼女を犯した。冒瀆されて激怒した女神アテナは、この娘の金髪をからみあう蛇に変えて復讐した。

英雄ペルセウスはメドゥーサを退治すると誓い、神の助けを得て、彼女が寝ているときに、鏡のように磨かれた盾に映った姿しか見ないように注意して、彼女の首を切り落とした。その傷口から、２つの驚くべき生き物が飛び出た。有翼の馬ペガソスと巨人クリュサオルである。切り落とされた頭はまだその危険な力をもっており、ペルセウスはのちにそれを武器として使って、そもそも彼をこの危険な冒険に出した暴君ポリュデクテスを石にした。

しかしメドゥーサの体のそのほかの部分は回復の力をもっていた。彼女の体の右側からとられた血は死をもたらす毒を含んでいたが、左側の血には治癒効果があった。それは非常に強力で、死者を生き返らせることさえできた。女神アテナがアスクレピオスに数滴与え、彼がそれを使って死体を生き返らせたため、ハデスが自分の支配下にある者が盗まれているとゼウスに訴えることとなった。ゼウスはすぐにアスクレピオスを雷霆（いかずち）で撃ち殺して、問題を除いた。

ケルベロスとオルトロス　神話に登場する複数の頭をもつ犬

姿
狂暴な犬の兄弟。オルトロスには頭が2つ、ケルベロスには3つあり、それにくわえて蛇の頭のたてがみがあり、尾は蛇。

大きさ
巨大だが、ヘラクレスが素手でケルベロスを押さえこめるほどの大きさ。

寿命
ヘラクレスがオルトロスを殺したことからみて、不死ではないことは明らか。

ケルベロスとオルトロスは、ギリシア・ローマ神話においてテュポンとエキドナの間に生まれた恐怖の血を引く者で、キマイラやレルネーのヒュドラと兄弟である。どちらも犬であるが、世界にいるほかのどんな犬とも違う。ケルベロスには頭が3つ、オルトロスには2つあったのである。

ケルベロスの仕事は冥界の入口を見張ることである。そこで彼は、生者が入らないようにすると同時に、死者の魂が人間の世界へもどっていかないようにする2つの任務をはたさなければならない。新たにやってきた者は、ハデスの王国に場所を得るべき者なら、ケルベロスのいるところを通らなければならない。彼らがうまく通れるように、悲しみにくれる親族は埋葬のときに蜂蜜入りのケーキを入れておく。このケーキは伝説にある「ケルベロスへの餌」として使われ、それを投げて犬の注意をそらしているうちに魂はすばやく通りすぎるのである。

策略と芸術的手腕

ギリシア・ローマ神話には、まだ生きているのにうまくケルベロスの裏をかいた恐れを知らない人々の話がいくつもある。ウェルギリウスの叙事詩『アエネイス』では、クマイのシビュレ（巫女）が、ケル

ガルム――ヘルの猟犬

北欧神話の世界でも、死の女神ヘルが住むニヴルヘイムの入口に、番犬ガルムという、ちょうどケルベロスに相当するものがいる。この恐ろしい国へ向かう魂は、極北へ向かって長く寒い旅をしなければならない。何日も旅した末に、彼らは氷のように冷たい水が流れるギョル川までやってくる。そこには1本の髪でつり下げられた水晶の橋がかかっている。それを渡るには、骸骨の女番人モーズグズに血の税を払わなければならない。橋の向こう側では、小道が葉のない金属の木の森イアールンヴィズ（鉄の森）を通り抜け、ようやくヘルの王国の門に達するが、そこではグニパの洞窟の中にガルムがひそんでいる。

そしてガルムは、この時代が終わるラグナロクまで、そうしていることを運命づけられている。最終戦争のとき、ガルムはついに解き放たれて混沌の軍勢にくわわり、北欧の神々のなかでもっとも勇敢なテュールと、自身にとって最後の戦いをして死ぬことになる。

ベロスのねぐらのそばを英雄アイネイアスをつれてこっそり通れるように、蜂蜜入りのケーキに眠り薬を混ぜて番犬を眠らせる。プシュケも、クピドの愛をとりもどすために冥界へ行く途中で、同じような策略を用いる。これに対しオルペウスは、亡き妻エウリュディケをとりもどすために冥界へ行ったとき、自分の音楽の力だけでケルベロスをおとなしくさせた。

能力
強大な力と獰猛さを有し、ケルベロスの場合は、魂が冥界から出るのを防ぐとともに、生きているものがそこに入れないようにする力をもつ。

生息地
ケルベロスはギリシア・ローマ神話の冥界の門を守る。オルトロスは、ヘラクレスの柱より向こうの海流の中、つまり大西洋のどこかにあるエリュテイアの島（「赤い島」）に棲む。

生者の国への旅

しかし、ギリシア・ローマ神話におけるケルベロスの役まわりとしてもっとも重要なのは、ティリュンスの王エウリュステウスがヘラクレスに課した12の難業の最後の仕事の目的となったことである。その難業とは、危険をおかして冥界に降りていき、ケルベロスを生きたままつれてもどることだった。賢明にもヘラクレスはとりかかる前にハデスに許しを請うたが、武器を使わずにケルベロスを征服するという条件でのみ許可された。彼は、突き通すことのできないライオンの皮でできた上衣を頼みに、たてがみと尾の蛇から身を守りながら、この怪犬を捕まえて押さえこみ、難業をなしとげた。英雄が獲物を生者の国へつれて上がると、怪物の口から流れるよだれの泡が固まって、有毒なトリカブトが生まれた。エウリュステウスは犬のようすに恐れをなし、安全のため巨大な甕に飛びこんだ。そのあとヘラクレスはケルベロスを無傷でハデスにもどした。

ゲリュオンの牛の奪取

オルトロスもヘラクレスの伝説に登場する。それは10番めの難業の、ゲリュオンの牛を奪ってくる話である。ゲリュオンは胴体が３つある巨人で、神秘に満ちたはるか西方の島に住んでいた。ゲリュオンは、彼の有名なすねの赤い牛を家畜番のエウリュティオンにまかせていたが、この家畜番は番犬としてオルトロスを飼っていた。英雄ヘラクレスは、家畜番と番犬を棍棒で倒したのち、ゲリュオン自身を１本の矢でしとめた。１発の矢で３つの胴体すべてを貫いたのである。

吸血鬼　血を渇望する不死者

姿
あらゆる年齢の男女。たいていは痩せていて、血を飲んだあと以外は青白い顔色をしている。

大きさ
人間。

寿命
不死者である吸血鬼は、人間または神の介入によって最後の眠りにつくまで、そのままでいるしかない。

能力
夜、墓から起き出して血を求めて外をさまよう。犠牲者もまた吸血鬼になる。

生息地
吸血鬼伝説の中心地はスラヴ諸国および隣接する東ヨーロッパの国々であるが、似た存在は世界各地で報告されている。

1725年に、ペーター・プロゴヨヴィッチという名の農民が、住んでいたキシローヴァという村（現在のセルビアのルーマニアとの国境近く）で死亡した。2カ月ばかりのちに村人がもう9人、わずか1週間のあいだに死亡した。彼らは生前、それぞれ寝ているときに死んだ男の訪問を受け、命をしぼりとられたような気がしたと言った。プロゴヨヴィッチの妻のところにもやってきたので、すぐに彼女はその地方から逃げ出した。

キシローヴァ村での事件のニュースは、当時オーストリア・ハンガリー帝国の一部としてその地方を支配していたハプスブルク家当局の耳にも入った。死亡事件を調査するため、地元の地方行政長官が派遣された。彼の意向に反して、おびえた農民たちは、長官の立会いのもとでプロゴヨヴィッチの死体を掘り出すと言い張った。のちに長官が作成したこの事件にかんする報告書には、次のように書かれている。「鼻がいくぶん腐敗しているのを除けば、死体はまったく新鮮で…驚いたことに、彼の口に新鮮な血がいくらかついているのに私は気がついた。おおかたの見方によれば、それは彼が自分で殺した人々から吸ったものだという」

この発見は、村人たちの最悪の懸念が正しいことを裏づけるように思えた。プロゴヨヴィッチは吸血鬼になっていたのだ。それは生者の国と死者の国の間に捕らえられ、人間の血という食事でのみ存続できる、安息を得ることのない霊魂である。彼の死体は伝統的なやり方で適正に処理された。尖った杭でその心臓を貫くと、胸、耳、口から新鮮な血がほとばしった。それから死体は焼かれて灰にされた。

類似の伝承

不死者の存在を信じるのはセルビア人だけではない。世界中の国々に同じような血に飢えた霊の話がある。南アメリカの大西洋岸にあるスリナムでは、アゼマンと呼ばれる女性が夜には動物になって人間の血を飲むといわれた。中国には「跳ねる死体」僵尸（きょうし）（キョンシー）がおり、これは人々を殺して彼らの気すなわち生命のエッセンスを盗む成仏できない霊である。

しかし、典型的な吸血鬼の伝承が発展して実を結んだのは東ヨーロッパにおいてであった。英語のヴァンパイア（vampire）もこの地方に起源があり、ハンガリー語あるいはセルボ・クロアチア語のヴァン

ピル（vampir）からきている。

18世紀に吸血鬼ヒステリーがピークに達したのもこの２つの国においてで、これは200年ばかり前に西ヨーロッパを襲った魔術熱に匹敵するものだった。この恐怖について知られていることは、大部分がキシローヴァの行政長官などハプスブルクの役人の公文書によるものである。もっともよく記録されている事例は元非正規兵のアルノルト・パウルにかんするもので、彼は農作業の事故で首の骨を折り、その後、彼の出身地であるセルビア南部のメドヴェギア村で20人以上の人々に死をもたらしたとされている。調査のため、軍医を含む５人の将校が派遣された。彼らは全部で17体の死体を掘り出した。５体は腐敗の兆候があったが、残りの12体はみな腐敗しておらず、胸の中に新鮮な血があった。その後、これらの死体は首を切り落とされて焼かれた。

当時、この将校たちの報告書は類似の文書とともに広く読まれ、それまでは東ヨーロッパの農民にしかなじみがなかったヴァンパイアという言葉が、ヨーロッパ大陸の残りの地域に広まることとなった。フランス人のベネディクト会修道士オーギュスタン・カルメ師が、1746年にこの現象について学問的な小論文を発表し、ヴァンパイアに対してある程度知的な尊重の態度を示した。

理性の声

しかし18世紀は理性の時代であり、すぐに懐疑的な声が上がって、こういった話に嘲笑を浴びせた。1755年にモラヴィアで新たな事件が明るみに出たとき、自身も啓蒙主義者である女帝マリア・テレジアは、自分の主治医を見にやらせた。彼は虚偽であることを証明する報告を作成し、12月に埋められ１月に掘り出された女吸血鬼とされる者が腐敗の兆候を示していなかったのは、たんにしっかり凍っていたからにすぎないと述べている。彼は、ほかの死体が新鮮に見えるのは、乾いた土と密閉された柩によるものだと説明した（現代の科学者も、赤い色と凝固していない血はどちらも腐敗プロセスのある段階で通常みられるものだと指摘している）。その後、女帝は墓をあばくことと死体を冒瀆することを禁止する布告を出した。

「この短編小説の主人公はバイロン自身をモデルとしており、１世紀以上も続くことになる洗練された貴族的な吸血鬼という架空のスタイルを提示する役割をはたした」

マリア・テレジアの行動は、実質的に東ヨーロッパの吸血鬼熱に終止符を打った。しかしまもなく、今度は西ヨーロッパの文学において吸血鬼の物語が活気をとりもどした。詩人バイロン卿は詩「不信者」でこのテーマに触れ、次いで

東南アジアの吸血鬼

東南アジアの伝説に、アスワン（65～66ページ参照）と総称されるさまざまな残忍な生き物が登場し、そのいくつかは東ヨーロッパの吸血鬼を思わせる特徴をもっている。フィリピンのマナナンガルは美しい女性で、夜には魔術で上半身がはずれて、獲物（たいてい眠っている妊婦）を求めてコウモリのような翼で飛んでいく。適当な獲物を見つけると、その女性の血（あるいは胎児の心臓）を吸い、今度はその妊婦をマナナンガルに変える。マナナンガルも吸血鬼と同じようにニンニクの匂いを嫌う。

マレーシアにも同じような伝説があり、出産のときに死んだ女性の死にきれてない霊であるポンティアナクは、かつて住んでいた付近を獲物を求めて徘徊するといわれた。準備おこたりない人は鉄釘を携行し、襲われたらポンティアナクの首の後ろに刺す。そうすると吸血鬼から人間の姿にもどるという。

彼の主治医ジョン・ポリドリが『吸血鬼』を発表した。この短編小説の主人公はバイロン自身がモデルで、１世紀以上も続くことになる洗練された貴族的な吸血鬼という架空のスタイルを提示する役割をはたした。

19世紀中頃には『吸血鬼ヴァーニー』のような安っぽい大衆小説がこのテーマを生きながらえさせるのに一役かい、一方でシェリダン・レ・ファニュは1872年に発表した『カーミラ』に女性同性愛の要素をとりいれた。しかしこのジャンルの傑作として争う余地のないのが、1897年にはじめて世に出たブラム・ストーカーの『吸血鬼ドラキュラ』で、大衆が思い描く吸血鬼のイメージをしっかりと確立した。20世紀になると映画が采配をふるようになり、1922年に公開されたF・W・ムルナウのサイレント映画『ノスフェラトゥ』に始まって、1992年には十代の若年層市場を狙った『バフィー 恋する十字架』が公開され、それから派生したテレビドラマ・シリーズが大成功した。

その頃には、西洋の若者たちはたいていが18世紀のトランシルヴァニアの農民と同じくらい吸血鬼の話を身近に感じて成長していた。その間にいくつか新しい要素が導入された。特筆すべきは、吸血鬼がコウモリに変身するというアイデア（ブラム・ストーカーが発想したと考えられている）と、彼らに影がないという認識である。しかし、人間の血を食料として生きのびる不死者という基本的なコンセプトは変わっていない。吸血鬼は信仰の世界からは消えたかもしれないが、空想の世界では今でも活躍しているのである。

チュパカブラ 吸血獣か、それとも現代の神話か？

姿
報告の内容はさまざまである。カンガルーのように跳ね、犬のような頭をもち、体は鱗状あるいは粗い毛皮で覆われているというものもあれば、毛のない野犬で眼窩（がんか）が突き出て背骨の隆起がめだつという報告もある。

大きさ
通常、体高が１メートル以上ある。

寿命
不明。

能力
好んで血を吸い、どうやら牙から吸うらしい。眠りを誘う赤い目で獲物に催眠術をかけるという報告もある。

1990年代の初めに、カリブ海のプエルトリコ島から、動物が次々と死ぬという報告が伝わりはじめた。その襲撃には、犠牲となった動物が血をすっかり吸いとられてしまったように見えるという奇妙な特徴があった。また、それぞれ首には牙によるとみられる刺し傷があるともいわれた。

その話から、この島で以前に起こった事件のことが思い出された。それは1975年のことで、モカという小さな町の周辺で多数の動物が説明できない死に方をし、新聞に「モカの吸血鬼」についての記事が載った。UFO説をとる人々は、当時、この殺戮は上空に目撃された奇妙な物体と関係があると主張した。人間の悪魔崇拝者が生け贄を求めて島を歩きまわっているのでないとすれば、動物たちはエイリアンの餌食になっているのではないかという憶測が広まった。

殺戮がやんでこの第一波の話は尻すぼみになったが、1990年代の話はずっと長く続いた。地元のテレビのパーソナリティが犯人にチュパカブラ（「山羊の血を吸う者」）というあだ名をつけ、それが定着した。まもなく同じような動物の死亡報告が隣のドミニカ共和国、それからアメリカ本土から流れはじめた。続く10年間で、チリやメイン州といった遠く離れたところからも、鶏や七面鳥から猫や犬といったペット、

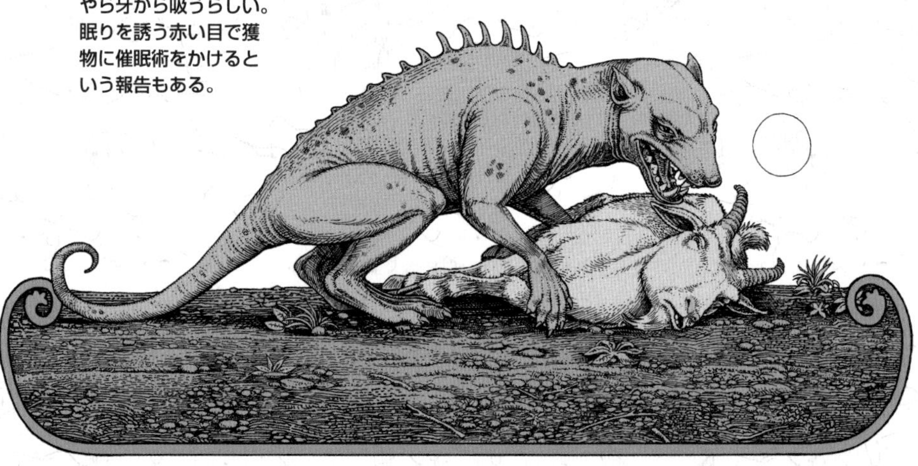

牛や羊、そして名前が示すように山羊まで、さまざまな動物に対するチュパカブラの襲撃が報告された。

まもなく目撃報告が広まりはじめた。初期の話は壮観で、鱗状の皮膚、犬に似た頭、二またに分かれた舌、光る赤い目をもち、２本足で立ち、カンガルーのように跳ねる生き物だといわれた。体高約１メートルで、背中に鋭い棘が１列ならんでいる。逃げ出すときに、あとに硫黄臭い匂いを残すという。

生息地
カリブ諸島のプエルトリコ島とイスパニョーラ島、チリからメイン州にかけての両アメリカ本土中央部。

エイリアンか哺乳類か？

この描写にある数多くの奇妙な点のなかでもとりわけ目をひくのは、複数の要素のまったくの寄せ集めだということである。跳ねる動きはもちろんオーストラリアの有袋類を思わせ、その一方で鱗状の皮膚と二またに分かれた舌は爬虫類のもののようだ。しかし犬に似た頭は哺乳類だといっているようである。目撃されたものの意味を説明しようとする試みも同じように無理があった。当然のことながら、この生き物がエイリアンであると主張する人々がいた。すくなくともその説は、なぜ説得力のあるチュパカブラの遺物が発見されないのかについて示唆を与えるという強みがあった。そうかと思えば、この生き物はプエルトリコにある秘密の米軍研究所でつくられた突然変異だと主張する人々もいた。この考えは、島外からも同じような目撃報告が出てくるようになって、可能性が消えた。

しかし、チュパカブラの話が広まり、動物の殺戮がメキシコ、グアテマラ、アメリカ本土の国々から報告されるようになると、異なる描写が出てきた。跳ねる爬虫類の話とは別に、鱗ではなく毛皮に覆われた跳ねる哺乳類の報告がされるようになったのである。死んだチュパカブラかもしれないものがはじめて見つかったときには、眼窩が突出し背骨の線が隆起した毛のない犬という内容になった。そして、死骸の科学的調査により、じつはそれらは顔の奇形と疥癬がめだつあまり知られていない種類の野犬であることが確認された。

その一方で、懐疑的な人々が、チュパカブラの伝説がつくられるもとになった最初の報告を疑問視しはじめた。彼らは、動物が従来型の捕食動物に殺された場合でも、血のしるしがまったく見つからないというのはまれなことではないと指摘した。それはひとつには死の瞬間に心臓が停止するため、そして死後は昆虫その他のそこらにいる清掃動物がとびついて血のりをきれいにすることがよくあるためである。チュパカブラの話は依然として心引かれる話ではあるが、現在の証拠の状況からいって、この動物はなんらかの未発見の種というより、架空の動物の可能性のほうが高そうである。

⊙⊕⊖

ドラゴンと竜　火を吐く爬虫類

姿
西洋の伝承に登場する典型的なドラゴンは、４本足で翼があり、鱗に覆われた皮膚と鋭い爪をもつ爬虫類である。中国の竜はたいてい角とひげがあって、口の上側から一対の長いひげが伸びている。ワイヴァーンは２本足のドラゴンで、ワーム、ウィルム、あるいはリントヴルムには足がない。

大きさ
非常に大きい。プリニウスによれば、エチオピアのドラゴンは長さがすくなくとも20キュビット（約10メートル）あり、25メートル近くにもなるという。

寿命
長命だが不死ではない。中世の伝説において、ドラゴン退治は騎士の勇気の証として欠かせないものであった。

能力
空を飛び、地を進むことができる。多くのドラゴンは火を吐くが、有毒な息で殺すものもいる。

古代から、世界中の文化に、体が鱗で覆われ、鋭い歯と鉤爪をもつ有翼の爬虫類の話がある。これらの怪物はどれも大きな力をもち、その気になれば通ったあとに死と破壊を残していくこともできる。しかしそれ以外のことはほとんどあらゆる点で異なっている。物語を語っているのが誰かによって、ドラゴンはよいこともあれば悪いこともあるし、敵意に満ちていることもあれば友好的なこともある。

昔から東洋と西洋では根本的な相違があり、西洋のドラゴンはたいてい恐ろしいものであるのに対し、東洋の竜は何をしでかすかわからないところがあるが人間に好意的な場合が多い。中国の竜でも竜王（228～231ページ参照）のようなものは海、川、湖と結びつきがある。そのほかのものは天に棲んで雲を生み、雨を降らせると信じられていた。中国では「地が竜と交わる」というのは雨を意味する常套句である。

とりわけ中国の竜は強大である。青竜すなわち天の竜は、神々の家を守り乗物を引く。古代の文化英雄である伝説の黄帝は、死に際して竜に姿を変えて天に昇ったといわれ、以来、竜は皇帝のシンボルとなった。皇帝は竜の玉座に座り、一時は一般人が衣服に竜の刺繍をする

ことは死刑に値する大罪であった。中国の竜の話は、この生き物の気まぐれな性質を強調する傾向があり、竜はそれに気に入られた人々にとっては難攻不落の守護者となることもあった。

生息地
洞窟に棲み、たいていそこには犠牲者の骨が散乱している。井戸や池に出没し、地元の人々が近づけないようにするドラゴンもいる。廃墟となった町や城と結びつけられたものもいる。

悪魔の化身

聖書に伝えられているユダヤの伝承はまったく違っている。そのルーツはバビロニアやエジプトの最古の創世神話に登場する原初の蛇（196〜197ページ参照）に対する嫌悪にあるようで、イスラエル人はそれを異教信仰の危険な名残とみなした。そのため、黙示録の竜は「この巨大な竜、年を経た蛇、悪魔とかサタンとか呼ばれるもの…」［ヨハネの黙示録12章９節］とあるように文字どおり悪魔で、エデンの園でエヴァに禁断の実を食べるように最初に誘った蛇の記憶がつきまとっている。また、「火のように赤い大きな竜である。これには七つの頭と十本の角があって、その頭に七つの冠をかぶっていた」［ヨハネの黙示録12章３節］と記されたこの怪物は、大天使ミカエルによって退治されて底なしの淵に投げこまれ、千年後にはじめて解放される。

聖人のドラゴン退治

サタンに対するミカエルの勝利は、その後何世紀にもわたって、もっとかぎられた地方のそれほど破滅的でない怪物たちに対する聖人の勝利についての無数の物語に受け継がれた。もっともよく知られているドラゴン退治の英雄は聖ゲオルギウスで、歴史的には彼はローマの百人隊長だったが、キリスト教徒を迫害する皇帝ディオクレティアヌ

スの命令に従うことを拒否し、303年に斬首された。ゲオルギウスのドラゴンとの戦いに言及した現存する最古のものは、彼の死より500年のちのものである。その物語がのちの時代に息の長い人気を得たのは、聖人たちの生涯の物語を集め中世にベストセラーになった『黄金伝説』に含まれていたことによる。そこに書かれている物語によれば、リビアのある湖にドラゴンが棲んでいて、地元の人々はそれに餌として毎日羊１頭と処女１人を与えなければならなかった。その恐ろしい貢物から人々を解放するよう求められた聖ゲオルギウスは、まず槍でドラゴンを弱らせてから、傷ついた怪物に鎖をつけて町につれ帰った。次に彼は住民たちを説得してキリスト教に改宗させ、それからようやく剣の一突きで怪物を殺した。

聖ゲオルギウスは、似たような功績を立てたとされる多くの聖人たちのひとりにすぎない。聖マルガレータ、聖サムソン、メスの聖クレメンス、聖フローレンス、聖パウ、コーンウォールの聖ケインたちも一部にすぎない。彼らの手柄の物語は大衆のあいだで非常に人気があったため、世俗の伝説にもとりいれられ、勇敢な騎士の物語というジャンルそのものが生まれた。典型的なのは、十字軍から帰ってきた騎士が故郷から有害なドラゴンを追いはらう話である。イングランドのダラム州にあるラムトンのワームの話にあるように、ドラゴンが巻きついたときにうまく突き刺さるように、ヤマアラシの針のように大釘が突き出た鎧を身に着けて退治した騎士もいる。

ファーヴニルと呪われた秘宝

世界の文学でもっとも忘れがたいドラゴンといえるのが『ヴォルスンガ・サガ』でシグルズ（ドイツ語ではジークフリート）に殺されたファーヴニルで、今日ではワーグナーのオペラ『ニーベルングの指環』４部作のもとになったことでよく知られている。ファーヴニルはドワーフの王フレイズマルの息子で、生まれたときは人間の姿をしていた。彼は、アンドヴァリの呪われた黄金の宝（85～86ページ参照）を得るため、弟のレギンと共謀して父親を殺害した。この宝は、フレイズマルがもうひとりの息子を神ロキによって殺されたときに、賠償金として受けとったものである。そのあとファーヴニルはドラゴン（ここでは貪欲の象徴）になって、富を独り占めした。そこでレギンがファーヴニルを退治するためシグルズを送った。この英雄は敵の軟らかい下腹部を突き刺すことができるように穴の中に隠れて、ファーヴニルを倒した。ワーグナーに原資料を提供したドイツの『ニーベルンゲンの歌』では、ファーヴニルはリントヴルム（脚のないドラゴン）として描かれている。

恐るべき宝の守護者

ドラゴン伝説のもうひとつの系譜は、古代ギリシア・ローマ神話に由来するものである。ドラゴンという言葉はギリシア語のドラコーン（「目」）に由来し、ギリシア神話のドラゴンは宝を見張る役をしていた。たとえばヘスペリデスの園で金のリンゴを守っていたものもいれば、のちに都市テーバイができる場所にあった泉を見張っていて、テーバイの創建者カドモスに殺されたものもいる。よく知られているように、そのときカドモスがドラゴンの歯をまいたら、それから武装した男たちが生えてきた。もしカドモスが戦士たちに向けて貴石を投げて彼らがたがいに戦いあうようにしていなかったら、カドモスは彼らに殺されていただろう。北欧神話にもドラゴンが宝物を守るという同じテーマがあり、よく知られているのがファーヴニル（167ページ参照）の物語である。不思議なことに、遠く離れた中国にもそのテーマはみられ、伏蔵竜は地下世界の隠された富の守護者である。

炎の中のサラマンダー

現実には、サラマンダー（サンショウウオ）はイモリと近縁の両生類である。しかし、古代ローマ・ギリシアおよび中世の伝説では、サラマンダーは小型のドラゴンのような爬虫類で、火の中でも生きることができるとされた。このため、古代ギリシア人とその知識の後継者である錬金術師にとっては、火の元素そのものを意味するようになった。

今日でもあるヨーロッパの種は、その黒と黄色の皮膚は火の色にほど遠いうえ高温条件に耐えることができないにもかかわらず、ファイアサラマンダーと呼ばれている。その名がついたのは、湿った中空の丸太の中で冬眠する習性があるためである。燃料用に丸太をとってきて火に投げこむと、それが炎の中から出てくることがあり、まるでそこにずっといたように見えるのである。

ルネサンス期の金細工師ベンヴェヌート・チェッリーニも、それを見たことがあると回顧録に書いている。5歳くらいのとき、ある夜、家族と一緒に火の周りに集まっていたときのこと、彼らは「トカゲのような小さな生き物が…激しく燃える石炭の真ん中で動きまわっている」のを見た。彼の父は、その光景をちゃんと覚えておくように彼のほおをたたき、それからキスをして、埋めあわせにコインを何個かくれたという。

中世になると、アジアの貿易商人たちが、かつがれやすいヨーロッパ人に、当時西洋では知られていなかったアスベストでできた耐火服を、サラマンダーの皮でできているといって買わせた。旅行家のマルコ・ポーロは、中国にいたときに天山山脈でアスベストが採掘されているのを見て、本当のことを知った。彼は旅行記の中で、読者に胸を張って真相を告げることができた。サラマンダーは動物などではなく鉱物なのだと。

軍事的な強さの象徴

この怪物が強さと獰猛さでよく知られていることを考えれば、ドラゴンが戦士たちと結びつけられることは比較的容易に理解できる。鷲が古代ローマの軍団レギオンのシンボルだったように、ドラゴンは歩兵隊コホートのシンボルだった。そして北欧の略奪者たちは、襲撃に出るときに乗る船の船首にドラゴンの頭を彫っていた。古代ブリテンでは、「ペンドラゴン」（文字どおりの意味はドラゴンの頭）という称号が何人かの軍の指導者に与えられ、有名なのがアーサー王の父ウーゼル・ペンドラゴンである。このような使い方の名残はウェールズのドラゴンにみられ、そこではドラゴンは国のシンボルで、その起源は12世紀のジョフリー・オヴ・モンマスの著作にまでさかのぼる。同様の関連づけは「ドラグーン」（竜騎兵）という言葉にも残っており、これはドラゴンのように火を吐くカービン銃で武装した歩兵を表わすフランス語に由来する。

ドラゴンの伝説が世界中いたるところにあるという点は、依然として眼をみはるものがある。これほど広く分布している伝説上の生き物はあまりいない。物語を恐竜の骨の発見と関連づけている学者もおり、古代において、ドラゴンの物語は大昔に死んだ巨大な動物の存在をうまく説明する働きをしたのかもしれない。しかし、数多くあるドラゴン伝承のすべての系譜をカバーできそうな単一の理由はない。おそらく、有翼の蛇が人間の空想にあるなんらかの原型的な欲求を満たし、文化を越えて畏怖と恐怖を生じさせるのだろう。

「ドラゴンという言葉はギリシア語のドラコーン（「目」）に由来し、ギリシア神話のドラゴンは宝を見張る役をしていた」

ノーム　土の元素の精霊

姿
しわの刻まれた老人で、長く白いひげを生やし、たいてい原色の服を着て尖った帽子をかぶっている。

大きさ
小さい。通常は背丈が50センチ前後しかない。

寿命
明記されていない。

１人の人間の想像力に帰すことができる空想動物はあまりないが、ノームの創造者はたった１人である。それは非凡な16世紀の錬金術師で医師、医学の先駆者でもあるテオフラストゥス・フィリップス・アウレオールス・ボンバストゥス・フォン・ホーエンハイムで、パラケルススの名のほうがよく知られている。

錬金術師の仕事の一環として、パラケルススは四大元素の霊の概念を考え出した。それは土、風（空気）、火、水の４つの元素を体現する霊的存在で、当時、宇宙はその４元素から構成されていると考えられていた。火と水については、彼はサラマンダー（168ページ参照）とギリシア・ローマ神話の水のニンフであるウンディーヌを借用した。しかし残りの２つは自分で考え出した。風の精はシルフで、これはのちに妖精のスプライトとして大衆文化に入りこむ。そして土の精がノームで、この名前は「知る者」という意味の古代ギリシア語ノーモンに由来する。［スプライトは、エルフ、妖精、ピクシーなどの精霊の総称で、

デトロイトのナン・ルージュ

ミシガン州デトロイトの町には、ノームに似た姿で描写されるナン・ルージュ（字義どおりの意味は「赤いドワーフ」）と呼ばれる凶事の前兆の伝説がある。ある19世紀の資料を引用すれば、「よろよろ歩く、赤い顔をした生き物で、目が冷たく光り、にやりと笑う口から歯が突き出ている」という。

災いがこの町を襲うときにはいつもナン・ルージュが現われると信じられている。ポンティアック戦争で英国軍がデトロイト砦の防御に失敗し、20人が死んだ1763年のブラッディ・ランの戦いの前に姿を現わしたといわれる。また、1805年の大火で燃えつきた町の通りで目撃され、1812年の戦争でウィリアム・ハル司令官が降伏してこの町を英国に引き渡したすぐあとにも現われた。1884年にナン・ルージュに襲われたと主張する女性は、それが「頭に角があるヒヒ」のようで「顔には落ち着かない目が輝いていて、悪魔のような狡猾な目つき」だったと述べている。もっと最近では、1967年に12番街で起きた破壊的な暴動の前夜に目撃され、そして1976年に激しい氷雨が降る前に２人の公共事業労働者が見ている。伝えられるところでは、それは電線の鉄塔のてっぺんから５メートルほど跳躍してから走り去った。

想像では、ナン・ルージュはこの地方の先住アメリカ人の民話を反映していると考えられる。ひげを生やした小人が金属を加工し、夜に月の光で酒盛りをするのが見られるというモヒカン族の物語について述べた資料がいくつかある。

通常いたずらが好きで何をしでかすかわからない性格の精霊をさす]

パラケルススのノームは、魚が水の中を泳げるように、硬い土の中をたやすく動くことができる生き物である。彼らはドワーフと同じように、鉱山、そして埋蔵される鉱物という財宝の生まれながらの守護者であった。パラケルススが考え出したノームは、ユダヤの地中に住む者についてのカバラの伝承と一致し、ヒンドゥーの富の神で地下の財宝の守護者であるクベーラに相当する。

のちの時代にはノームはほかの小さな人々、とくにゴブリンやドワーフと混同されるようになった。ノームはしわが刻まれた老人で、長いひげを生やし、たいてい長く先の尖った帽子をかぶっている。そして彼らは、庭に置かれるノーム人形（ガーデン・ノーム）という新たな姿を得たが、これが最初に生まれたのは19世紀半ばのドイツにおいてである。最初にノームをつくったパラケルススと同じ考え方で、チューリンゲンのフィリップ・グリーベルという人物が、植物がよく育つようにうながす園芸の協力者としてノーム人形を考案した。彼の時代以来、ノーム人形を庭に置くのは国際的な習慣になり、愛情の対象であると同時に風刺の対象にもなった。現在フランスにはガーデン・ノーム解放戦線という団体があって、捕らわれたノームを野生にもどすことを目的としている。さらには「Gnomes without Homes（家なきノーム）」と呼ばれるウェブサイトが存在していたことがあり、誘拐されたノームをその正当な所有者に返すことを目的としていた。

能力

地下を自由に動くことができる。鉱物資源の守護者で、土壌の肥沃さとも結びつけられるようになった。

生息地

もともとは地中。いまだに土壌や植物の栽培と関係があるとされている。

ゴブリンとオーク

悪さをすることばかり考えている悪意に満ちた人間型の生き物

ゴブリン

姿
悪意のある人間型の生き物で、感じのよくない顔つきをしている。クリスティーナ・ロセッティによれば、「あるものは猫のよう、あるものはネズミのよう／アナグマ、そしてウォンバットのよう」だという。

大きさ
たいてい小さく、背丈が30センチ〜1メートル少々。

寿命
明記されていない。

能力
なみはずれて狡猾。また、伝説では変身でき、姿を見えなくできることになっている。

生息地
コーボルトのような家事の精もいる。野外のゴブリンは決まった住みかをもたない放浪者で、木の根の下やコケで覆われたうろで野宿することが多い。

人々の想像の世界に住む小人たちのうち、ゴブリンがもっとも漠然としている。彼らの名前についてさえ不確かなところがある。それが悪党を意味するギリシア語のコバロスに由来するとする人々もいる。しかしもっと可能性が高いのは、それ自体はドイツ語のコーボルトに対応する中世フランス語のゴブラーンからきているというものである。

もしそうなら、おそらくゴブリンは、英国でボガート（72〜75ページ）と呼ばれる家事の精に対応するフランスのものに由来するのだろう。ボガートと同じように、彼らは食べ物やワインがたくさんあってかわいい子どもたちがいる家を好むといわれる。また、彼らはきちんとかたづいていることを重視する。そのため、いてほしくないゴブリンを追いはらうもっとも簡単な方法は、床に亜麻の種をばらまくことである。彼らは最初はやむにやまれずかたづけるが、しばらくすると嫌になってきて、もっと好みに合った家へ移る。

このような家にいるスプライトは工業化以前の時代には生活の一部としてなじみ深く、ほとんどあらゆる国にそれぞれ、そういった者についての物語がある。しかしすくなくとも英国では、「ゴブリン」の言葉は不明確で、戸外に住むいくつかの超自然の生き物にも適用される。これらのゴブリンはむしろ地の精霊に近く、森や寂しい場所ををさまよい、木のうろや岩の裂け目で眠る。

英国では、野外のゴブリンはシェイクスピアのパックや16〜17世紀のロビン・グッドフェローの民間伝承と結びつけられて、陽気ないたずら者として愛情のこもった目で見られる。彼らは家の中にいるいとこ分たちと同じように勤勉なことさえある。ジョン・ミルトンは「快活の人」の中で、「そして働きものの小鬼が汗をかき、おあてがいの、椀一ぱいのクリームを、かせぐという話。そのときは、朝明けの光がささぬうち、たった一夜のうちに、その幻の殻竿が、昼間の人夫十人前でもかたづかぬ、麦の脱穀をする」と書いている。［引用の訳文は『ミルトン英詩全訳集』宮西光雄訳より。なお「小鬼」となっているところは英文ではGoblin］

いたずらから悪意へ

しかしもっと一般的には、そのようなゴブリンも、17世紀のバラッドに「ロビン・グッドフェロー、またの名をホブ・ゴブリンという」と冗談でうたわれているように、トラブルを起こすのが好きである。この詩には、そのホブゴブリンが田舎の住人に姿を見られないでそっと近づいて悩ますようすが描写されている。彼の場合、目に見えないようにすることも変身することもできるため、文字どおり姿を見られないのである。そして被害者をつねったりつついたり、あるいは彼らの声をまねて下品なことを言うことさえある。また、見えない仲間として酒盛りにくわわるのが好きで、食べ物やワインを勝手にいただく。「そしてからかう、おならをして鼻を鳴らし、ろうそくを吹き消す。娘たちにキスしたら、『誰？』と金切り声、俺は『ホー、ホー、ホー！』としか答えない」といった具合だ。

しかしホブゴブリンがとりわけ楽しみにしているのは、夜、独りぼっちの旅人をだますことである。19世紀にもなると、田舎の人たちは、たとえば市などから夜遅く家に帰っている人が、ろうそくやランタンをかかげた小さな人影に迷わされた話をしたものである。奇妙なことに、そうした人はよく知らない道を通り、畑や林をぬけて、ことによ

「トールキンのオークは、人肉を食らう卑屈な戦士で、モルドールの邪悪な王たちのために戦争で消耗品扱いされる兵士を提供する。彼らはまったく純粋に嫌悪の対象である」

ると何キロもその人影を追う。それから彼らは、その明かりがまだ前方であいかわらず移動しているにもかかわらず、突然、自分が勢いよく流れる急流や大きく口を開けた断崖のふちにいて、惨事の一歩手前だったことに気づく。不吉なくすくす笑いが聞こえて明かりが消え、とり残された人々はなんとかして帰り道を見つけなければならない。

このような行為に潜む悪意が生んだ反応として、19世紀にはゴブリンは超自然のいたずら者からもっと邪悪なものに変わった。ジョージ・マクドナルドは子供向け小説の古典『お姫様とゴブリンの物語』で、鉱山で働くコーボルトをモデルにして、ゴブリンを地下に住み主人公であるお姫様の王国を倒そうと悪巧みをする者として描いた。クリスティーナ・ロセッティの風変わりな夢想詩『妖魔の市』(原題は『Goblin Market』)に登場する商人たちは、売っている食べたら際限なく欲しくなる悪の果物を食べろと誘って、人間の姉妹を堕落させようとする。

現代では、このヴィクトリア朝時代の例に従う傾向がある。今日のゴブリンはたいてい、シェイクスピアの時代の浮かれ騒ぐいたずら者から遠くかけ離れ、似た名前をもつトラブルメーカーのグレムリンに近い気質をもつ。たとえばハリー・ポッター・シリーズでグリンゴッツ銀行を経営するゴブリンは、小さくて強欲で意地が悪い。彼らを家

神を恐れるレッドキャップ

レッドキャップは英国北部の民話に登場する死を招くゴブリンで、かぶりもので識別でき、それは多くの犠牲者の血で汚れているといわれる。人里離れたところで暮らし、一人旅の人を鉄のブーツで情け容赦なく追いつめて餌食にする。彼らの疲れを知らない追跡に対する唯一効果的な方法は聖書を引用することで、それは彼らには神の声を聞くのが耐えられないからである。

とりわけ札つきのロビン・レッドキャップは、ハーミテージ城の廃墟に出没するといわれる。そこは国境の荒地の奥に立つ城で、今でも英国でもっとも寂しい建物のひとつである。魔力をもつインプとしてロビンが仕えたのは、悪名高い城主ウィリアム・ド・ソウリスだった。この人物は13世紀の辺境地の領主で、言い伝えでは悪魔と盟約を結んだとされる。伝説では、ド・ソウリスは最後にはその罪で鉛にくるまれ、釜ゆでにされたとされるが、ロビンは生きながらえ、この邪悪な存在は昔悪事を犯した場所をいまだにひんぱんに訪れているといわれる。

事の精とみなして好意をもつ人はあまりいないだろう。

地中の呪われた住人

そしてトールキンは慣例に従って、初期の作品『ホビットの冒険』にゴブリンを純然たる悪者として登場させた。『お姫様とゴブリンの物語』の場合と同じように地下の種族である彼らは、ビルボ・バギンズとその仲間を襲撃して、霧ふり山脈の地下に閉じこめた。しかし、好古家の学者であるトールキンとしては、その邪悪の系譜が1世紀さかのぼるのがやっとという者を使うのは気が進まなかったに違いない。このため彼は、『指輪物語』では、『ベーオウルフ』に出てくる「地獄のような」という意味のアングロサクソンの言葉から、新しい種族オークを創造したのである。

トールキンの不潔で下劣で堕落したオークは、人肉を食らう卑屈な戦士で、モルドールの邪悪な王たちのために戦争で消耗品扱いされる兵士を提供する。彼らはまったく純粋に嫌悪の対象である。これに比べると、従来のゴブリンは、もっとも悪意に満ちているときでも微妙な違いがあるように思われる。彼らの陰険でずるいところは、自分の利益しか考えていないためにそこなわれているものの、じつは知性があることを示しているのである。

オーク

姿
醜いむかつくような姿で、体は歪み、がに股である。

大きさ
人間よりわずかに背が低い、頑丈な体つきをしている。

寿命
明記されていないが、いつかは死ぬ。

能力
冷酷で、強迫的ともいえる破壊の欲求をもち、戦場で狂暴に戦う。

生息地
中つ国、おもにモルドールの領土。

混成動物 マンティコラとその他の奇怪な合成怪物

マンティコラ
姿
ライオンの胴体に人間の顔がついている。尾を使ってサソリのように刺す。

大きさ
ライオンと馬のあいだ。

寿命
明記されていない。

能力
足が非常に速く、人肉に対してものすごい食欲を示す。マンティコラは自分の尾針を武器として発射することができると記したものもある。

生息地
インドとペルシア。

おそらくは自分の目で見たことのないめずらしい動物について説明しようとした古代ギリシア・ローマの著述家たちは、当然のことながら比喩的表現に頼った。牙のある生き物ならどれも猪に似ていると表現され、ほっそりして角のある動物は山羊や鹿に似ているとされがちだった。その結果は、主として標準の情報源であるプリニウスをとおして伝えられているように、一見してあいいれそうにない動物の各部の非常に奇妙な組合せになった。このようにして記述された混成の怪物を視覚化するには、中世の動物寓話集の挿し絵画家は想像力を精一杯働かせなければならなかった。

たとえばマンティコラについて考えてみよう。プリニウスは、ギリシアの年代記作家クテシアスを引用して、次のように書いている。「櫛の歯のように噛みあう三列の歯並があり、顔と耳は人間のようで、眼は灰色、色は血のように赤く、体躯はライオンのようで、サソリのように尻尾で刺す。声はパンの笛とトランペットが混ったよう、脚は非常に速く、人間がことのほか好物である」。［引用の訳文は『プリニウスの博物誌』中野定雄ほか訳より］

この怪物の「マンティコラ」（英語ではmanticore）という名前は、

「死者を食うもの」アムムト

古代エジプトの壁画で知られる「死者を食うもの」アムムトから判断して、混成の怪物は神話において長い歴史をもつ。ワニの頭、ライオンの胴体、カバの後ろ４分の１をもつ怪物アムムトは、ナイル川で非常に恐れられているすべての動物の要素をあわせもっている。

この生き物はエジプトにおける最後の審判に相当するものの描写によって知ることができ、そこでは新たに死んだ人間が「２つの真理の間」で神オシリスの前に出て、生きているときに重大な過ちを犯さなかったと誓う。彼らが話すと、彼らの心臓が天秤にかけられて真実を表わす羽根と比べられる。心正しいことが判明した者は、エジプトで天国に相当するイアルの野での死後の生活を楽しみにすることができる。しかし、不合格になった者はアムムトに投げ与えられる。アムムトは彼らを飲みこみ、永遠の忘却に処する。

あきらかにギリシア語のmartichorasつまり「人食い」の読み誤りであり、最後の人肉を好む習性にちなんでつけられたと考えられる。1世紀後のパウサニアスは記述の一部について懐疑的で、「各顎に3列の歯があり、尾の先には針があって近距離はそれで身を守り、もっと遠くの敵には弓矢のように放つといわれている。しかしこれは、インド人がこの獣を恐れるあまり語った作り話だと私は思う」と述べた。じつはライオンについての描写が歪められたものではないかと、彼は疑ったのである。

しかしマンティコラは生き残り、後年は活気をおびさえした。現代になっても初期には、インドネシアのジャングルにマンティコラがいて、ひっかくだけで人を殺すことができ、それから骨も何もすべてむさぼり食うのだといわれた。『永遠の王』の著者T・H・ホワイトなどは、おそらくはふざけて、1930年代にスペインのアンダルシア地方で、マンティコラと間違えられた英国人旅行者が怒った村人たちに襲われたという逸話を記録している。

そのほかの古代ローマ・ギリシアの混成動物の起源は、言語学上の誤解による場合もある。パランドルスは「アイベックスの足跡、枝分かれした角、雄鹿の頭、熊の色、熊の厚く毛むくじゃらの毛皮」をもつと書かれている。そのもっともめずらしい特徴は、色を変えて周囲の植生に溶けこんで、捕食者から発見されないようにできる能力である。しかし学者たちは、この名前はたんにタランドルス（*tarandrus*）の誤訳ではないかと疑っている。それは未確認の鹿の北方種、おそらくはヘラジカかトナカイを示すラテン語である。

奇怪な組合せ

そのほか、想像上の種間の交配から生まれた怪物もいる。たとえばレウクロッタはハイエナと雌ライオンの子である。プリニウスはこれを「野獣のなかでもっとも足が速い」といい、背骨が堅いため、後ろに何がいるか見るために４本の足をすべて動かしてふり向かなければならないと述べている。挿絵師は、耳まで裂けているとされるその口を強調しがちだった。歯の代わりに２本の細長い骨があり、それを使って食べ物をすり砕いてから飲みこむとされた。

エアレーはアンテロープに似た四足獣で、「馬の大きさ、色は黒く、象の尾と猪の牙をもつ」。また長いカーブした角が特徴的で、注目すべきはたがいに独立して回すことができる点である。戦いのときは、一方を前方に向け、他方を予備として後ろにたたんでおく。現代の人々は、それが何から派生したのか、ヌーから、一方の角が前方を向き他方が後ろを向いているケニアの牛まで、さまざまな可能性を提案している。ケニアのナンディ地方の牛飼いは、頭を革ひもで縛って角をそのような形にするのである。しかしもっとも可能性があるのは、「野生の山羊」を意味するヘブライ語ヤエル（yael）である。

エアレー（yale）の起源が何であれ、それは紋章に安住の地を見出した。15世紀の初めに、英国王ヘンリー４世の三男ベッドフォード公ジョンが最初にこれを採用した。そののちエアレーは建築の意匠になり、アメリカのエール大学の門の上などに違和感なくおさまっている。すくなくとももうひとつの混成動物イポトリル（次ページの挿し絵参照）は今ではもっぱら紋章での使用でしか思い出されることはなく、猪の頭、ラクダの胴体、牛の脚、蛇の尾をもつ。

日本の混成動物

西洋の伝説と同じように、日本の民話にも混成動物の物語があり、多くはめでたいか不吉かのどちらかの性質をもつとされる。獏（ばく）は前者に分類される。体つきは熊のようで、象の鼻、牛の尾、サイの目をもつとされる獏は、悪夢を食べてくれるため、つねに歓迎される客である。人々はよい夢を見るために好んでその絵を寝室に置いた。

これに対し鵺（ぬえ）は不運を意味した。狸の胴体に猿の頭がつき、尾は蛇で、不幸にみまわれることになる人につきまとう黒雲として現われることもあり、人々の生活を暗くしている憂鬱のイメージを具象化したものである。有名な物語に源頼政による退治話がある。12世紀、ときの帝（みかど）が悩まされるようになったが、毎夜彼の宮殿の上空にたれこめていた黒雲に源頼政が矢を放ってその中にいた鵺を殺し、君主の心の平安を回復させたという。

もうひとつ不吉な生き物が人魚（206～209ページ参照）である。これは頭と胴体は人間だが、猿に似た口、魚の尾をもつ。人魚を捕まえた漁師はみな、嵐に襲われることになるのを知っているため、不運にみまわれる前に人魚を船外に投げすてる。

神学者のためのパズル

おそらくあらゆる合成動物のうちでもっとも奇妙なのは、ライオンの前部と巨大な蟻の胴体をもつといわれるミュルメコレオであろう。その起源は聖書の単純な誤訳にある。この怪物への唯一の言及はヨブ記にあり、そこでこの賢者は神の正義を称賛して「獅子が獲物がなくて滅びれば」と述べている。しかし、もともとのヘブライ語のテキストでは「獅子」のところにあまり一般的でない「lajisch」という語が使われている。七十人訳聖書（旧約聖書のギリシア語訳版）の翻訳者がギリシア語で同じような効果を出すためにミュルメコレオという言葉をつくったのだが、どうやらアラビアのライオンを表わすために地理学者のストラボンが使った「myrmex」という言葉をもとにしたらしい。しかし「myrmex」がたまたま「蟻」を意味するギリシア語でもあったのである。

このため、のちのラテン語の翻訳で蟻ライオンが生まれ、中世の学者たちは、その神学的意義を考えることに創造性を発揮した。彼らは、ライオンの部分は肉しか食べられないが、蟻の部分は穀物以外は何も消化できないため、この生き物が滅びても驚くにあたらないと考えた。そして彼らは同じように考えて、敬虔にも、いつも心がぐらついて決断できない人間は本質的にあらゆる点で不安定で滅びることになると結論づけたのである。

マラ　極北の悪夢をもたらす者

姿
亡霊のような女性の精霊で、眠っている人の胸に乗って悪夢をもたらす。

大きさ
マラは幽霊のように実体がないが、重さがあるように感じられ、被害者に窒息しそうな感覚を生じさせる。

寿命
精霊であるマラは、時間と老いの世界の外にいる。

能力
人間に悪夢を見せ、馬に寝汗をかかせる。

生息地
スカンディナヴィア。そこではすくなくとも古代スカンディナヴィアの時代から知られていた。

深い眠りから覚めたが、動くことができない。闇がのしかかってきて、一息一息が死ぬほどの苦しみだ。胸に重いものが乗っている感じがだんだんひどくなり、まるでなにか邪悪な力が命の最後の揺らめきを搾りとろうとしているようだ…

今日では、このような状態に苦しむ人は睡眠麻痺（金縛り）にかかっているといわれるだろう。この状態は、精神は眠りから覚めているのだが、体がまだ睡眠中の正常な運動抑制を受けているときに起こる。夢を見ている人が実際には筋肉を動かしていないのに自分が走っていると思うような状態である。睡眠麻痺は、睡眠障害であるナルコレプシーと統計的に相関があるが、ナルコレプシー患者でないふつうの人々も大多数がすくなくとも生涯に１度は睡眠麻痺を経験する。

昔は人々はこのような状態を人格化して、生理現象ではなく邪悪な精霊のせいにした。そして、目覚めようとしている睡眠者の胸を実体がないにしても本当に圧迫している力があると考えた。スカンディナヴィア人にとって、それは亡霊のような女性の姿をしていた。それは

誘惑的なスクブス

西洋の中世キリスト教の伝承ではスクブスは女性のデーモンで、夜に男性（とくに修道士）のもとを訪れて、みだらな考えを吹きこみ、淫夢を見させる。スクブスに相当する男性はインクブスで、彼も同じように女性のところに現われる。スクブスは魅惑的な妖婦の姿をとる。吸血鬼が血に依存するように、スクブスは被害者に誘った夢精に頼って生きており、スクブスと出会った被害者は衰弱して残される。スクブスはこうして得た精子を男性のインクブスに渡すことができ、すると彼はそれを使って人間の女性を妊娠させると考えた神学者たちもいる。

マラとスクブスの話の間には明らかな類似点がある。しかし、両者の起源はまったく異なっており、キリスト教の精霊であるスクブスは、女デーモンのリリス（78ページ参照）のような聖書の登場人物に起源をもつ。また、しばしばハグ（妖婆）と想定されるマラは、スクブスの存在理由である性的な含意を有することはめったにない。

悪夢をもたらすマラで、夜、精神的な害をくわえようと寝室に忍びこむ。

マラ（mara）という言葉は「雌馬（mare）」を意味し、精霊は犠牲者に馬乗りになって胸の上に座り、彼らの呼吸を圧迫すると考えられた。被害者にとってこの経験は恐ろしい体験で、この恐怖がマラの悪意に満ちた意図とあいまって悪夢をもたらす。

マラが注意を向けるのはその家に住む人間に限定されない。彼らは家畜も苦しめることがある。朝、馬が馬房で落ち着かず、苦しんで、汗で覆われているときは、マラが乗っていたのだと考えられた。

語源的な研究から、マラの概念は非常に古いものだと考えられる。この言葉は「害」を意味するインド＝ヨーロッパ語根にまでさかのぼることができる。13世紀にスノッリ・ストゥルルソンによって書きとめられた『ユングリンガ・サガ』に登場することから、それが古代スカンディナヴィア時代に知られていたのは確かである。それはスカンディナヴィアから外へ広がり、その過程でやや変化した。ポーランドでマラに対応するものはノチュニッツァすなわち魔女（ナイトハグ）で、子どもの眠りを邪魔しにやって来るかもしれないので、ベッドや揺りかごに鉄を置いて防いだ。スラヴ世界の別の地にはキキーモラの話がある。この悪夢の精霊は、洗礼を受けずに死んだ少女の霊だといわれる。キキーモラは蛾やひと房の髪の毛の姿をとることがあり、眠っている人の唇について、マラがもたらすのと同じような症状を起こさせる。被害者は、邪悪な精霊を入らせたくないと考えて寝室のドアの鍵穴を蜜蝋で埋めることもある。

おそらく、現在、マラを表現したもっともよく知られているものは、1782年に描かれたハインリヒ・フュースリの有名な絵画「夢魔」だろう（上の図参照）。この作品には、眠っている女性の胸の上にうずくまっているグロテスクなインプが描かれ、ベッドの向こうのカーテンからはうろたえた馬がわけもわからずに目を凝らしている。この絵はマラ自体が想起させる恐怖と無力感が入り混じった感覚をとらえ、マラがもたらす悪夢の恐怖をすべてそのとおりに具象化しており、ロマン主義時代の代表作となった。

トロールとオーグル 人を殺すことばかり考えている悪い巨人

姿
たいてい大きく、ずんぐりしていて醜いが、ある伝承では、女性のトロールは器量がよくて男性に魅力的に映る。

大きさ
大〜巨大。

寿命
人間より長い。

トロールはスカンディナヴィアの民話に登場するもっともよく知られた存在であるが、きわめてまぎらわしい存在でもある。その言葉自体は、魔法の力をもつ危険な超自然の生き物ならほとんどどんなものにも適用できる。時がたつにつれさまざまな伝承が生まれて、デンマークやスウェーデンのトロールはノルウェーやアイスランドのトロールと非常に違ったものになった。

デンマークのトロールは、アイルランドの妖精のように、もうひとつの社会を形成して、心配なほど人間の世界に接近して暮らしている。妖精と同じように彼らの住みかは塚や丘の下の地下にあり、ちょうどレプラコーンのようにそこに財宝をためこんでいる。よそから来た人が道端でトロールに会って、間違って人間だと思うことがある。とくに女性は器量がよいことも多いが、正体がわかるしるしがある。もっとも典型的なのが、日本の狐のように服の下から突き出た尾である。ときには、きわめて優雅な彼女たちが森の中では場違いに見えて、正体がばれてしまうこともある。

トロールに出会ったら回避行動をとったほうがよい。というのは、そもそも彼らが人間に望むことはあらかたろくなことではないからである。彼らは姿を消すことができ、人家に忍びこんで食べ物や飲み物を盗んだり、破壊的などんちゃん騒ぎをする。なお悪いことに、生まれたばかりの赤ん坊をとって、これも妖精に似ているが、代わりに取り換え子を残しておく。トロールはどうしようもない異教徒なので、彼らを追いはらうもっとも簡単な方法は聖書や十字架といったキリスト教のシンボルを見せることである。よく知られているように、彼

らは教会の鐘の音が耐えられない。

ノルウェーのトロールはかなり違っている。まず、彼らはひとり暮らしである。また、驚くほど醜い。毛深く、鼻が大きく、腕が長く、ときには牙があったり、ひとつ目だったりする。山の頂上に建てられることが多い陰気な城、さもなければトロールボッテンと呼ばれる極北の氷の国に住んでいる。太陽の光にさらされると石に変わるため、夜しか出かけられない。ノルウェーやアイスランドの風景には、石になったトロールの顔だといわれる岩が数多くある。

何をおいても、このトロールは大きい。彼らは北欧神話の巨人の末裔で、同じように嵐の神トールの敵だといわれた。現在でも、落雷がトロールを殺すといわれることがある。

ヒーローとアンチヒーロー

オーグルが最初から意識的な架空の創造物だったとすれば、現代の物語作家たちがそのイメージを使って仕掛けをすることにしたとしても意外ではない。

フランスの作家ミシェル・トゥルニエは、ゴンクール賞を受賞した『魔王』(『The Ogre』として英訳された)の主人公に小児愛症者的な特質をもたせた。この小説は、第2次世界大戦中のフランスとドイツを舞台に、思春期前の少年にとって性的ではないが非常に奇妙な魅力のある、子どものように無垢なアベル・ティフォージュの驚くべき行動を追っていく。子どもにいたずらをしたとして間違って訴えられたのち、戦争捕虜になり、最後には彼を捕らえたナチに協力を求められて、少年をさらってはエリートの訓練キャンプへ送るようになる。

これとはまったく異なる考え方で、映画『シュレック』の製作者たちは、役割を逆転させたうまい作品で、あるオーグルをヒット・アニメの主人公にした。彼には被害者のことを思う繊細な感覚をもたせ、さらには独立心旺盛な姫の心を勝ちとらせることまでしたのである。

自分自身の愚かさの犠牲者

その大きさと攻撃性で、ノルウェーのトロールと多くの共通点をもつのがオーグルである。この性悪の巨人は物語作家たちの頭から生まれたもので、その人気はおとぎ話の世界にあまねく広がっている。オーグルという言葉自体は、シンデレラ、眠り姫、長靴をはいた猫を世界に紹介した17世紀のフランスの作家シャルル・ペローによってつくり出されたと考えられている。

トールキンのオークと同様、オーグルは最初から憎悪すべきものとしてつくられた。大きく不器用で攻撃的な彼らは、村を恐怖におとしいれたりお姫様をさらったりと、あらゆる行動に鈍重な悪意があふれている。さらに悪いことに、彼らは食人種で、とくに幼い子どもを丸飲みにするのが好きである。その詳しいところは、感じやすい幼い聞き手が夜中にベッドの中で不安がって身もだえすることうけあいである。しかしそれと同時にオーグルは頭の回転が遅く、それはつまり彼らがいつも知恵で打ち負かされるということで、おとぎ話がおしまいになる前に、うまい具合にほっと安心することができるのである。

能力
非常に強いうえ、場合によっては姿を変えたり見えなくする能力をもっていることもある。オーグルは食人性。

生息地
トロールはスカンディナヴィアに住む。オーグルは世界中にいる。

猿人　世界の未開の地にいる人間に似た毛深い動物

姿
大部分の記述が、2本足で立つ人間に似た動物だが、たいてい顔、手のひら、足の裏を除いて全身が赤褐色または黒っぽい毛皮で覆われているとしている。

大きさ
報告によってさまざま。サスクワッチについての記述では、大きな雄は身長が2.5メートル以上あるとされている。モンゴルのアルマスは平均的な人間の身長だといわれるのに対し、インドネシアのオラン・ペンデクはもっと小さくて0.8〜1.5メートル。

寿命
不明。

能力
非常に強く、不毛の地で生きていくのに必要なたくましさをもつ。

生息地
世界各地の辺境の地。目撃報告が多いのは東アジアと北アメリカ西海岸である。

毛皮に覆われた2本足で立つ生き物で、猿に似ているとか人間に似ているとかさまざまに描写するその報告は、未確認動物学（存在が主張されているが、まだ科学的には知られていない種についての学問）のあらゆる記録のなかでもっとも継続し広範囲におよぶ。そのような報告は南極大陸を除くすべての大陸から上がっているが、とくに多いのが東アジアと北アメリカ西海岸である。

アメリカ大陸ではこの動物は、国境のカナダ側ではサスクワッチと呼ばれるが、アメリカ側ではビッグフットと呼ばれる。彼らの生息地はロッキー山脈山麓の大森林の中にあり、そこでは過去1世紀の間に数十件の目撃報告があり、すくなくとも1度は動く姿が撮影されたとされている。サスクワッチの報告はおもにその大きさを強調し、彼らは通常、身長が1.8〜2.5メートルあるといわれ、そうでない場合もたいてい報告は、全身を覆っている黒褐色か赤っぽい毛のことを述べている点で一致している。

初期の遭遇でもっとも劇的なのは、引退した木こりのアルバート・オストマンの経験である。1957年に彼は、ある研究者に、33年前にブリティッシュコロンビア州のトバ湾の近くでキャンプを張ったとき、サスクワッチの一家に捕らえられたと話した。彼が言うには、6日間その家族と一緒にいて、その間、彼らはオストマンをものめずらしそうに扱ったが危害はくわえなかったという。彼は、有力な雄にかぎタバコを1缶与えて、ようやく逃げ出すことができた。サスクワッチが缶の中身をまるごと飲みこんで苦しんでいるあいだに、走って逃げたのである。オストマンが当時自分の冒険について沈黙を守っていたのは、おそらく信じてもらえないだろうと思ったからだそうだ。当然のことながら、信じない人々は、この話はすべて夢を見たか、たんに想像にもとづいた記憶のトリックではないかと考えている。

大画面上のビッグフット

1967年10月に、カリフォルニア州北部のオレゴン州との境に近い森林高地で、かつてロデオの騎手をしていたロジャー・パターソンとその友人のボブ・ギムリンという2人のビッグフット・ハンターによって、猿人と称されるものがフィルムに撮影された。ほんの1分間、垂れた乳房をもつ大きな雌が30〜40メートル離れたところから目撃され、パターソンは身長がすくなくとも2メートルあったと考えている。この動物は二足歩行する大型類人猿に似ていて、ちょっとカメラの方を見てから、大股に歩いて森の中へ消えてしまった。フィルムは

いつまでたっても結論の出ない分析の対象となった。懐疑的な人々は、特別に作られたゴリラの着ぐるみを着た人間が演じている、手のこんだでっち上げではないかと疑った。信じる人々は、解剖学的な詳細がふつうと違っていること、大股な足どりが独特であることを指摘して、このフィルムが本物であると主張している。

このフィルムが撮影された当時、当然のことながら、過去15年にわたって話題になっていたヒマラヤのイェティのことが思い起こされた。以前は誤訳から「雪男」と呼ばれていたが、「岩の熊」を意味するチベット語からイェティの名がつけられた。地元でも昔から目撃されていて、すくなくともある仏教の僧院ではイェティの頭皮とされるものが保存されていたが、科学的調査でじつはこれは何かの有蹄動物、おそらくはヒマラヤカモシカ（野生山羊の一種）のものであると判明した。

「面白いおとぎ話」か？

イェティを有名にしたのは、1950年代から60年代に起こった西欧の登山家による目撃ラッシュであった。エベレストを征服したエドマンド・ヒラリーとテンジン・ノルゲイさえ、1953年の彼らの記念すべき登山のときに巨大な足跡を見たと報告した。大いに興味をそそられたヒラリーは、7年後に率いたヒマラヤ地方への科学的な探検旅行の目的にイェティの捕獲を含めたほどである。しかし結果はがっかりするもので、最後にはこの探検家は、雪男の話は迷信と実在する既知の動物を遠くからちらりと見たことで形成されてきた、「面白いおとぎ話」以上のものではないと確信した。

さらに目撃報告があったが、この動物が実在する決定的な証拠は出てこなかった。最近では、何人かの研究者が、目撃報告の一部はじつは絶滅の危機に瀕しているヒマラヤヒグマだったのかもしれないと結

中国最深部の野人

中国では過去数世紀にわたって毛深いヒト科の動物の話が聞かれ、最近でも科学的興味を刺激している。

1961年に雲南省で道路工事の労働者が1頭の雌を殺したという報告を調べるため、調査チームが派遣された。しかし死体は見つからず、研究者はその動物はおそらくテナガザルだったのだろうと結論づけた。同様に、1980年には保存されていた人間のものに似た2つの手が調査され、最終的には、未知の亜種の可能性もあるが大型の猿のものと考えられるとの結論が出された。

それでも、イェレンすなわち「野人」の話は広まりつづけ、ギガントピテクス（1万年前に終わった更新世の時代に中国南部に生息していたことが知られる類人猿に似た動物）の名残の個体群が辺境の森林地帯にどうにかして生き残っていたのかもしれないという憶測を呼んだ。

研究者は、身長が2メートル以上もある腕の長い動物の目撃報告と、北アメリカのサスクワッチと遭遇した人々の説明とが似ていることに興味をそそられた。

論づけている。この熊は後ろ脚で立って歩くことができるのである。

しかし猿人の伝説は消えることを拒否している。中国には、南部と西部の辺境の森林地帯に生息するといわれるイェレンすなわち野人の話がある（前ページのコラム参照）。マレーシアには、ジョホールの密林に巨大なヒト科の動物オラン・マワスがいるという伝説があり、2006年の初めにこれを対象として政府後援の探検が行なわれた。インドネシアのオラン・ペンデク（文字どおりの意味は「背の低い人」）はかなり小さく、とくにスマトラの森林で何度も報告されている。

いつかこれらの生き物のひとつでも実在することの確かな証拠が出てくれば、世界は二足歩行する新たな霊長類の発見を祝うことになる。しかし今のところ、猿人は依然として推測のものにすぎず、自然科学ではなく空想の領域に限定され、出ていけずにいるのである。

アルマス——先行人類の生き残りか、それとも空想の産物か？

15世紀の初め、ハンス・シルトベルガーというバイエルンの貴族がトルコ軍の捕虜になったのち、あるモンゴルの貴族の手に渡った。シルトベルガーは、モンゴル西部のアルタイ山脈と考えられる地域につれていかれた。のちに彼は捕らわれの身になったときのことについて、「ほかの人間と何も共通点がない野生の人々が山の中に住んでいる。顔と手を除いて全身が毛皮で覆われている。彼らは動物のように丘を走りまわって、木の葉や草、そのほか見つかるものはなんでも食べる」と書いている。それから彼は、その地方の野生の馬に話題を移している。それはおそらくプルツェワルスキーウマ（モウコノウマ）と呼ばれる固有種で、科学的には1870年代になってようやく知られるようになる。

シルトベルガーの説明は、中央アジアとモンゴルの山岳地帯に住むといわれる野生の人間の一種族アルマスについての現存するもっとも古い記述とみなされている。口承伝承では長い間彼らは地元の動物相の一部として扱われ、超自然的あるいは神話的な意味あいはなく、一般に恐れられてはいなかった。身長が2メートル近くあり、体は赤褐色の毛で覆われ、たいてい裸で歩きまわっていると描写された。顔は眉隆線が突出し、鼻は平ら、顎は引っこんでいる。こうした説明から、彼らがネアンデルタール人の残存個体群かもしれないと推測した研究者たちもいる。

19世紀末に、地元ではアルマスと考えられていた雌の野人が捕まり、カフカス地方の農場で余生を送った。彼女はザナと呼ばれ、捕らえられた当初は暴れていたが、やがておとなしくなり、農場の周りを自由に動きまわることを許されてそこで簡単な雑用をした。また、彼女は地元の男性との間に子どもを何人か産み、子どもたちは外見が浅黒くいちじるしく力が強かったが、それ以外は完全に人間の社会になじんだという。最近、彼女の息子たちのひとりのものだといわれる頭蓋骨について科学的調査がなされたが、はっきりしたネアンデルタール人の特徴は何も報告されず、ザナもおそらくホモ・サピエンス・サピエンスつまり現生人類に属していたのではないかと考えられる。

⊙ ⊕ ⊖

スクォンク　アメリカの辺境の森の悲しげな住人

姿
ぞっとするほど醜く、しわの寄ったいぼだらけの肌をしている。

大きさ
背丈がおよそ1メートル。

寿命
記録はない。

能力
とぼしい。スクォンク自身、自慢するようなことはほとんどないと思っている。

生息地
アメリカ北東部ペンシルヴェニア州の森林地帯。

森林伐採はそれにたずさわる人にとってつねにきつい仕事であるが、それを埋めあわせるように大森林の中での生活は、森で働く人のあいだに仲間意識を生じさせる。仕事は季節的で、伐採する木材があるあいだは、木こりたちは家をあとにしてテントや共同の小屋で生活することが多い。そこで彼らは、おしゃべりをしたり物語を話したりして夜をすごした。彼らはとくに面白くて途方もないほら話を好み、それは楽しみのためだけでなく、その閉鎖され孤立した世界へ新たにやって来た者へ警告するためでもあった。

1910年ごろ、ミネソタ州出身のウィリアム・トマス・コックスという人物が、アメリカからカナダにかけて木こりたちに語られているようなほら話を集めはじめた。彼はそれらをまとめて『木こりの森の恐ろしい動物たち——付、砂漠と山の獣たち』というタイトルの48ページほどの短い冊子にした。この本は長い間失われたと思われていたが、再発見されて、現在ではインターネット上で無料で入手できる。それがふたたび現われたことによって、伝説の獣たちの記録に一風変わったものたちが追加された。この場合、伝説という言葉をあまり重く受けとめる必要はないとしても、彼らはかなり変わっている。

コックスが解説した恐ろしい空想動物たちには、1つか2つなじみのある名前、たとえばレプラコーン（90～92ページ参照）も含まれている。しかし、大部分は純粋にオリジナルである。たとえばハガグはヘラジカに似た生き物で、脚に関節がないので横になることができない。類人猿に似たアーゴペルターの楽しみは、通りかかった木こりに朽ちた木の枝を投げつけることだ。そしてワーリング・フィンプスはゴリラに似た肉食動物で、森の小道に出没し、立ったまま非常に速く回転するので獲物には姿が見えない。その中にうっかり入るような不運な生き物は「すぐにシロップかワニスのようになってフィンプスの大きな前足にくっついた」という。

自分の醜さの犠牲者

しかし、コックスのコレクションのスターはあきらかにスクォンクである。コックスが説明しているように、この憂鬱な生き物は自分自身の醜さにたえず苦しんでいる。不恰好で、しわだらけの肌はいぼや吹き出物で覆われていて、いつも自尊心が低くて苦しんでいる。それはペンシルヴェニア州北部のツガの森の中のかぎられた生息地にいるが、棲みかに身を隠して泣く以外ほとんど何もしない。外で見られるのを恐れて、黄昏どき以外、隠れ家から出ることはめったにない。外の世界との接触は、涙の発作を起こさせるに十分なのである。

涙の跡

森のほかの動物と同様、ときには狩りの対象となることによって、スクォンクの涙もろさがひどくなったのに違いない。追跡者は森の地面についた涙の跡をたどり、すすり泣きの声に聞き耳を立てる。コックスは、J・P・ウェントリングという猟師があるとき首尾よくスクォンクの跡をつけ、その悲しげな泣き声をまねして袋に入れることに成功したと書いている。しかし彼の工夫もあまり役に立たなかった。彼が獲物を持って森の中を帰っていると液体の悲しげな音が聞こえてきて、袋の中を見ると、獲物は完全に溶けて、あとには濡れたまだら模様と泡が少しとしか残っていなかった。

1967年、アルゼンチンの文学者ホルヘ・ルイス・ボルヘスは彼の『幻獣辞典』にスクォンクを含め、この生き物をさらに広い世界へ紹介した。その後、ジェネシスの1976年のアルバム『トリック・オブ・ザ・テイル』にある同名の歌によって、スクォンクはロック・ミュージックの世界にまで進出した。それは、あらゆる極上の空想動物と同様、スクォンクも人間の想像力にある同情心に触れ、さらには教訓を与えさえするからである。つまり、自己憐憫の破壊力によって人も獣も同様に無に帰すことがある（スクォンクの場合、小さな水たまりに帰す）という教訓である。

⊙ ⊕ ⊖

クモの怪物 妖怪かトリックスターの英雄か？

姿
アナンシは通常、人間の姿で現われる。日本のクモの妖怪もたいてい正体が明かされるまでは人間の姿をしている。

大きさ
さまざま。日本のクモの妖怪は巨大なものとして描かれることが多い。

寿命
明記されていない。

能力
アナンシはなみはずれて狡猾だとされる。邪悪なクモの精霊はたいていハンターで、獲物の体液を吸いつくす。

クモ類を意味する英語「arachnid」は、ギリシア神話に登場するアラクネ（Arachne）に由来する。アラクネは、無謀にも女神アテナに機織の競争を挑んだ。アテナのタペストリーは自身の偉大さを表現したものだったが、アラクネはわざとゼウスの愛の遍歴を描いた。人間の女性の暴挙に激しく怒ったアテナは、アラクネの作品を打ちすえ、織機を破壊した。アラクネは恥じ入って首をくくって死んだ。彼女の死を不憫に思ったアテナは、彼女がぶら下がっていた綱をクモの糸に変え、アラクネ自身はいつも忙しく糸を紡いでいるクモにした。

神話の世界では、つねにクモについて矛盾する見方がとられてきた。悪しざまに言うこともあるが、有益な生き物として扱うことのほうが多かった。キリスト教徒の民話やイスラムの伝承では、幼いイエスあるいは預言者ムハンマドが、隠れている洞窟の入口にクモが巣をはったおかげで追っ手から救われるという話がある。スコットランドの歴史にまつわる有名な物語に、英雄王ロバート・ド・ブルースの話がある。彼は、隠れていた洞窟の天井で巣をはろうとしていたクモが6度失敗して7度目にようやく成功したのを見て、スコットランドの王位を獲得する困難な仕事に挑戦する気になったという。

だから、神話のクモとしてもっとも名高いのがトリックスターの英雄アナンシだというのも意外なことではないだろう。彼が生まれたのは西アフリカで、そこの物語群全体の主人公であるアナンシは、太陽と月を空に置く創造神として誕生した。彼がしたことの話は奴隷船で

シェロブの棲みか

『指輪物語』でフロド・バギンスが出会ったもののなかでもっとも恐ろしかったのはシェロブで、これはモルドールの山脈の高みに棲む巨大な雌グモである。フロドたちが山脈をぬける旅をしていたとき、シェロブの棲みかに入りこむと、このクモの怪物はフロドを毒針で刺して麻痺させた。忠実な助手サム・ギャムジーがシェロブに傷を負わせ、巣穴へ引っこませるのに成功して、ようやくフロドは救い出された。

J・R・R・トールキンはこの本のためにこの怪物をつくるとき、「クモ」の古い言い方である「lob」にちなんでその名前をつけた。

新世界に渡り、そこで機知で有名な抜け目のない策略家として新たな命を得た。多くの物語でアナンシはふつうの人間として行動するが、クモの姿にもどって危機を脱することもある。

E・B・ホワイトの児童文学の名作『シャーロットの贈り物』の人気が示しているように、クモを善意のものとする考え方は今日の物語にも残っている。しかし、クモを恐怖の対象として描く『タランチュラ』や『アラクノフォビア』のような映画の成功からもわかるように、大かた否定的な受けとめ方で置き換えられてしまった。

そのような伝統も、とくに日本では長い歴史がある。ある物語では、源頼光という侍が帝(みかど)の命で妖怪退治に出される。頼光は病に倒れ、少年が毎日１杯の薬をもってきたが、ますます悪くなるだけだった。我慢ならなくなった頼光がその少年の頭めがけて茶碗を投げつけると、すぐにねばねばしたクモの巣に捕らえられてしまった。

この危機一髪のときに頼光の忠実な家来がやって来て、頼光を苦しめているものに斬りつけると、それは急いで逃げていった。２人が血の跡をたどっていくと、巨大なクモがいて、刀傷から血を流していた。すぐさまその妖怪を討ちはたすと、たちまち頼光の健康は回復した。

生息地
アナンシの物語はもともとは西アフリカの多くの地方にあったが、のちにはカリブ海やアメリカ本土にも広まった。クモの妖怪は日本の伝説に登場する。

黙示録の獣 聖書の終末の動物たち

姿
さまざま。人間の顔をもつイナゴは出陣の用意を整えた馬のよう。ライオンの頭をもつ馬の尾は蛇。頭が7つある赤い竜はサタンを意味する。海から上がってきた獣は豹に似ているが、熊の足とライオンの口をもつ…

大きさ
明記されていないが、宇宙的な大きさの場合もある。赤い竜は尾を使って星の3分の1を天から掃き落とした。

寿命
赤い竜は最初に主の力に打ち負かされてから、底なしの淵に投げこまれて千年の間そこにいることになっている。それから解放されて、最終の戦いで悪の軍勢を率い、そののち永久に火の池にゆだねられる。

能力
神を信じぬ者を戦争と悪疫によって滅ぼし、打ち負かすことはできないものの、主の力に挑戦する。

キリスト教の聖書の最後にある黙示録は比較的短いテキストであるが、同等の長さのほとんどいかなる文書よりも多くの議論を巻き起こした。ヨハネと名のる著者が、ギリシアのパトモス島に追放されているときに与えられた2つの幻視について書いている。第1の幻視は、キリスト自身がヨハネをとおして本土（現在のトルコにあたる）の7つの特定のキリスト教徒共同体へ向けて与える指示の形をとっている。この部分は比較的短く、22章あるこの書の3章しか占めていない。

あとの19章はやはりキリストにより明かされるひとつの幻視について記述しており、キリストはヨハネを天に召還して主の栄光を見せる。次にイエスは神の右手にある巻物を封じている7つの封印を解くが、それには世界の終わりの秘密が含まれている。最初の6つの封印がそれぞれ解かれるたびに幻の光景が現われ、最初の4つが有名な黙示録の四騎士（195ページ参照）である。

7番めの封印が開かれると幻視が新たな段階に入る。7人の天使が次々と現われてラッパを吹き鳴らすと、地上の災難がいくつも見える。7番めの天使は複雑な一連のイメージを見せるが、それはヨハネの時代に迫害されたキリスト教徒共同体が認識していた自分たちの状況を象徴的な形で示しているように思える。この書の最後の部分には、最後の審判と、救われた者を神が支配する新しい天国のようなエルサレムの出現につながる、いくつかの出来事が書かれている。

一面に目がある4つの生き物

この話にはいくつもの個所で象徴的な獣が登場する。ヨハネが栄光に輝く神の姿をはじめて見たとき、神の玉座のまわりに「四つの生き物がいたが、前にも後ろにも一面に目があった」［ヨハネの黙示録4章6節］。この4つの生き物は、神の創造の重要な部分を象徴している。第1の生き物はライオンで肉食動物を意味し、第2は雄牛で草食動物である。第3は人間のような顔をもち、人間の存在を示している。第4は鷲で、空の鳥を象徴している。目は、たえまない警戒を表わしているのであろう。

そのほかの生き物はそれほど善のものではない。第5の天使がラッパを吹くと、不信人者つまり「額に神の刻印を押されていない人」［ヨハネの黙示録9章4節］に向けてイナゴの災厄が放たれる。これら天のイナゴはそれまで見たこともないようなもので、「出陣の用意を整え

生息地
幻視の中でキリストによりパトモスのヨハネに明かされる。ヨハネはあたかも開かれた門からのぞきみるように天国を見た。

た馬に似て」［ヨハネの黙示録9章7節］いる。顔は人間の顔のようで、髪は女の髪のようであったが、毒針がついたサソリの尾をもっている。イナゴが破壊を終えると、第6の天使がラッパを吹き、武装し馬に乗った騎兵の洪水という形で新たな恐怖が始まる。その馬はライオンのような頭をもち、口から煙と硫黄を吐き、尾は蛇である。

第7の天使の幻視

しかし獣たちのうちでもっとも忘れがたいものは、第7の天使がトランペットを鳴らした次の節で現われる。このエピソードは、ひとりの女性の姿から始まる。彼女は身に太陽をまとい、身ごもっていて、その子は「鉄の杖ですべての国民を治めることになっていた」［ヨハネの黙示録12章5節］。次に7つの頭と10本の角をもつ赤い竜が現われ、テキストの中で「年を経た蛇、悪魔とかサタンとか呼ばれるもの」［ヨハネの黙示録12章9節］と正体が明かされる。竜に追われる女性は、おもに選ばれし者あるいはキリスト教会を象徴すると考えられる。彼女の子ども（あきらかにイエス）は天の安全なところに引き上げられ、女性自身は荒れ野へ逃げこむ。ヨハネの時代には、キリスト教徒共同体自体、同じように離散していたのである。

そしてすぐにまた別の象徴的な獣が2つ現われる。ひとつはやはり7つの頭と10本の角をもつ獣で、海から上がってくる。これは豹に似ていて熊の足とライオンの口をもつと書かれている。竜がそれに地上での権力を与え、人々はそれを拝んで「だれが、この獣と肩をならべることができようか。だれが、この獣と戦うことができようか」［ヨハネの黙示録13章4節］という。第2の獣は地中から上がってきて、「子羊の角に似た二本の角があって、竜のようにものを言っていた」［ヨハネの黙示録13章11節］。この獣は、第1の獣のすべての権力を行使し、地とそこに住む人々にそれを拝ませると書かれている。

獣の数字

この第2の獣はそれ自身の名前、悪名高い「獣の刻印」を、その国で取引をしたい者の右手か額に押させる。この刻印は、主の名を公言する子羊（イエス・キリスト）に従う14万4000人の者たちの額に記された正義の印と明確に対比されている。この刻印は、その獣の名前あるいはそれを表わす数字だといわれる。ヨハネはその意味について非常に具体的な手がかりを与えている。彼は

「ヨハネは『賢い人は、獣の数字にどのような意味があるかを考えるがよい。数字は人間を指している。そして、数字は666である』と述べている」

黙示録の四騎士

ヨハネは幻視の中で、子羊（キリストを意味する）が神の右手にある巻物の7つの封印を開き、予定された世界の終末の秘密を明かすのを見る。最初の4つの封印がそれぞれ開かれると、馬に乗った者が現われる。

最初の騎士は白い馬に乗り、弓をもち、冠を与えられる。彼は征服を象徴すると考えられる。第2の騎士は赤い馬に乗り、大きな剣が与えられ、戦争を象徴する。第3の騎士は、馬は黒く、手に秤をもっていて、疫病を意味している。第4の騎士は青白い馬に乗っていて、これは死である。総合すると、4人の騎士は、主によって放たれて神を信じぬ者に惨害を与える大規模な破壊の力を象徴している。

「賢い人は、獣の数字にどのような意味があるかを考えるがよい。数字は人間を指している。そして、数字は666である」［ヨハネの黙示録13章18節］と述べている。

暗号を解読する

今日私たちが使っているようなアラビア数字は、ヨハネが書いていた時代には使用されていなかった。その代わりに数は文字で表わされ、たとえばローマ字の「C」は100を意味した。そのため数字の暗号はふつうに使われ、このときヨハネはあきらかにそのひとつを用いたのである。何世紀ものあいだ、学者たちは創造力を大いに発揮して彼のメッセージを解き明かす努力をし、今日ようやくその解釈について合意のようなものが得られている。言語学者は、当時ギリシアでふつうに用いられていた「皇帝ネロ」の書き方をヨハネの母語であるヘブライ語に書き換え、使われている文字の数値を合計するとまさに666になると指摘している。

このことを頭に入れておくと、獣たちが何を象徴しているか腑に落ちる。地の獣は、キリスト教徒の迫害者として悪名高いネロ自身である。彼の時代、ローマの臣民はすべて異教徒の儀式で皇帝を神として崇めるよう求められていた。このため、キリスト教徒の儀式を祝うことで救われし者がわかるように、ヨハネにとって儀式に参加することは人々に獣の刻印を押すことであった。そして海の獣は、支配者に対してはらわれる畏敬の念の延長で崇められるローマ帝国であった。そして両方とも、ヨハネの考えでは、赤い竜、すなわちすべての公正で信心深い人々の永遠の迫害者であるサタンに仕える者であった。

☉ ⊕ ⊖

蛇の怪物 原初の力の源

姿
蛇に似ているが、頭を複数もっている場合もある。

大きさ
その体から大地と空がつくられたバビロニアのティアマトのように宇宙的な大きさのものから、比較的小さなものまでさまざま。日本の伝説上の蛇の生き物ツチノコは、中央部が頭や尾に比べて膨らんでいて、長さが1メートルに満たない。

寿命
明記されていないが、不死のものはまれ。多くの蛇の神話では、それが神か英雄の手にかかって死ぬ場面が語られている。

能力
ほとんど無限の破壊力をもつこともある。エジプトのアペプは、夜ごとラーと戦い、世界に混沌をもたらそうとする。

紀元前2000年にまでさかのぼるバビロニアの創世神話『エヌマ・エリシュ』では、この世界は宇宙的な戦いの結果生まれたとされる。戦ったのは、神々の王マルドゥクと、彼らの最初の祖先で原初の蛇たる海の女神ティアマトである。マルドゥクはティアマトを網にかけ、彼女が彼を飲みこもうと口を開くと、風に頼んで開いたままにさせ、喉に矢を射こんだ。ティアマトを殺したマルドゥクは、その体を２つに切り、上半分で天を、下半分で地をつくった。

ティアマトは、神話のページに群れをなす原初の蛇たちの列の先頭にいる。ときには蛇の怪物とドラゴンとを区別するのがむずかしいこともあり、英雄、人間、あるいは神の手で滅ぼされた歴史など、両者には多くの共通点がある。そのイメージはあきらかに人々が生まれながらにもっている毒蛇に対する恐怖がもとになっており、伝説が生まれた土地の多くで毒蛇は現実の驚異だった。おそらく物語はたがいに入り混じっていて、遠いティアマトの記憶が近隣の国々の神話の背景となっているのであろう。

そのひとつが古代エジプトで、中王国時代以降、アペプ（現在では、もっと一般的なギリシア語のアポピスの名のほうがよく知られている）という宇宙蛇の物語が広まった。ティアマトと同様アペプ（次ページに示す）も破壊と原初の混沌を象徴し、太陽神ラーの不倶戴天の敵であった。アペプは毎晩、水平線のすぐ下に潜んで太陽の船で通るラーを待ち伏せし、その巨大なとぐろで冥界に通じる川をふさごうとする。そしてほとんど毎晩、ラーは、彼を助けて蛇を撃退しようと戦う一団の神の奮闘のおかげで、捕まらずにかわす。多くの場合彼らは勝つが、ラーは一時的に救われただけである。それは、アペプは冥界の生き物であり、殺すことができないからである。

創造の力と破壊の力

ギリシアのエキドナ（半人半蛇の女性で怪物たちの母親）からアステカのシウコアトル（旱魃を象徴する火の蛇）まで、ほかの神話にも人間をはるかに超えた蛇の物語がある。しかし、蛇の神がもっと肯定的なイメージをもつ伝承もある。おそらくいちばんよく知られている例は、西アフリカのベニン（ダオメー）のフォン族に崇拝されたアイド・ウエドである。アイド・ウエドは創造の女神マウの第一の助手で、マウは世界をつくる旅でアイド・ウエドの口に乗って移動した。アイド・ウエドもいくらかみずから創造を行ない、たとえばその積み重なった排泄物から山ができた。いったん大地が形成されると、アイド・ウエドはその下でとぐろを巻いて重さを支え、今もなおそこに横たわっていて、この蛇が身もだえすると地震が起こる。アイド・ウエドを冷やしておくために大地の周りに海が配置された。

フォン族には終末にかんする伝説があり、それは自然の鉱物資源の枯渇についての現在の生態学的な懸念とよく一致している。アイド・ウエドは地中の鉄で生きているといわれ、埋蔵されている鉄をついにすべて使いはたすと、飢えてまずは尾から自分自身を食べるはめになる。次に大地自体が崩壊し、アイド・ウエド自身が創造を手伝った大地に終わりがくる。

生息地
蛇が見られるところなら世界中どこにでもいるが、とくにエジプトおよびギリシアからイランにかけての肥沃な三日月地帯とその周辺で優勢。

第3部 水界の動物

レヴィアタン 海にいる竜

姿
「海にいる竜」［イザヤ書27章１節］で、火と煙を吹き出す。「喉は燃える炭火、口からは炎が吹き出る」［ヨブ記41章13節］。

大きさ
巨大。「深い淵を煮えたぎる鍋のように沸きあがらせ」る［ヨブ記41章23節］。

寿命
旧約聖書のイザヤ書によれば、レヴィアタンは最後の審判のときに主によって殺される。しかし詩編74章14節には、主が創造のときにすでに「レヴィアタンの頭を打ち砕き、それを砂漠の民の食糧とされた」とある。

能力
恐れを知らない圧倒的存在で、打ち負かされることがない。主以外誰もレヴィアタンをおとなしくさせることはできない。「彼が立ち上がれば神々もおののき…剣も槍も、矢も投げ槍も彼を突き刺すことはできない」［ヨブ記41章17～18節］。

レヴィアタンは旧約聖書に登場する原初の海の怪物で、預言者イザヤによれば、主が最後の審判の日に罰することになっている。この怪物はヨブ記と詩編においても言及されており、その内容が異なるのは起源となる伝承が分かれているためと思われる。

とりわけ詳しい記述がヨブ記にあり、そこでは主がヨブに、レヴィアタンも、陸上でそれに対応するカバに似たベヘモト（56～57ページ参照）も、人間には捕らえることもならすこともできないと告げる。そして、まるまる１章をあてて、この獣の恐ろしい特質を列挙している。ヨブ記のレヴィアタンは鱗で２重に覆われ、「背中は盾の列」で、「腹は鋭い陶器の破片をならべたよう」である。竜のように炎を吐き、「口からは火炎が吹き出し、火の粉が飛び散る」［ヨブ記41章］。そして海を渡れば光り輝く跡が残る。

レヴィアタンに相当する生物を特定するさまざまな試みがなされた。一部の専門家は、この獣の非常に密に結合して「風の吹きこむ透きまもない」鱗に、ナイル川のワニとのつながりを見た。このようなつながりは、ベヘモトをアフリカのカバとする見方とよく符合する。ほかに、詩編104章の海に棲むさまざまな生き物への言及のなかで、最大のものとして「お造りになったレヴィアタンもそこに戯れる」という部分を引用し、レヴィアタンの大きさに注目して鯨との関連をみる人々もいる。現代のヘブライ語ではこの言葉はたんに「鯨」を意味するために使われ、このつながりの証拠とされている。

しかし、どちらの対応づけも、「海にいる竜」というイザヤの表現［イザヤ書27章１節］とも、ヨブ記にある火を吹き出すという記述とも合致しない。こういった言及は、まったく別のもの、つまり神話に起源があることを示唆している。

レヴィアタンとティアマト

約束の地におけるイスラエル人の隣人であるカナン人のあいだには、彼らの神バアルと７つの頭をもつ海の怪物ロタン（「レヴィアタン」に相当するウガリト語）との壮大な戦いの物語がある。この伝説は原初の海の怪物との戦いについてのいくつもある物語のひとつにすぎないが、おそらく『エヌマ・エリシュ』で語られているもっともよく知られた話である。『エヌマ・エリシュ』は、肥沃な三日月地帯のもう一方の角にあるメソポタミアの創世叙事詩である。その英雄神マルドゥク

「竜のように炎を吐き、『口からは火炎が吹き出し、火の粉が飛び散る』。そして海を渡れば光り輝く跡が残る」

生息地
「海も大きく豊かで…舟がそこを行き交い、お造りになったレヴィアタンもそこに戯れる」(詩篇104章)。

は、塩水を支配する女神、そして原初の混沌の怪物でもある彼自身の母親ティアマトと戦う。この争いがものすごい戦いだったのは、とくにティアマトが「大蛇、竜、雌の怪獣、巨大なライオン、狂犬、サソリ人間、吠える嵐、クリリ、クサリク」といった、ぞっとするような怪物の群れを生み出して味方としたからである。しかし機知に富むマルドゥクは網を用意し、「彼の恐るべき戦車」である嵐に乗ってティアマトにあいまみえた。そしてティアマトを網にからめてから、矢を放って射殺した。それからその体を「二枚貝のように」割って、半分を使って天を、残りで地をつくった。

聖書外典エノク書の中での言及から判断して、イスラエルにもこの物語の記憶が残っている。それには、その体の2つの部分はそれぞれレヴィアタンとベヘモトであり、「その日、二匹の怪獣は分かれ、レヴィヤタンという名の雌の怪獣は海のどん底、水の源の上に住み、名をベヘモットという雄は胸で眼に見えない荒野をつかんでいる。その名はデダインと称し…選民と義人たちとが住む園の東にある」と書かれている。[引用の訳文は『聖書外典偽典第4巻 旧約偽典Ⅱ』「エチオピア語エノク書」村岡崇光訳より]

イザヤによる言及も同様にレヴィアタンの未来の運命を記しているが、やや異なる言葉を用いている。それはこの書の「イザヤの黙示録」とも呼ばれる節に書かれており、罪を犯す地に住む者に対して主が憤る、来るべき破壊のときを予言している。広範囲におよぶ荒廃と人口の激減を予見するほか、「その日、主は／厳しく、大きく、強い剣をもって／逃げる蛇レヴィアタン／曲がりくねる蛇レヴィアタンを罰し／また海にいる竜を殺される」[イザヤ書27章1節] とも予言している。

ベヘモトとの戦い

のちの伝承が同じテーマについて詳しく述べている。レヴィアタンとベヘモトの間の激しい戦いについて語るユダヤの伝承があり、それは最後の審判の日に起こり、海と陸の原初の獣が最後にはたがいに殺しあうか、主によって退治される。さらに変形として、主がレヴィアタンを殺して自分の力を証明し、その皮から作ったテントの中の高潔な人々にその肉を食料として与える話がある。このタルムードのレヴィアタンも雌で、おそらくティアマトの記憶が残っているのであろう。

中世のキリスト教の文献では雄のレヴィアタンが好まれ、その発想はヨブ記の記述の最後の部分で、この怪物が「誇り高い獣すべての上に君臨する王」とされていることから生まれた。これにもとづいて、レヴィアタンは悪魔で、地獄はこの怪物のぽっかり開いた口の中にあると表現されることもあった。

17世紀の英国の政治論理学者トマス・ホッブズは、彼のもっとも偉大な作品のタイトルを『リヴァイアサン』とした理由を説明するため、レヴィアタンの完全性について記した同じ部分、つまり「この地上に、彼を支配する者はいない。彼はおののきを知らぬものとして造られている。驕り高ぶるものすべてを見下し、誇り高い獣すべての上に君臨している」［ヨブ記41章25～26節］を引用している。ホッブズにとってこの記述は、この獣を国の権威、ひいてはそれを体現する支配者にふさわしいシンボルとするものであった。

しかし多くの場合、このような解釈はあまり重要視されてこなかった。通常使われる意味ではレヴィアタンはやはり深みにいる原初の生き物で、このため今日にいたるまで、海面の下に潜んでいる巨大な恐ろしいものの隠喩（メタファー）として使われている。

ヨルムンガンドと世界蛇

北欧神話にも原初の海の怪物、恐るべきヨルムンガンドの物語がある。彼は悪神ロキと女巨人アングルボダの間に生まれた３怪物のひとつで、兄弟には狼のフェンリルと冥界の氷のように冷たい女王ヘルがいる。この怪物たちが災いをもたらすことを恐れた神オーディンは、ヨルムンガンドを海に投げこんだ。ヨルムンガンドはそこでしだいに成長して、ついには世界をとりまくほど大きくなった。神に対する復讐を考えながら海底に横たわり、ときおりのたうちまわって大嵐を起こした。

ヨルムンガンドはとりわけトールの敵で、ラグナロクの命をかけた戦いで対決することを運命づけられている。その運命の日にこの世界蛇は海辺に向かい、大海を陸にあふれさせる。陸に上がれば、ヨルムンガンドの有毒な息で地面や空が焼かれる。ヨルムンガンドはトールと戦い、最後にはトールに殺される。しかしそのときには蛇の毒がこの神の血流に入っていて、ヨルムンガンドの死体から９歩しか離れていないところでトールも倒れて死ぬのである。

スキュラとカリュブディス 舵手のジレンマ

スキュラ

姿
複数の頭をもつ海の怪物で、頭にはそれぞれ3列の歯がある。女性の胴体の下に犬の体があって、12本の足がある。

大きさ
途方もなく大きい。6つある首は、沖を通る船から船乗りをさらうことができるほど長い。

寿命
寿命を超えて生きるように呪いをかけられている。

能力
カリュブディスの渦を避けようとしている船の乗組員を、6つある口のどれかで捕らえた。

生息地
イタリアとシチリア島をへだてるメッシーナ海峡のイタリア側の海岸にある洞窟。

シチリア島とイタリア本土をへだてる海峡は、長い間危険な海域とみなされてきた。今日でも、対向流によって生じる小さな渦が現われたり消えたりするうえ、ごつごつした岩があって、不注意な舵とりをして岩に近寄りすぎると難破するおそれがある。昔、帆や櫂で船を動かしていた時代には、そこはかなりたいへんな難所で、この海峡を通るベテランの船乗りたちはある物語を話して新米を恐れさせた。

それは神の怒りによって怪物に変えられた2人の美しい娘についての不思議な物語である。スキュラは海のニンフで、とても美しかったので海神ポセイドンの注意をひいた。ポセイドンの妻アムピトリテは、夫が夢中になっているのを見て、恨みを晴らそうと思った。そこで彼女は、スキュラが水浴びをする泉へ行き、毒草からつくった毒を注いだ。娘がその水に入ると、気づいたときには恐ろしい姿に変身していた。脚は一群の猟犬になっていた。恐怖におののいて水をのぞきこむと、1つではなく6つの頭が見返していて、それぞれに3列ずつ牙があった。

自分の身に起こった変化に愕然としたスキュラは、崖の上から海へ

身を投げた。ポセイドンが命を救ったため、彼女は男たちの目から隠れて波打ちぎわの洞窟に住むようになった。彼女の優しいところは美しさとともに消え、今では人間を好んで食べるようになっていた。それからはスキュラは、誤って岸に近づきすぎた船があれば船乗りを捕まえて、魚中心の食事に変化をつけたのである。

「それからはスキュラは、誤って岸に近づきすぎた船があれば船乗りを捕まえて、魚中心の食事に変化をつけたのである」

岩と渦の間で

しかし舵手は難題をつきつけられた。というのは、スキュラから離れるように舵をとると、彼女の仲間の怪物カリュブディスの手に落ちる危険があったからである。ホメロスによれば、カリュブディスはポセイドンと大地の女神ガイアの間に生まれた娘だという。彼女はヘラクレスから牛を盗んでゼウスに罰せられ、ゼウスが放った雷霆(いかずち)によって海の底へ落とされた。そこで彼女は恐ろしい怪物になって姿を見せずに生きつづけ、毎日３回、大量の海水を吸いこみそして吐き出す。こうして生じた渦が一見穏やかな海に突然現われ、それは船をまるごと水の墓穴へ引きこむほどの力があった。

オデュッセウスの部下たちは、ひどい目にあって海峡の危険を知った。船を漕いで岸に近づきすぎたため、６名がスキュラの恐ろしい頭にさらわれたのである。アルゴ船の隊員たちはもっと幸運で、無傷で通りすぎた。アイネイアスと乗組員がトロイの陥落ののちにそこを通ったときには、スキュラは神のはからいにより巨大な岩に変えられていて、それは今でもシチリア島の沖に見えるといわれる。しかし、それでも舵手は座礁を避けるため注意深く彼女を迂回するコースをとる必要があり、スキュラとカリュブディスの間の舵とりのジレンマは、どちらを選んでも災いとなる場合を表わす言いまわしとして今日でも残っている。[英語に「between Scylla and Charybdis」という表現があって、「前門の虎、後門の狼」と同じような意味で使われる]

カリュブディス

姿
不明だが、おそらく気味の悪い姿をしている。彼女にかんして見えるのは、彼女がつくる強力な渦だけである。

大きさ
不明。

寿命
ゼウスに呪いをかけられているため、おそらく不死。

能力
船をまるごと渦に吸いこむことができる。

生息地
メッシーナ海峡のスキュラと反対側にあたるシチリア島沖の海底。

人魚　半分人間で脚の代わりに尾がある海の住人

姿
頭から腰までが人間の体で、魚の下半身と尾をもつ。アラビアン・ナイトには、マーメイドは「月のように円い顔をし、髪は人間の女性のものと似ているが、手足は腹側についていて、魚の尾びれのようなしっぽがあった」と描写されている。

大きさ
通常、人間の大きさとされる。1712年にオランダ領東インド（現在のインドネシア）のアンボン島の沖あいで捕獲された女性の人魚は、身長約1.5メートルだったと報告されている。

寿命
明記されていないが、不死ではない。

能力
海中での生活に完全に適応している。なかには水陸両生の能力をもち、陸に上がるとされるものもいる。

1809年にロンドンのタイムズ紙に、スコットランド本土の最北端の町サーソー出身の教師ウィリアム・マンローという人物が書いた記事が掲載された。彼は、海岸を歩いていて、沖あいの岩の上に裸の女性らしきものが座って髪をとかしているのを見たと述べている。続いてマンローは、同じ姿を彼以外にも多くの人が20メートルも離れていないところから見たと指摘している。そのときの目撃者のひとりであるミス・マッケイという人物は、その生き物の顔は「丸くてふっくらしていて、ピンクがかった色」をしていたと表現している。

人魚は幽霊と同様、何世紀も前から世界のさまざまなところで何千人もの人々によって目撃されたと伝えられており、マンローの記事も古くから伝わるマーメイド（女性の人魚）目撃のリストにくわわった。きちんと文書に記録されている例は、とくにアイスランド、スリランカ、インドネシア、オランダ、デンマーク、英国サフォーク州とアイルランドの海岸、バルト海と南極海からの報告である。また、日本、インド、ペルシア湾から北アメリカ、メキシコ、ペルーまで、世界中の民話に人間と魚の混成動物の言い伝えがある。

アッシリアから古代ギリシア

人魚の描写はきわめて古い時代にまでさかのぼる。ポール＝エミール・ボッタは1843年に、古代アッシリアの首都であったドゥル・シャルキン（現コルサバード）の草分け的な発掘で半人半魚の生き物の像を発見したが、それは現在ではバビロニアの文化英雄アダパと同一視されている。同じような像はシリアやレヴァント（東部地中海沿岸地方）の海岸からも出ており、ダゴンや月の女神アタルガティスと結びつけられている。英国の民間伝承研究家で古物収集家でもある19世紀のサビン・バリング＝グールドは、伝承で人魚がもつとされる鏡と、アタルガティスの満月のシンボルとの間に関係があると考えた。

フェニキア人のアタルガティスの像が古代ギリシア人にも知られていたのは確かで、ギリシア人はデルケトという形で独自の神話の人魚をつくった。クテシアスは、デルケトがアッシリアの若者と恋に落ち、子どもを産んだという物語を書いている。彼女は恥じて湖に身を投げ、気がつくと下半身が魚の尾に変わっていたという。また、古代ギリシアの著述家たちも、初期の人魚の目撃報告について書いている。プリニウスはこの生き物をトリトン（208ページのコラム参照）と呼び、

半人半魚のトリトン

古代ギリシアとローマの伝承では、海神ポセイドンの息子である怪物トリトンは人間の上半身と魚の下半身をもつ。学者たちは彼の起源を追ってオリエントの図像にいたり、それはあきらかにシリアの女神アタルガティスのもので、エーゲ海周辺に流通するコインに半分女性で半分魚の姿で描かれていた。娘のパラスもギリシア神話で重要な役割をはたすことになる下級の神トリトンは、ふつう、ほら貝を吹いて嵐を起こしたり消したりしているところが描かれる。のちには彼は複数になり、ほら貝を吹くトリトンたちは古典的装飾芸術において人気のあるモチーフになった。

長さが12メートル以上あってカディス湾に出没し、夜に船によじ登るのが好きで、ときにはその重みで船が沈むこともあると述べている。

エダムの人魚

中世になると、人魚はしばしば特別なコメントなしに世界の海の生物の百科事典的リストに含められ、イルカや鯨のようなありふれた海生哺乳類のそばにならべられた。広く知られるようになった話に、1430年にオランダのエダム村の数人の少女が、町の外の堤防の背後で泥の中でもがいている人魚を偶然見つけたというものがある。少女たちはこの人魚を家につれて帰り、人間の服を着せ、機織を教えたが、彼女ははっきり話せるようにはならなかった。この人魚はのちにハールレムの町へ移り、そこで数年暮らしたという。

生息地
海底。（マシュー・アーノルドによれば）「砂蒔きちらされた冷たく深い洞窟、なべて風の息むところ」。アラビアのある言い伝えでは、水中の都市に住んでいることになっている。
［引用の訳文は森亮訳詩集『晩国仙歌Ⅲ 近代イギリス』「そむかれたる雄の人魚」より］

科学的調査の対象

その後数世紀にわたって、同じような話がふいにもちあがるということが続いた。1560年に、スリランカの沿岸で漁師が引き上げた人魚の死体を何体か、ゴアの総督の侍医でもあるポルトガル人の巡回医が解剖し、彼らは解剖学的に人間に似ていると報告した。1717年に発表されたモルッカ諸島の海洋生物にかんする科学論文には、体長1.5メートルの「シー・ワイフ」について詳しい説明が書かれており、それはアンボン島の沖あいで捕獲され、水槽の中で４日間生きていた。この生き物は、オリーヴ色の体をしていて、指には水かきがあり、顔は灰色、髪は海草の色だった。そしてネズミのような声で鳴き、その排泄物は猫の糞に似ていたという。

報告のいくつかはまったくのでっち上げがもとになっているのかもしれない。一時は、塩漬けにされた人魚が博覧会の余興に登場するほどだった。これらはたいてい、猿の死骸の上半身を大型の魚の下半身に縫いつけて作られていた。その他の目撃例はほとんど確実に誤認だった。いくつかはアザラシだったのかもしれないが、もっと可能性があるのはジュゴンとマナティーであり、両者は海生哺乳類であるカイギュウ科の生き残りの２種で、もっとも近縁の陸上動物は象である。これらカイギュウ類は一般に知られており、『リトル・マーメイド』や

『スプラッシュ』といったハリウッド映画でおなじみになった魅力的な生き物と見まちがう人はいないだろう。しかし、体長1～4.5メートルのこの大きくておとなしい動物は、彼らが暮らす濁った水の中でちらりと見ると、とくにひれをほとんど人間の腕のように使って子どもを抱いているときには、驚くほど人間に似ている。また彼らは好奇心が強く、船に寄ってきたり、さえずるような声や震え声、口笛のような声を出す。

カイギュウ類は愉快な動物であるが、マシュー・アーノルドの「そむかれたる雄の人魚」やハンス・クリスチャン・アンデルセンの「人魚姫」のように、典型的な場合、人間の恋人と悲劇的な恋に落ちるような文学に登場する人魚の代わりとしては物足りないかもしれない。しかしもっとよい候補がいないため、すくなくとも目撃談のいくつかについては、カイギュウ類が原因としてもっとも可能性が高いのである。ただし、すべてというわけではなく、エダムの人魚や、カイギュウ類が決して行かない海域で経験を積んだ船乗りが見たという報告は、マナティーではとても説明できない。このような合理化ももののともせず、人魚はいまだにその謎の一部を保ちつづけており、海の隠された深みと同じように永遠に魅惑的なのである。

メリュジーヌの秘密

中世フランスでよく愛された伝説にメリュジーヌの話がある。メリュジーヌは美しい妖精の娘で、人間のポワトゥー伯ギと結婚し、彼のためにポワティエの南西に壮麗なリュジニャン城を建てた（すでに破壊されている）。結婚するにあたってメリュジーヌは、土曜日には決して彼女の邪魔をしてはならないという条件を出した。夫婦は何年も幸せな結婚生活を続け、メリュジーヌは、夫との間に何人も子どもを産んだ。しかしやがて伯爵は悪意のある噂にそそのかされて、妻が土曜日に閉じこもるのはなにかやましい秘密を隠しているからではないかと思うようになり、彼女を探ることにした。妻が入浴しているところをのぞいた彼は、彼女の上半身はすでに知っているとおりだが、下半身が魚の尾に変わっているのを見て仰天した。夫がいることに気づいたメリュジーヌは逃げ出し、ふたたび姿を現わすことはなかった。しかし伝説では、それ以後、リュジニャンの領主あるいはフランス王が死にそうになったときには、いつでも彼女の幽霊のような姿が城壁の上に現われて、アイルランドのバンシーのように彼らの死を予見して、嘆き悲しむのが見られるといわれている。

河童（かっぱ）　日本の内水に出没し人を殺す妖怪

姿
河童は、猿に似た顔、蛙の腕と脚、亀の甲羅をもつ。通常、鮮やかな色で描かれ、典型的なものは黄色または緑色をおびた鱗に覆われた肌をしている。顔にアヒルのくちばしがあることもある。

大きさ
子どもの大きさ。

寿命
精霊であり、傷つくことはあるが死ぬことはないらしい。

能力
水陸両生の生活をし、話す能力があり、人間と交流することができる。人間を超える強い力ももち、強い大人でも水中にひっぱりこむことができる。

生息地
日本の湖、池、川。

アメリカのコミック作家ケヴィン・イーストマンとピーター・ライアドが1984年にティーンエイジ・ミュータント・ニンジャ・タートルズを考え出したとき、この生き物はその超現実的な物めずらしさで西欧の読者をあっといわせた。しかし、日本の読者にとっては、このコンセプトはそれほどとんでもないことではないようだ。日本の子どもは誰でも河童をよく知っている。それはいたずら好きで、ときには死をもたらす水の妖怪で、猿の顔をしていて亀の体に蛙の手足がついている。アメリカのキャラクターとはふるまいも外見もかなり異なるが、深く根ざした幼児期の恐怖の記憶を呼び起こすという点ではまだ十分に類似したところがある。

日本の川や池の近くに住む人なら誰でもすぐに知るようになるが、河童は恐ろしい生き物である。彼ら自身子どもの大きさであるが、とくに子どもを好む。ただし、おもに食べ物としてである。河童の好物は人間の内臓で、曲がりくねった腕を犠牲者の肛門から差しこんでひきずり出す。だから、子どもたちはすぐに、あたりに河童がいるようなところでは水の中で遊ばないことを覚える。この水の精霊がとくに活動していると考えられる湖や池のそばには、警告の看板が立てられることもある。

しかし河童についての話がすべてそれほど恐ろしいわけではない。ただいたずら好きなだけとしか思えない話もあるが、彼らの行動は簡単にエスカレートして積極的な悪事になる。突然おならをしたり女性の着物の下からのぞいたりするいたずらから、そのままレイプや殺人にエスカレートするのである。しかし、埋めあわせとなる特徴がいくつかある。河童が約束をすれば、どんなことがあっても守ると誰もがいう。河童は礼儀についても厳しく、もしていねいに声をかけられたら、かならず親切で応じる。また、療しの力ももっており、骨接ぎがうまいことで有名である。

彼らにも泣きどころがあり、ずる賢い人間はそれを利用する方法を知っている。河童が陸を歩きまわれるのは、それぞれの頭に水をたたえたくぼみがあるからである。その水がこぼれると河童は弱り、動けなくなることさえある。彼らの礼儀正しさからいって、道端で河童と会った人は深くお辞儀をするとよい。たとえその大切な頭の水がこぼれる危険があっても、かならずあいさつを返してくるだろう。こぼれてしまうと、この水の精霊は力を失い、もう悪さができないはずだ。

河童の奇妙なところは頭にあるくぼみだけではない。食事も同じくらい変わっていて、血と内臓を別とすれば、河童の大好物はキュウリである。彼らはこの野菜に夢中になり、神通力でトンボのような羽をつけて飛びつくとさえいわれる。飛んでいる河童の絵のなかには、ほとんど胎児のような姿の精霊が描かれているものがあり、一部の研究者は、この伝説の起源は、死産の赤ん坊を川にすてた昔の日本の風習にあるのではないかと推測している。

しかし、河童の現象にかんしてもっとも奇妙なことは、それが遅くまで生き残っていたことである。20世紀に入ってかなりたっても、日本では多くの人々がこの生き物の存在を純粋に信じていた。研究者たちはいくつかの田舎で、河童が書いたとされる家族を傷つけないと約束する証文が家庭に残されているのを発見して大いに驚いた。今日でも、河童の目撃報告は続いている。日本の水の妖怪は、あきらかにまだ消えるつもりはないようだ。

湖の怪物 バニップとその他の淡水の怪獣

姿
バニップは通常、毛むくじゃらの体をしていて、犬のような顔、ひれ足、セイウチのような牙をもつとされるが、長い首とたてがみをもつとする伝承もある。典型的な湖の怪物は先史時代のプレシオサウルスに似た首の長い生き物である。

大きさ
バニップは通常、小さな子牛または大型の犬の大きさといわれる。そのほかの湖の怪物はずっと大きく、典型的なものは体長約7.5メートルある。

寿命
不明。

能力
バニップは大食いで、人間や動物を深みに引きこめるほど力がある。湖の怪物はすべて、なかなか正体がつかめないことでよく知られている。

水面を波立たせる風もなく、湖の水は静かに日差しを浴びている。通りがかりの人が立ち止まり、静けさにうっとりする。水面のすぐ上を舞う虫にひかれて魚が浮かび上がり、さざ波が岸の方へ広がり、見ている人の足もとにひたひたととどく。それから突然、どこからともなくなにか巨大なものが深みから現われ、びっくりしたその人は理解あるいは説明しようと一生をかけることになる。

その光景は多くの国で何度もくりひろげられたもので、偶然に目撃した人は、湖底から突如姿を現わした奇妙な、ときには恐ろしい生き物をどう説明したらいいか途方にくれる。カナダには、(アメリカとの国境にある) シャンプレーン湖のチャンプ、ブリティッシュコロンビア州オカナガン湖のオゴポゴがいる。コンゴの川辺に住む人々のあいだには、テレ湖と周囲の沼地に出没するモケーレ・ムベンベの話が伝えられている (215ページ参照)。中国には天池(ティエンチ)の怪獣の報告、ロシアにはブロスノ湖の怪竜、トルコにはヴァン湖の怪物の話がある。スコットランドが誇るいくつもの湖の怪物と称されるもののうちでとくに有名なのはモーラー湖のモラーグ、そしていまだに目撃報告の数と探索に費やされる時間、エネルギー、費用が疑いなく一番のネス湖のネッシーである。

バニップにご用心

しかし、もっとも古くからある湖の怪物の話は、地球の反対側、世界最古のきわめて長い歴史をもつオーストラリアのアボリジニのものである。彼らが描写する生き物は、多くの点で特異である。アボリジニの絵に描かれているように、バニップ (次ページ参照) は一般に毛むくじゃらの生き物で、犬のような顔とともにセイウチのような牙、ひれ足、尾をもつ。首が長いこともあり、2つの異なる種類がいるのではないかと考える研究者もいる。

伝説ではバニップはバグベア、つまり弱い人間、とくに子どもを深みに引きこもうといつも待っている血に飢えた生き物になった。それだけをみれば、それはオーストラリアのいくつかの水路でまさに現実の驚異となっている塩水性のワニの性質をおびている。しかしその正体のもっと有力な手がかりは、その犬のような特徴と、ビクトリア州、サウスオーストラリア州、ニューサウスウェールズ州の広大なマレー・ダーリング河川系につながる水域で目撃報告が多いことにある。

生息地
バニップはオーストラリアの川、小川、分流、沼地、水たまりに出没する。湖の怪物は、中国にチリ、カナダからコンゴ共和国まで、世界中で報告されている。

海のオットセイがときには大きな川に入り、ときおりはるか内陸で思いがけず姿を現わすことが知られている。オットセイは体長2メートル以上、体重350キロにも成長し、バニップの目撃例のすくなくとも一部がこの動物であるのはほとんど確実である。

先史時代の生き残り？

世界のほかの場所で報告された湖の怪物は、大部分が別の形態をとっている。それらはふつう、典型的なものは約7.5メートルもあり巨大で、長く曲がりくねった首と小さな頭をもつ。多くの人々が、そのような動物と、ジュラ紀や白亜紀に存在したことが知られている海の恐竜プレシオサウルスとの共通点を指摘している。湖の怪物が実在すると信じる人々はたいてい、シーラカンスのような先史時代の生き残りだと考えたがる。シーラカンスは、1938年に南アフリカ沖で釣り上げられるまでは、6500万年以上前に絶滅したと考えられていたのである。

「いまだに目撃報告の数と探索に費やされる時間、エネルギー、費用が疑いなく一番のネス湖のネッシーである」

続く探索

湖の怪物の探索について書かれた本は数多くあり、探索には小型潜水艦、水中カメラ、水中聴音器、側方(サイド)監視(スキャン)ソナーなどさまざまな技術が使われてきた。しかしこの生き物は、存在しているとしても、正体がなかなかつかめない。いくつもの調査で、深みでなにか大きなものが動いていることを示すと考えられる意外なデータが得られたが、まだその動くものが何であるかについて明白な証拠を提示したものはない。ネッシーと世界中にいるその仲間の存在のもっとも強力な証拠は、依然として、ふだんの生活の中で偶然に怪獣を見たと主張する何百人ものふつうの市民の目撃報告にある。そんな人々のひとりが1934年にネス湖を訪れたときに撮った有名な写真が、前ページに示したものである。当時、これは大きな興奮を巻き起こしたが、近年では専門家たちはそれはカワウソ、あるいは飛びこんでいる鳥、さらにはおもちゃの潜水艦に作り物の頭をつけたものの写真だとして退けている。

ある日、なんらかの完全に説得力のあるフィルムが撮影されるかもしれないし、反駁できない生物学的証拠によって湖の怪物の存在についての真実がはっきりと証明されるかもしれない。しかしそのときまでは、猿人と同様、彼らは幻想世界の一員でありつづけるのである。

モケーレ・ムベンベの探索

中央アフリカには、2世紀以上前からコンゴの河川系の辺境の沼地や水路に棲むといわれる長い首をもつ巨大な生き物の話がある。このモケーレ・ムベンベすなわち「川をふさぐもの」の目撃報告をまとめたもっとも詳しい解説は、1913年に当時はドイツの植民地だったカメルーンの植物と動物にかんする公式報告を作成したドイツ軍の大尉によるものである。フォン・シュタイン大尉の報告では、この動物は象ぐらいの大きさで、長くしなやかな首と1本の牙もしくは角をもつとされている。この獣は草食性で、ある種のつる植物の果実を食べて生きているといわれるが、それにもかかわらず危険で、近づいてくるボートを攻撃する。

過去30年にわたり、モケーレ・ムベンベがいるとされる地域をいくつも探検隊が訪れている。彼らは地元住民からこの生き物について多くの話を集めた（なかには実在の動物というより精霊とみなされていることを示すものもあった）が、現在のところそれが実在するという決定的証拠は得られていない。主流の科学的見解はまだモケーレ・ムベンベを神話的なものとみなす傾向があり、目撃報告をサイ（それで角が説明できる）あるいは泳いでいる象の誤認であるとして却下している。しかしハリウッドは違う意見のようである。1985年の映画『恐竜伝説ベイビー』では、アメリカの古生物学者とその家族が幼いモケーレ・ムベンベを発見し、西洋のハンターたちの野望から守ろうとするのだが、この映画ではモケーレ・ムベンベはアパトサウルスの失われたコロニーの生き残りとみなされている。［アパトサウルスはブロントサウルスの旧名で有名な大型恐竜］

クラーケン 深海からやって来るけたはずれに大きいイカに似た怪物

姿
巨大で、多数のひれと触手をもつ。しばしば小島と間違われる。背中に樹木や植物が生えているという記述もある。

大きさ
1752年に刊行されたエリック・ポントピダンの『ノルウェー博物誌』によれば、「その背中あるいは上部は…見たところ外周の長さが約2.5キロある」

寿命
不明。

能力
多くは消極的だが、非常に大きいため、それが沈んだときに生じる渦に近くの船が吸いこまれる危険がある。比較的新しい記述では、その触手を船に巻きつけて深海にひきずりこむと書かれている。

生息地
クラーケン自体はスカンディナヴィア周辺の海域にかぎられるが、大西洋やアラビア海など世界中の多くの地域でよく似た生き物が報告されている。

深海に隠れた巨大で恐ろしいクラーケンは、西欧の空想世界の常連になって久しい。アルフレッド・テニソンはこれについての有名な詩を書き、ジョン・ウィンダムはSF小説『海竜めざめる』(原題は『The Kraken Wakes』)で、深海のエイリアンの種族の名前としてクラーケンを借用した。最近では、クラーケンは映画『パイレーツ・オブ・カリビアン――デッドマンズ・チェスト』に何度か登場している。

昔はクラーケンはもっと深刻に受けとめられていた。1750年代には、ベルゲンの司教エリック・ポントピダンが『ノルウェー博物誌』にクラーケンについての説明を書いた。彼は、船乗りの報告をもとに、クラーケンを「丸く、扁平で、触手だらけ」で、背中は「浮遊しゆらゆら揺れる海草のようなものに囲まれている多数の小島」に似ていると述べている。

ほら話から厳然たる事実へ

生きている島の話は多くの文化にある。ケルトの聖ブレンダヌスは約束の地の島を探して西へ航海し、9世紀に書かれた有名な著作のテーマとなったが、彼も『千夜一夜物語』に書かれているシンドバッドと同じようにクラーケンに遭遇した。初期のイスラムの動物学者アル＝ジャヒーズは、船乗りたちが島と間違えたザラタンと呼ばれる生き物のことを書いている。彼らがそれに上陸して火を焚くと、この怪物は波の下に沈み、泳げない者はみんな溺れてしまったという。

フランスの博物学者デニス・ド・モンフォールは『軟体動物の博物誌』(1802年)の中で、クラーケンは巨大なタコで、船を深海にひきずりこむことができると書いた。彼の記述はデンマークの動物学者ヤペトゥス・ステーンストルプの注意をひき、1850年代に彼はクラーケン様生物の目撃情報を分析して多数の科学論文を発表した。

ステーンストルプの研究と同時期に、ダイオウイカ(*Architeuthis dux*)の死骸が発見された。深海に生息するダイオウイカについてはいまだにほとんど知られていない。現在の推測では、成長しても触手を含めて長さ約13メートルまでで、昔の船乗りたちの主張に一致するとはとてもいえない。それでも、ダイオウイカは世界最大の無脊椎動物で、ポントピダンの話の背景にある事実として可能性がもっとも高いと考えられる。

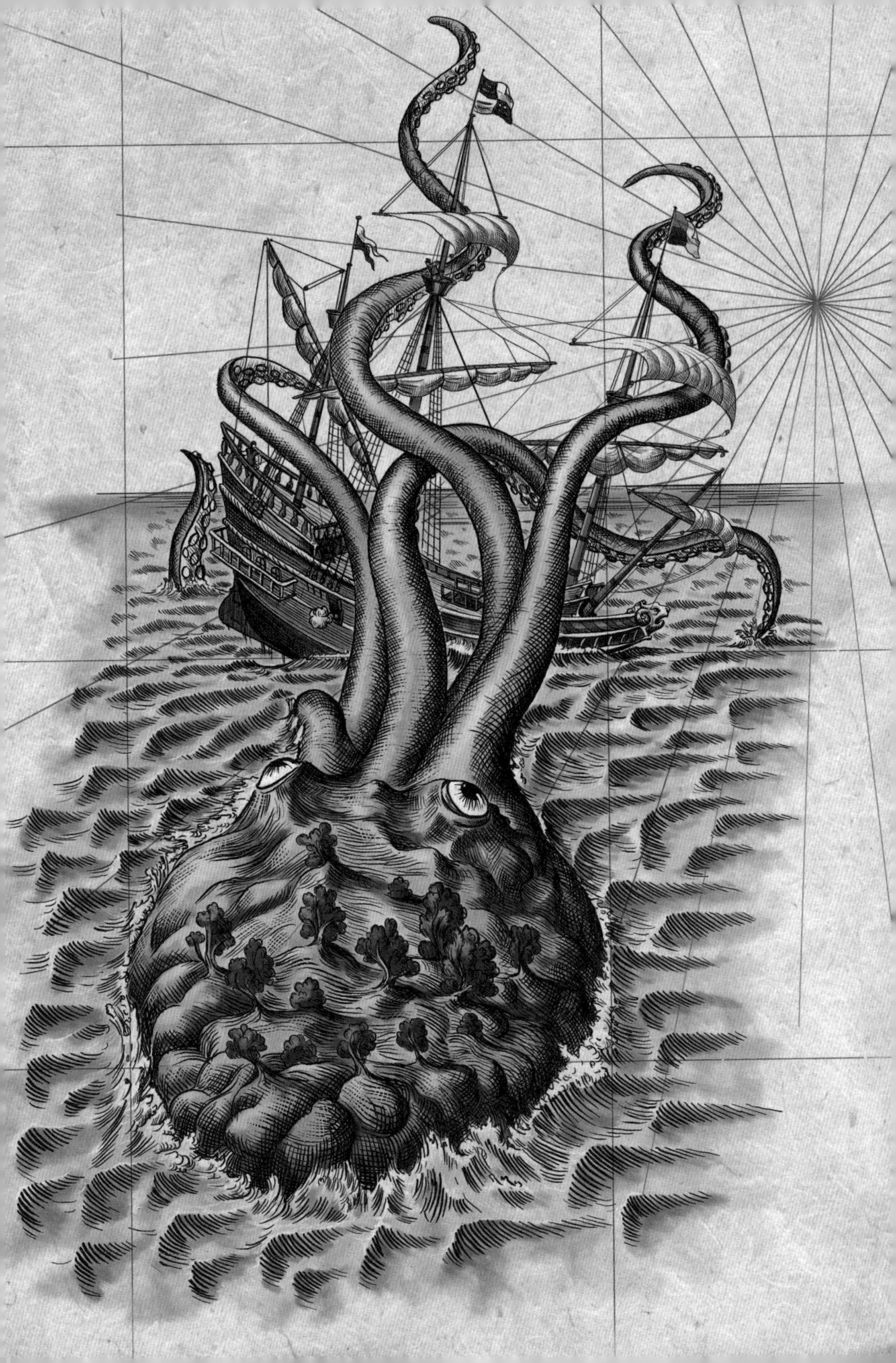

⊙ ⊕ ⊖

ヒュドラ 頭が補充できる沼地の大蛇

姿
9つの頭をもつ大蛇。

大きさ
牛を殺せるほど大きい。

寿命
第2の難業がこれを殺すことだったヘラクレスによって切り刻まれた。

能力
有毒な息と血にくわえ、すでにある頭が切り落とされても追加の頭を生やす能力をもつ。

生息地
ギリシアのペロポネソス半島にあるレルネーの沼地。

ヘラクレスの難業のうちでもきわめて困難だったのが、ギリシア南部の沼地にいるレルネーのヒュドラと戦う第2の難業であった。誰もあえてその巣に近づこうとしないため、この怪物は罰せられることもなく周辺の地域を荒らしていた。半人半蛇の女性エキドナから生まれた怪物たちのひとつで、非常に強い毒をもち、息で殺せるほどである。なお悪いことに頭がいくつもあり、どんな相手に対してもすべての頭が同時に攻撃できる。

ヘラクレスは十分に危険を予想していたため、助手として甥のイオラオスをつれていった。怪物の沼地の隠れ家をつきとめた彼は、毒気から身を守るため鼻と口を布で覆ってから、火矢を巣に打ちこんで怪物を外に出させた。ヘラクレスは近づいて、首尾よく剣でその頭を1つ切り落としたが、恐ろしい教訓を得ただけだった。古い頭が落ちるやいなや、新しい頭が生えてきたのである。

ヘラクレスは、イオラオスに火のついた木の枝を用意させて、うまく問題を解決した。頭を切り落とすたびに燃え木で切り跡を焼いて、新しい頭が生えてくるのを防いだのである。9つの頭をすべて落としてこの怪物を殺すと、ヘラクレスは死骸からあふれる血に矢をひたして、永久に毒を含む矢にした。この行為により、ヒュドラは最後には復讐をはたすことになる。最終的にこの英雄を死に追いやったのが、ケンタウロスのネッソスを射るために使われた、ヘラクレス自身の矢の毒だったからである（122ページ参照）。

ヤマタノオロチ

日本にはヤマタノオロチというヒュドラに相当するものがおり、これは頭が8つある大蛇で、神須佐之男命（すさのおのみこと）によって殺された。高天原で面倒を起こして地上に追放された須佐之男命は、すすり泣いている夫婦に出会った。彼らは地の神で、それまでに7人の娘を怪物に生け贄として捧げたのだが、今、その怪物が8人めの末娘を食べに来ようとしているのを嘆いているのだとわかった。

その娘がたいそう美しいのを見た須佐之男命は、彼女を妻とする代わりにその怪物を殺そうと申し出た。両親は喜んで同意し、すぐに須佐之男命は魔法で娘を櫛に変え、安全のためそれを自分の長い髪に挿した。それから彼は酒の入った桶を8つならべた。大蛇はやってくると酒を飲み、酔っぱらって寝てしまった。この機をとらえて須佐之男命は剣を抜いて怪物を切り刻んだのち、娘を人間の姿にもどして妻にした。

シー・サーペント 深海に棲む蛇に似た怪物

姿
典型的な例は、1848年にフリゲート艦ディーダラス号の艦長が述べているように、形は蛇のようで、色は暗褐色、喉に白い斑点がある。ひれはないが背中に海草のようなたてがみがある。

大きさ
10〜60メートルで、資料によって異なる。

地球の70％を覆い、まだ比較的探検されていない世界の海洋は、おそらく地球のどの部分よりも未発見の生物がいる可能性がある。巨大なチューブワーム（ハオリムシ）や発光器で獲物をおびき寄せる深海のアンコウなど、近年、深海探査船が奇怪な動物を発見したが、それらの信憑性を裏づける十分な科学的証拠がなかったら、作り話だと思われていたかもしれない。このため、何世紀も前からさまざまな場所で報告されてきた巨大な蛇のような生き物の目撃情報が、長い間隠されてきた真実の一端を含んでいたのだと判明する日が来るかもしれない。

このような報告には長い歴史がある。シー・サーペントの最初の記録は、ギリシアの哲学者アリストテレスが紀元前４世紀に書いたものである。彼は、リビア沿岸に棲み、海岸で牛をむさぼり食うといわれる生き物について述べている。

また、ローマの著述家プリニウスは、アレクサンドロス大王に派遣

された艦隊がペルシア湾を渡っているときに、長さが10メートル以上ある生き物に包囲されたと書いている。

注目すべきノルウェーの目撃報告

シー・サーペントについてきわめて生き生きと記述しているものにスカンディナヴィアの史料がある。1555年に刊行された『北方民族文化誌』の中でオラウス・マグヌスは、長さ60メートル、胴まわり6メートルの生き物がノルウェーのベルゲン港周辺の洞窟にいて、夜になると浜に上がって子羊や子牛、豚を食べると述べている。この動物は、ときには船から人間を捕まえていくこともあったらしい。200年ののち、好古家でベルゲンの司教になったエリック・ポントピダンは『ノルウェー博物誌』(1752年)の中で、数百人の船員がそのような生き物を何度も見たことがあると話していると述べている。彼の説明によれば、この怪物は年間の大半を海底ですごすが、産卵期である7月と8月にはしばしば海面で目撃されるという。

その一方で、また別のスカンディナヴィアの聖職者で「グリーンランドの使徒」と呼ばれるようになるノルウェーの伝道師ハンス・エーゲデは、1734年に北大西洋を渡っているときに奇怪な生き物と直接遭遇した。彼は、怪物が海から体をもちあげ、頭を船のマストのてっぺんの高さまで上げたと書いている。その体は非常にしわが寄ってでこぼこした硬い皮膚で覆われていた。下の部分は蛇のような形をしてい

寿命
不明。

能力
水中を高速で進む。いくつかの資料によれば、小さな船を深みに引きこめるほど力がある。

生息地
世界の海。

「プリニウスは、アレクサンドロス大王に派遣された艦隊がペルシア湾を渡っているときに、長さが10メートル以上ある生き物に包囲されたと書いている」

て、体の残りの部分から船ひとつ分離れた波間から尾が出ているのが見えた。

接近遭遇

1848年、英国海軍のフリゲート艦ディーダラス号の乗組員は、南大西洋で、陸地から遠く離れたセントヘレナ島へ向かっている途中で同じようなものを見た。その後行なわれた海軍本部への報告でピーター・マクヒー艦長は、その蛇のようなものは見える部分が長さ18メートル以上あったが、直径は約1メートルしかなかったと述べている。この生き物は「(斜め後ろから風を受けて進んでいるときに) 船尾の風下側の非常に近いところ」を横切り、「知りあいだったら裸眼で容易にそれと認めることができるくらい」の距離だったとマクヒーは記録している。その生き物は頭を海面上約1.3メートルのところまでもちあげて、推定時速20〜25キロで一定の進路を保って進んでいた。

それ以降、世界各地の海から目撃報告が続き、まとまって報告されることも多かった。その一例が1817年にマサチューセッツ州グロスターの沖あいで目撃されたものである (次ページのコラム参照)。サンクレメンテの怪物と呼ばれる怪獣は、1914年から1919年にかけてカリフォルニア沖、サンタバーバラ海峡のサンクレメンテ島とサンタカタリナ島のあいだでくりかえし姿を見せた。英国では、1975年にファルマス湾でモーガウル (コーンウォール語で「シー・ジャイアント」の意) の報告があいついだ。8年後、数十人の米国の目撃者が、長さがすくなくとも30メートルはある背を丸めた蛇のようなものがカリフォルニア沿岸を速いスピードで進んでいるのを見たと語った。

信じられない…でも本当?

合計すれば数百にのぼるシー・サーペントの目撃情報は細かな点がさまざまに異なり、分析した研究者たちはそれらがいくつかの異なる種類の生き物についての描写だと結論するにいたった。フランスの未確認動物学者ベルナール・ユーヴェルマンは、巨大なアシカ類やウナギに似た生き物、特大の亀、スーパー・カワウソ、巨大な海生トカゲ (ワニ)、巨大な無脊椎動物、北大西洋で知られているだけの多こぶの生き物、先史時代の鯨類の生き残りと考えられる複数のひれがある生き物、馬のような頭をしたひれ足動物と描写されるマーホースの、9種類のシー・サーペントを提案した。ほかに巨大なサメ (おそらく先史時代のメガロドンの子孫) ではないかという考えや、ステラーカイギュウの生き残りだとする考えもある。ステラーカイギュウはジュゴンやマナティーに近縁だがもっと大きく、体長7.5メートル、体重6トンにもなり、18世紀に絶滅したと考えられている。

もちろん懐疑的な人々はそのような可能性をすべて否定し、既知の生物や航海中の現象を誤認したものだとして説明しようとした。たとえば多こぶの生き物の報告は実際にはイルカが列をなしてジャンプしたのを見たのではないかと、彼らは言うのである。また、海草の色をしたたてがみをもつ生き物の報告は、じつは漂っている大きな海草の塊のことかもしれない。海洋生物学者は、これらの話の多くはリュウグウノツカイがもとになっているのかもしれないと主張している。このめったに見られない深海の生物は、体長11メートルにまで成長することが知られている。これらの意見はいずれも、観察された現象のいくつかの説明になるかもしれないが、それでもまだ説明がむずかしいケースが数多く残る。まだこれから大洋の深海で重要な発見がなされる可能性は大いに残っている。

グロスターの目撃報告

1817年8月、マサチューセッツ州グロスターというボストンの北にある小さな漁港の沖あいで、17日間にわたって100人以上の人々が巨大なシー・サーペントを目撃した。その報告では、その蛇のような生き物は、推定される長さが13〜45メートルとまちまちで、ある目撃者は頭の幅が馬ほど、あるいはそれ以上あるがあまり長くないといい、別の目撃者は15リットル入りの樽ほどの大きさがあったといっている。大半の目撃者はその怪物を港の岸壁や海岸から見たのだが、追跡に出たボートもあった。そのひとつに乗船していた船大工は、怪物の10メートル以内に近づき、そこからライフルで撃ったと述べた。頭に命中したと思ったが、それはボートの下を通って「イモムシのように」うねりながら垂直に潜り、ものすごいスピードで泳ぎ去った。ガフニーの推定では、時速30〜50キロで進んでいたという。

その後、地元の科学団体リンネ協会がこの現象の調査をした。ちょうどその頃、海岸で奇妙な姿の蛇が発見されたのを受け、彼らはそれは赤ん坊のシー・サーペントだと得意げに発表した。すぐに彼らの説明が間違いであることが曝露された。ヨーロッパの科学者たちが、正しくはその生き物は背骨が奇形のふつうの黒い蛇であると同定したのである。協会の間違いのせいで、グロスターのシー・サーペントの話全体が信用を落とすことになった。それはおそらく公正を欠いているだろう。最初の目撃者の報告の多くはいまだにうまく説明できていないのだから。

セイレン　鳥と乙女の混成動物で、歌で船乗りを誘って死なせる

姿
美しい女性の頭と上半身、場合によっては腕をもつ鳥。

大きさ
通常、大型の鳥の大きさで描かれる。

寿命
伝説では、その歌声の魔力が効かなかったときに死んだと伝えられている。

能力
魅惑的な歌と結びついた魔力に恵まれている。

生息地
魔女キルケの島に近い地中海沿岸。ある古い伝承では、南イタリア沖のカプリ島となっている。

古代ローマの歴史家スエトニウスによれば、ローマ皇帝ティベリウスはセイレンのうたった歌を教えろと言って学者たちをしつこく悩ませたという。この女鳥人がうたった歌が耳に美しかっただけでなく、人間のすべての知恵を含んでいたからである。すくなくともホメロスはそう解釈して、セイレンのひとりにオデュッセウスに向かって「この豊かな大地で起こるすべてのことを知っている」と言わせている。

よく知られているように、オデュッセウスは部下たちの耳を蝋でふさぎ、みずからは体を船の帆柱に縛りつけさせていたため、セイレンの誘惑の声を聞くことができた。その歌を聞いた船乗りは抵抗することができなくなって船から身を投げてしまうため、そうするように魔女キルケから警告されていたのである。イアソンとアルゴ船の隊員もセイレンの誘惑をなんとかのがれることができたが、彼らの場合は美声のオルペウスが乗っていたからである。彼はセイレンをしのぐほど美しい音楽を奏で、無視されて絶望したセイレンたちは下の岩に身を投げて死んだとされている。

資料によってセイレンの数は異なり、２人というものもあれば、３人、さらには５人もいるとする伝承もある。彼女たちは海の神ポルキュス（または川の神アケロオス）とムーサのひとりテルプシコラの娘だといわれている。あるときセイレンたちはヘラにうながされて９人のムーサたちと音楽の腕前を競ったが、敗れてしまった。するとムーサたちは罰としてセイレンたちの羽をむしって、勝利の花輪にした。

伝説では、セイレンは人間として生まれたとされている。女神ペルセポネに仕えていた彼女たちは、冥府の王ハデスに女神がさらわれると、女神を捜せるように翼を手に入れた。その後、セイレンたちは海のそばに住むようになった。その居場所についてはさまざまな説があるが、もっとも古い言い伝えでは、それはイタリアのカンパーニア州で、カプリ島か本土のその対岸にあたるところとされている。

のちの時代にはセイレンは女性の誘惑のシンボルになり、キリスト教の道徳主義者から妖婦あるいは悪魔として激しく非難された。しかし彼女たちの音楽の記憶はつねに魔法の力をもちつづけた。今日でも、セイレンの歌は手に入れがたい美のイメージ、別世界の力を有する依然として破壊的な美のイメージを伝えている。

ナーガ 蛇の姿をしたインドの半神

姿
コブラのような蛇で、ときには頭を7つもつこともあり、人間の姿になることもできる。

大きさ
さまざまだが、ふつうは非常に大きいものとして描かれる。

寿命
半神であり、ことによっては無限。ある伝承は、彼らの先祖が不死の霊薬のしずくをなめて死を征服したと伝えている。

能力
泉、井戸、川の守護者で、財宝を守り秘密の知識の保存もする。雨や洪水をもたらすことができる。

生息地
インドの水中（伝承によっては地下）で、宝石がちりばめられた豪奢な宮殿に棲む。

ナーガはインド神話の強力な水の精霊で、蛇の姿で表わされる。何世紀にもわたって恐れられ崇拝されてきた彼らは、複雑なそしてときには矛盾する伝説のテーマになった。ナーガの物語はインドで語られるだけでなく、ネパール、ビルマ、インドネシア、マレーシアにもあり、さらにはカンボジアではアンコールワットの寺院にナーガの像が見られる。

先割れ舌の伝説

古代ヒンドゥーの伝承ではナーガは、100の頭をもつ蛇神で永遠を象徴するヴァースキの支配下にあるとされる。ヴィシュヌは、原初の創造の事業ののち、宇宙の海の中でヴァースキの背に横になって休んでいる姿で描かれることが多い。ヴァースキもヒンドゥーの乳海攪拌の神話において中心的な役割を果たし、聖なるマンダラ山に巻きついて、命の霊薬ソーマを得るために海を攪拌する綱の代わりになった。のちの伝説では、ナーガたちは機会をとらえてソーマをいくらかなめ、それによって死をまぬがれることになった。しかしそれと同時に彼らは草で舌を切り、それ以来蛇の舌は先が割れているのだという。

その後、ナーガたちは水の中へしりぞき、川と海と嵐の神ヴァルナの従者となった。一部ナーガラージャ［蛇神の長］たちは地方の神となり、宝石で覆われた水中の宮殿で踊りや歌や花に囲まれて横たわり、そこから湖や川を統括した。別の伝承におけるドラゴンのように、彼らも財宝を守っていた。

知恵比べ

ナーガはヒンドゥーの経典において重要な役割をはたしただけでなく、仏教の言い伝えにも登場する。仏教の伝説に、蛇の精霊と、インド神話の鷲の頭をもつ巨鳥ガルダ（26～27ページ参照）の間の長年の敵対関係についての話がある。ガルダは食料にするためナーガを狩っていたが、蛇は岩を飲みこんでナーガが運べないほど体を重くすることを覚えた。するとある仏教徒の賢者がガルダに、ナーガの尾をつかんで石を吐き出させればよいと教えて、ガルダの好意を得た。

竜王 中国の水界を支配する竜神

姿
本当の姿は鱗で覆われた竜で、蛇のような体をしていて、頭には角とひげが生えているが、しばしば人間の姿を装って現われる。

大きさ
通常は長さ5～6.5キロだが、言い伝えでは、竜王がそうしたいと思えば宇宙全体と同じくらい大きくなれるという。

寿命
不死。

能力
測りしれない力をもち、海面に浮上すれば台風や渦を巻き起こし、空に昇れば嵐を生じる。

生息地
水底の壮麗な宮殿に住み、オパールと真珠を常食とする。

中国の古典『西遊記』は、英語ではアーサー・ウェイリーが『Monkey』として翻訳したものがもっともよく知られているが、その中で主人公の孫悟空がそれをもてば無敵になれる武器を欲しがる。彼はどこを探せばよいか知っていた。それは海の支配者である4人の竜王のいずれかの宮廷である。このため悟空は、彼らのうちでもっとも強大な東海竜王の住む宮殿へ行った。そこは東シナ海の海底で、悟空はちっぽけな小枝から天に達するほどの大木まで大きさを変えることができる如意棒を盗んだ。

この新しく手に入れた武器で、悟空は猿族をみな支配できるようになった。しかし彼は危険な敵をつくってしまった。この盗みに激怒した竜王は閻魔王のところへ行って訴えたが、それでは望む結果が得られなかったので、天界を支配する玉帝のところへ上奏に行った。このため悟空は天界の神々の前に呼び出され、これ以上問題を起こさないように、弼馬温（ひつばおん）という肩書きは大げさだがつまらない仕事（天界の馬の世話係）を与えられた。

この物語からもわかるように、中国の竜王たちは強大であるうえに強いつながりがある。竜王のうちでも強力なのは4人いて、協力して世界の東西南北の海を支配している。彼らは不死で、玉帝以外の誰の指揮下にもなく、下位の者が逆らえばたいへんなことになる。孫悟空があえて危険を犯してあのような無鉄砲なことをしたのは、彼の広大無辺の厚かましさゆえである。それに彼は、結局は物事を成功させる度胸と巧妙さをもっていた。

権力のしるし

竜王の話は、古くから中国にある皇帝の権力のシンボルである竜の伝承がもとになっている。この国の伝説上の歴史に住む架空の文化英雄たちは、この関連づけに負うところが大きい。中国の神話時代の三皇の最初の皇帝で、中国人に料理の仕方や網で漁をする方法を教えた伏羲（ふっき）は、蛇の体をもっていたといわれる。すべての中国人の始祖とされる黄帝は、生涯の終わりに竜になって天に昇った。このため中国人自身が「竜の子孫」と呼ばれることもある。のちに歴史時代の中国の皇帝たちは竜の玉座に座った。竜のシンボルはかなり様式化され、絹（230ページの図版）や陶製タイル（231ページの図版）などあらゆる種類の媒体に表現された。1644～1912年に中国を支配した清王朝の

もとでは、一般人が竜の模様を刺繍した衣服を着れば、不敬罪を犯したことになり、死刑に相当する罪であった。

だから、海の竜王たちが海底の立派な宮殿で、宝石で身を飾り、カニの将軍に指揮されたエビの兵士たちに守られて豪奢な生活をしているのは、まさに当を得たことだったのである。彼らは変身能力をもち、人間の前にはたいてい堂々と盛装した人間の姿を装って現われるが、ときには竜の顔をしていることもある。

小さな池の大きな竜

しかし、この中国の万神殿の神々のなかでも高位にある竜と取引をした人間は少ししかいない。竜王との遭遇はたいてい個々の川、湖、池といった比較的小さな水域を支配する地元の竜神との出会いである。彼らも影響力の大きな存在となりうる。竜神は雲と雨を支配し、水の神だけでなく気象の神としての役割もはたす。中国のように旱魃と洪水がよく起こる国では、彼らの力は近隣に住むすべての人々の生死を決めることになる。

国中の町や村、とくに大きな川や海岸近くに位置するところには、地元の竜王を祭った神殿があり、旱魃を避け、死をもたらす洪水を防ぐために、司祭が儀式を行ない、一般の人々は供物をささげる。中国の歴史の初期には、何世紀にもわたって毎年、黄河にそこを支配する竜王への生け贄として若い娘が投げこまれていた。ひんぱんに起こる洪水で無数の犠牲者が出たため、今でも黄河は「中国の悲しみ」と呼ばれる。

これらあまり重要でない統治者たちも、その力の大きさだけでなくその気まぐれさのため、恐ろしいものになる。南の竜神、銭塘(せんとう)の話がある。彼はかんしゃくもちで有名で、あまりにひどいので彼を抑えるため、天を支配する上帝が銭塘を兄である洞庭湖の竜神の地下牢に閉じこめた。

ある日、手紙をたずさえた人間が、湖底にある竜神の宮殿をたずねてやってきた。この男は貧しい書生で、涇川の川辺で悲しんでいる美しい娘に出会い、手紙を託されたのだった。

書生は神通力でふわりと水底まで下ろされ、竜王のところに案内された。客を迎えるため人間の姿をした竜神は、手紙を読んで表情を曇らせた。というのはその若い女性は彼の娘で、手紙に夫である涇川の竜神が彼女を虐待していると書いてあったからである。

これは銭塘にうってつけの仕事だった。鎖をはずされた銭塘は、復讐するため出発し、まもなくかたわらにあの娘をつれてもどってきた。彼女を虐待していた夫を殺して食べ、ついでにその川の流域に洪水を起こして6万人ばかり殺したという。それでも、銭塘が自分のしたことについて後悔を示すと、上帝は彼を許して以前の地位にもどすことにした。

すばらしい水中の住居に住み、人間界へ予測できない介入をする竜王は、多くの点でインドの伝説に登場するナーガラージャ（226～227ページ参照）を思い出させる。しかし彼らも、長い歴史をもつ中国版ドラゴンから彼ら自身の特徴を獲得したのである。竜王は今日でも中国世界のいたるところで行なわれる竜船レースというスポーツに存在しつづけている。これはカヌーのような小船で行なわれ、その船首と船尾には誇らしげに竜王の頭と尾の飾りがついている。

⊙ ⊕ ⊖

ケルピー 不用心な者を深みで溺れさせる水棲馬

姿
一見、ふつうの馬と変わらない。

大きさ
馬の大きさ。

寿命
精霊であり、潜在的に無限。

能力
変身でき、そうしようと思えば人間の姿になることもできる。超自然的な強さとともに、自然力をコントロールする魔力をもつ。

生息地
スコットランドの川や湖の付近。同じような生き物がウェールズ、アイルランド、スカンディナヴィアの国々にも認められる。

スコットランドの湖を訪れる人たちは、ケルピーに気をつけたほうがいい。トロサックスの南にあるアバフォイルの教区牧師パトリック・グレアムは1806年に、『パースシアのスケッチ』に「どの湖にもそれぞれのケルピーすなわち水棲馬がいて、岩のてっぺんに座っていたり、淵のほとりを突進したり、岸辺の草地で草をはんでいるのを、しばしば羊飼いに目撃されている」と書いている。同じ著書で彼は、その教区の前任者のひとりであるロバート・カーク牧師が1691年に人間の世界を去ったとき、彼は死んだのではなく妖精の国へ行ったのであり、村の外にある妖精塚を歩いているときに別の世界へ迎えられたのだと地元では信じられていると記録している。

もっとも悪質な乗り物

牧師が書いていたケルピーは淡水の精霊で、たいてい美しい栗毛の馬の姿をしている。しかしケルピーは変身し、その本性は悪意に満ち

ポセイドンの馬車を引く者

ギリシア・ローマ神話の世界にもヒッポカムポスという水棲馬がいて、この伝説上の生き物は強大な神ポセイドンの黄金の馬車を引いたといわれている。おそらくこの話の起源は、ポセイドンが海の神であると同時に馬の神でもあったことにあるのだろう。このポセイドンの乗り物は前部は馬で、後ろは鱗のある蛇のような魚になっている（次ページの図参照）。古代ローマ人も同じようなものを自分たちの海神ネプトゥヌスのためにつくったが、その際、彼らはイタリア土着の伝承をもとにしたのかもしれない。エトルリアの墓で翼のある水棲馬の絵が発見されており、その目的はおそらく故人の魂を水によって冥界へ運ぶ超自然の存在を示すことだったのだろう。

生理学的にありそうにもないにもかかわらず、ヒッポカムポスは古代ギリシア・ローマとその後の時代の芸術家や彫刻家にもてはやされるテーマとなった。18世紀につくられローマ随一の人気観光地となっているトレヴィの泉を訪れた人々によって、すぐれたバロック芸術の例がいまだに絶えることなく称賛されている。

ている。彼らのいちばん好きな策略は、誰か歩き疲れた人の注意をひくことを期待して、鞍と馬勒をつけて道端で待つやり方である。無分別な旅人がそれに乗ったら、たちまちつむじ風のように駆け出して、近くの川や湖の深みに飛びこむ。尾で水を叩くと、雷のような音と目がくらむような光が起こる。馬と乗り手は二度と姿を見せることはない。

嵐をもたらし変身する

ケルピーは別のやり方でも害をなす。ある伝承は、ケルピーが人間をまるごと飲みこむことができるとしている。ケルピーはいななないて嵐が来ることを警告するといわれ、ときには嵐がケルピーのせいにされることもあった。また、湖や川をあふれさせて、歩いている人を大水で流して死なせるともいわれた。この精霊は人間を装って現われることさえでき、ふつう、粗野な男の姿になり、ひとりで馬に乗っている人の後ろから鞍に飛び乗り、手綱をつかんで馬を乗り手ごと乱暴に走らせて、ときには被害者を恐怖で死なせることもある。

「そして獲物を深みにひきずりこんで飲みこみ、あとは血だらけの波間に肝臓だけが浮かんでくる」

しかしよくあるように、この厄介な精霊の上を行く抜け目のない人のことを伝える民話もある。たとえば、アバディーンシア（スコットランド北東部）の村モーフィーのグレアムという人の話がある。この領主は新しい館を建てるために安い労働力を必要としていた。グレアムは、ケルピーが千夜一夜物語の魔神のようになみはずれた強さをもっていることを知っていて、すぐに近くの湖に棲むケルピーのことを考えた。また彼は、魔力の多くが集中している馬勒を奪うことができれば、人間がケルピーを支配できるようになることも承知していた。

計画を実行するにあたり、この領主はまず用心のため今ある館をナナカマドの木でできた十字架で守った。そうすればどんな邪悪な精霊も敷居をまたぐことができないことを知っていたからである。次に彼は、道端に立って獲物を待っているケルピーに忍び寄った。そしてケルピーが気づく前に、広刃の剣の一はらいでその馬勒を切りとった。

グレアムが予想していたように、ケルピーは最初、本能的に彼の館へ突進して打ち壊そうとしたが、玄関の上にあった十字架に妨げられた。気勢をくじかれたケルピーは、新しい家に必要な石を建築場所へ運ぶなら馬勒を返そうというグレアムの条件を受け入れるしかなかった。

それはたいへん骨の折れる仕事で、ふつうの馬なら仕事がすむずっと前に疲れはてて死んでしまっただろう。ケルピーでさえ次々と荷物を運んでへとへとになり、仕事が終わったときにはほとんど影のようになっていた。領主は仕事については厳しかったが、約束を守って馬勒を返した。

ケルピーの呪い

しかしケルピーは復讐をした。走り去る前に、「痛む背中に痛む骨、モーフィーの領主の石を運んで！　モーフィーの領主は決して栄えることはない、このケルピーが生きているかぎり」と言って、グレアムとその家族に呪いをかけたのである。そしてその言葉は本当になった。立派な新しい館が建って以来、グレアム家にはほとんどよいことは起こらなかった。不幸が彼らにつきまとい、あまり多くの世代をへないうちに完全に家系が絶えてしまった。

ケルピーはとくにスコットランドのものだが（ケルピーという名前は「子馬」を意味するゲール語calpachに由来すると考えられている）、ほかの土地にもこれに相当するものがいる。ウェールズのケフィル＝ドゥールは飛ぶことができるといわれる。一方、アイルランドにはアッハ・イーシュカの話があり、これは内陸では比較的安全に乗れるが、水の匂いを嗅ぐなり貪欲な獣に変わり、哀れな乗り手を水中にひきずりこんで死にいたらせる。

恐怖と嫌悪の対象

　そしてこの生き物の起源は、また別のスコットランドの伝承に登場するハイランドの入江や海岸近くの水中にいる人食いの怪物エッヘ・ウーシュカ（「水馬」）にある。ケルピーは危険ではあるがある意味では魅力的なのに対し、エッヘ・ウーシュカはもっぱら恐怖と嫌悪をひき起こす。ことに警戒すべき点は、それが人間の姿をとることができ、ハンサムな男性の姿で現われて女性を魅惑することである。そして獲物を深みにひきずりこんで飲みこみ、あとは血だらけの波間に肝臓だけが浮かんでくる。このようなことになるのを避けるため、乙女たちは知らない人は注意して観察するよう警告され、海水の匂いがしないか、あるいは髪に海草がついていないか見るように気をつけた。

　スカンディナヴィアにも同じような伝説があり、美しい白馬の姿をした邪悪な水の精霊ベッカヘスト（「小川馬」）が登場する。スコットランドの水棲馬と同じようにベッカヘストもひとり旅の人の前に現われ、それは霧深い天気のときが多い。その背に乗った者は二度と降りることはできず、近くの小川や川の水中の墓へと運ばれる。スカンディナヴィアの神話には別に馬の頭をもつ海の怪物の言い伝えもあって、これはリントヴルムあるいはハヴヘスト（「海馬」）（フルマカモメとして知られるカモメもこの名前で呼ばれている）としてさまざまな記述がある。これは船を沈めることができるほど大きな生き物で、燃えるような目と流れるようなたてがみのある馬の頭をそびやかし、下半身は蛇だといわれる。現代のあるスカンディナヴィア民間伝承の研究者は、シー・サーペントのあらゆる報告をたどってこの塩水性の海馬までさかのぼり、のちの魚竜様の生き物についての記述は、19世紀に恐竜の骨が発見され広く公表されてからあとにこの伝承が歪められたものであると主張している。

ニクス　ヨーロッパの伝説に登場する誘惑的な水の精

姿
ドイツのニクスとスラヴのルサールカは通常、淡水の女性の人魚の姿をしていて、男性を誘惑して、溺死させる。スカンディナヴィアのネッケンは男性の精霊のことのほうが多く、うっとりするような音楽で人々をひきつける。

大きさ
見たところ人間くらい。

寿命
精霊であり、老いや死の影響を受けない。

能力
変身でき、美しさのこともあれば音楽のこともあるが、抵抗しがたい魅力をもつ。

生息地
北欧やスラヴの国々の湖や川。

ドイツ、スカンディナヴィア、スラヴの国々の民話には、悪い水の精が不用心な人間を誘惑して死なせる話がたくさんある。どれも意のままに姿を変えることができるが、ドイツのニクスはたいてい美しい女性の姿で現われ、人魚の尾を水面の下に隠している。あまりよく言わない伝承では、ニクスたちは本当は緑の髪、肌、歯をしたしわくちゃの老婆で、魔力を使って美しいと思わせているだけだとされる。

どのヴァージョンも、ニクスが人間の世界と交流し、ときには老婆を装って市場に行くこともあるということでは一致している。観察力の鋭い人は、たとえば服のすそが濡れているといった隠しきれない特徴で彼女たちを見つける。また、ニクスは川辺の草地で牛を飼うといわれ、その牛はつやのある栄養のよいようすでいることで有名である。ニクスは人間を水中の住みかにひきずりこむチャンスを逃すことはめったにないため、つねに危険である。犠牲者がふたたび生きた姿で見

ローレライ

ドイツのニクスでもっとも有名なのはもちろんローレライで、ハインリヒ・ハイネの詩で永遠の命を得た。言い伝えでは、彼女はもともとは人間の娘だったが、不実な恋人にふられ、絶望してライン川に身を投げ、ニクスに変わったと伝えられている。その後、彼女はザンクトゴアルスハウゼンの町に近い堂々たるローレライの岩の上に座って、その美しさで通りかかった船乗りの心をかき乱し、人間に復讐をした。スイスとの国境の北にあたるその岩がそびえる場所は、じつは川がもっとも狭くなっている地点で、水中の障害物や強い流れで危険なところである。何世紀にもわたって多くの船乗りがそこで災難にみまわれた。伝説を信じるなら、彼らはニクスの死の誘惑の被害者なのである。

られることは決してないが、あとで悲しみにくれる身内が溺死体を見つけることがある。ニクスが岸に来て人間の夫と暮らす話もあるが、そういった物語は不幸な結末を迎えるのが常である。しばらくすると水の誘惑があまりに大きくなり、精霊の妻は家族をすて、彼女が行ったことのしるしである血のように赤い水たまりを残して去る。

スカンディナヴィアでニクスに相当するのがネッケンである。この男性の精霊はヴァイオリンで魔法の曲を奏でて女性や子どもを魅了し、死にいたらせる。たいていハンサムな若者の姿になり、夏至の夜とクリスマス・イヴにいちばん忙しいと考えられた。

しかし、もっとも完成度が高いのはスラヴ諸国のルサールカの伝説である。ルサールカは主として女性で、洗礼を受けずに墓に入った赤ん坊や、溺れたり恋のために死んだ娘など、平安を得られない死者の精霊である。夜、川や湖から出て、湿地牧野で月明かりのもと踊っているのが見られることもある。多くの男性が誘惑されて彼女たちにくわわり、屈服した人は精霊が住む川底や湖底のすばらしい大邸宅での新生活へと消え、ふたたび現われることはない。

ルサールカの力は非常に大きく、6月の初めに村人たちは1週間まるまるかけて彼女たちを静めた。そのときは水泳は禁止された。その代わり人々は、自分の家や周囲の木々を花輪で飾り、ダンスをして、そこで求愛が始まり縁談がまとめられた。やすまらない魂に平安をもたらすための礼拝も行なわれ、ルサールカの像が近くの川にゆだねられて祭りは終わる。

⊙ ⊕ ⊖

セルキー　北国の変身するアザラシ人間

姿
皮を脱いで人間の姿になることができるアザラシ。

大きさ
アザラシの大きさ。

寿命
明記されていないが、人間と同じくらい。

能力
変身できる（ただし自分のアザラシの皮を使えるかぎりにおいて）。

生息地
オークニー諸島、スコットランドの北部および西部、アイルランド、アイスランド沖あいの海。

沖あいの海でアザラシを見たことがある人なら、それがどれほど人間のように見えるか驚いたことだろう。われわれ同様哺乳類であるアザラシは、好奇心を示し遊び好きで、種の壁を越えて共感を呼ぶ。このため、アザラシが多い海域のそばに住む人々のあいだにセルキーの伝説が生まれたのは当然のことかもしれない。セルキーはアザラシの皮を脱いで男や女の姿になる、文字どおり人間のように見えるアザラシである。

セルキーという言葉自体は、オークニー諸島の言葉でアザラシを意味する「selch」からきている。物語の多くはあるパターンに従っており、人間の姿になったセルキーが海にある家にもどるには脱いだ皮が必要だということがもとになっている。このため、皮を盗んだ者はそのセルキーを手中に置くことになる。そして、セルキーが人間の姿になっているときは美しいことで有名なので、多くの人間が彼らを伴侶にする。女性はセルキーを夫にし、男性はセルキーを妻にし、そしてその結婚が長く続いて子どもに恵まれることも多い。

海の司教

1531年、ポーランドのドイツ国境に近い海岸の沖あいで奇妙なものが目撃された。それは海の生き物で、そのときは司教に似ているといわれた。当時の図版をみると、2本の蛙のような脚と法冠を思わせるような尖った頭をもつ獣で、背中にはどちらかというとエイの翼のようなケープ状のものが張り出している。挿絵画家は仕上げにこの獣にひれのような手を2つ与えていて、手を上げて祝福しているように見える。

この奇妙なものは生け捕りされて、ポーランド王シギスムント1世に献上されたが、王はそれが苦しんでいると考えて、海にもどすように命じた。英国の作家で『永遠の王』の作者T・H・ホワイトは、『Book of Beasts（獣の書）』の中でこの事件について解説し、この生き物のことを「腐ったセイウチのように見える司教もいるから、おそらくセイウチだろうが、この件は今では推測することはかなわない」と述べている。

しかし海はセルキーにとって非常に重要であり、彼らはつねに海を恋しがり、よく似た人魚の物語にあるように、帰るチャンスがあればほとんど抵抗できない。ある日、セルキーは長いこと隠されていた皮を見つけて、家やつれあい、家族に背を向け、波間で戯れている自分の種族との生活を選ぶのである。

見知らぬ人の親切

もうひとつのグループは、種族を越えた恩義と恩返しの物語である。このジャンルの典型的なものとして、海辺で子どもを産んでいるアザラシを農夫が見つける話がある。彼は近くの入江に住んでいて、自分の子どもたちのペットとしてアザラシの子を飼おうと考えた。しかし、母アザラシが子どもを失うと思ってとり乱しているのがあまりにはっきりわかったので、かわいそうになって子どもを返してやった。

７年後、農夫の息子と２人の娘が午後遅くに２つの岬の間にある断崖のくぼみで巻貝を集めていて、気がついたときには上げ潮で孤立する危険にさらされていた。絶望的に思えたそのとき、突然２人の灰色のマントを着た女性がどこからともなく現われて、波間を通って子どもたちを安全なところに運んだ。岬の突端をまわってぶじに乾いた陸地まで子どもたちをつれていくと、その見知らぬ人たちは別れを告げ、子どもたちの父親に「海への貸し１つは陸への貸し３つ」という伝言を残した。子どもたちはいわれたとおり家に走り帰ってこの話をし、ちょっと一息ついて、助けてくれた人たちがどちらへ行ったか見た。女性たちの姿は見えなかったが、海のはるかかなたに２頭のアザラシがならんで泳いでいて、しだいに濃くなる夕闇に消えていった。

アーウィソウトル　アステカの水棲犬で犠牲者を溺れさせる

姿
犬に似ていて、小さな尖った耳、つやつやした黒い毛皮、先端に手がついた長い尾をもつ。

大きさ
小型犬の大きさ。

寿命
不明。

能力
人間の大人を水中にひきずりこめるほど力が強い。

生息地
北アメリカのアステカ族の土地にある淡水の川や湖。

神話の動物は多くが古代の文書からのみ知られているが、その文書が抑圧された文化のもののとき、正体をつきとめる作業はさらにむずかしくなる。それは、16世紀にスペインの征服者たちによってその世界が破壊されたメキシコのアステカ族に恐怖をもってみられていた謎の生き物、アーウィソウトルについてもいえることである。

アーウィソウトルが知られるようになったのは、もっぱら『フィレンツェ文書』という資料からである。それは、征服の数年後にフランシスコ修道会の伝道師の指揮のもとに作成された。その目的は、当時、スペイン人によってもちこまれたキリスト教の伝播によって根絶されつつあった、アステカ族の文化の詳細を書き残すことであった。

アーウィソウトルへの言及は、なめらかな毛をした小型の犬で尖った耳をもつ生き物と記されている。この獣のもっとも奇妙な特徴は、長い尾の先に「ちょうど人間の手のような」ものがついていることである。アーウィソウトルはこの手を使って、川や湖の生息地に近づいた人間を捕まえて、水面下にひきずりこんで溺れさせる。そして目、歯、爪を食べて、体の残りの部分はあざで覆われる以外はそのままにする。また、この生き物は「まるで小さな子どもが泣いているような」声をたてるともいわれる。

近隣の部族の民話にも同じような生き物が登場する。ニューメキシコ州のホピ族には水棲犬の物語があり、カリフォルニア州北部のシャスタ族にも人間を水中にひきずりこんで死なせる「斑点のある大きな犬のような」水生の生き物の話がある。しかしアーウィソウトルの手に相当するものを見つけるには、研究者たちは遠くチリ南部やアルゼンチンのアラウカノ族まで調査を広げなければならなかった。彼らのあいだには「nurufilu（狐蛇）」と呼ばれる、尾で巻きつく生き物の話がある。

アラウカノ族の伝説はカワウソの一種のことを言っているようで、アーウィソウトルの物語の起源としてもっとも可能性があるのもなんらかの種類のカワウソである。しかしアステカ族は、現在ではメキシコで見られる唯一の種で新世界の熱帯の川に棲むオナガカワウソ（*Lontra longicaudis*）のことを知っていて、それは『フィレンツェ文書』に「aitzcuintli」という名前で載っている。彼らにとってアーウィソウトルはまた別のものであったが、おそらくは現在はもういない異なる種類のカワウソなのか、なにかたんなる想像上の恐怖の産物なのか、今ではもう知るよしもない。

その他の怪物

幻想世界にも、実在の世界の動物相のように、地方ごとの変種や亜種が数多くいる。この雑録には、比較的よく知られているものや特徴的な例を選んで掲載する。

⊙ペリュトン

アルゼンチンの文学者ホルヘ・ルイス・ボルヘスは『幻獣辞典』にペリュトン（下の図参照）の項目を設け、鹿の頭と胴体、そして鳥の翼をもつ混成動物であると述べている。群れをなして飛び、人類の不倶戴天の敵であり、ときには舞い降りて飛びかかり人間を大量に殺すらしい。不思議なことに、人間の影をおとす。

ボルヘスが出典だとしているものは、16世紀にセファルディム［スペインやポルトガルのユダヤ人のこと］の律法学者（ラビ）がギリシアの注解学者（古典の注釈者）の著作から書写したもので、それ自体はエリュトライのシビュレ（巫女）の神託を内容としており、西暦642年にエジプトのアレクサンドリアの大図書館が焼け落ちたときに消失した。しかし、それ以外にペリュトンに言及したものは見つからず、今日では、この生き物の唯一本当の系譜は、ボルヘスの発明の才に富んだ想像力と学者的なジョーク好きにあると考えられている。

⊙フマ

フマはペルシアのフェニックスと呼ばれることもあるが、実際には中国の吉兆の鳥である鳳凰（36～37ページ参照）と共通するところが多く、その影が落ちかかった者すべてに恩寵を与える。短いあいだでも、その頭に乗ることができるほど幸運な者は、王になることを期待できる。生来の憐れみ深さから、フマは捕食を避け死肉を食べて生きる。雌雄を兼ねそなえている点も鳳凰に似ているが、フマの場合は半分が雄で半分が雌であり、脚と翼が片方ずつそれぞれ別の性になっている。フマはインドでも知られており、そこでは楽園の鳥と考えられている。

⊙アラン

フィリピンの伝説に登場する翼をもつ精霊で、へその緒、月経の血、流産した胎児を盗んで、生きた人間の赤ん坊をつくり出して自分の子として育てるとされる。

⊙ハンサ

文字どおりの意味は「雁」あるいは「白鳥」で、ヒンドゥー神話のハンサはブラフマの乗り物として仕え、女神サラスヴァティーとも結びつけられる吉兆の巨鳥である。

⊕フンババ

世界最古の文学作品であるアッカドの『ギルガメシュ叙事詩』において、ギルガメシュとその友エンキドゥに殺された森の守護神。レバノン杉の森に住むフンババは、巨人の体にライオンの頭が載っているといわれる。「その声は洪水、その口は火、その息は死である」。［引用の訳文は『ギルガメシュ叙事詩』月本昭男訳より］

⊕ディブク

ユダヤの伝説に登場する邪悪なさまよう精霊で、人間の心に棲みつく力をもち、とりつかれた人自身とはまったく別の人格をつくり出す。ディブクは邪（よこしま）な者の最後の場所であるゲヘナから逃げた罪人の魂だといわれる。

⊕正午の精霊

白い服を着た若い女性の姿をしたスラヴの精霊で、日射しがもっとも強いときに野を歩きまわり、農場で働いている人々を頭痛と失神で苦しめる。ポーランド語やロシア語ではポロヴニッサと呼ばれ、現在では一般に日射病を擬人化したものとみなされている。関連するものとしてドイツのブランデンブルク州に精霊ロッゲンムーメすなわちライ麦の婦人がいて、暑い夏の日に高く伸びた草の間をさまよって子どもを誘拐する。初代教会の荒れ野の教父たちを苦しめ、怠惰と結びつけられた真昼の悪魔、すなわち日中にもっとも強く感じられる茫漠とした目的喪失感と、正午の精霊を混同すべきではない。

⊕アジ・ダハーカ

ゾロアスター教の伝承において悪を象徴する3つの頭をもつ蛇。伝説では、アジ・ダハーカ（左の図参照）は千年の間世界を支配し、ついには英雄スラエータオナによって退治される。この怪物を殺そうとしてスラエータオナが剣でついても、傷口から害をなす生き物があふれ出てくるだけで、地を覆うおそれがあった。神の助言により、彼は蛇を縛って流れを止め、エルブールズ山脈にあるダマーヴァンド山の地下に閉じこめた。そして北欧神話のヨルムンガンド（203ページ参照）のように、最後の大変動のときまでそこにいて、ついには束縛をうちやぶって、人類の3分の1を破滅させたのち、最後には救済者クルサースパにより倒される。

⊕ラ・リョローナ

中央アメリカ、メキシコ、合衆国南部のスペイン語が話される地域社会で知られるラ・リョローナ（「泣く女」の意）はバンシーに似た存在で、その出現は死の前兆といわれる。伝説では、彼女は夫や恋人にすてられて絶望し、子どもとともに溺れ死ぬことを選んだ女の亡霊だとされる。その後、彼女は幽霊の姿で自分が死んだ湖や川の土手をさまよい、失った赤ん坊を永遠に捜す定めにあり、彼女の苦悩に満ちた泣き声が月のない夜の闇を貫いて聞こえることがある。他人の赤ん坊をとって自分の赤ん坊の代わりにするともいわれ、とりわけ母親たちは彼女に出会うのを恐れる。

⊕チャナック

チャナックはフィリピンの民話に登場する子どものデーモン、あるいはもっと正確には不用心な人間を誘うために子どもの姿をしている精霊である。たいてい、森の地面に寝転がって赤ん坊のように泣く。思いやりのある人が助けてやろうすると、たちまちその赤ん坊に見えたものが牙と爪をむき出す。別の言い伝えでは、チャナックはじつはしわくちゃなノームのような生き物で、悲しげな子どもの声を完璧にまねることができるが、近くでよく見ればすぐにその本性が明らかになるとされている。

⊕ろくろ首

昼間は見たところふつうの人間の姿をしているが、ろくろ首（下の図参照）は夜になると首を異常なほど長く伸ばすことができる。この日本の精霊は、無限に伸びるへその緒のような首で体につながった頭を隣家や通りに出して隣人をうかがうことができ、鬼（次の項参照）のようなものすごい形相をして脅かすのが好きである。

⊕鬼

鬼は日本のオーグルで、大きな体でもじゃもじゃの髪、手には鋭い爪があり、額から2本の角が生えている。肌は派手な色をしていることが多く、赤、青、黒、緑の色あいがもっとも一般的である。虎の皮を着て裸を隠し、手には大釘のついた恐ろしい鉄の棍棒を持っている。「鬼に金棒」という慣用句があり、すでに無敵の人やものにさらに力のもとがくわわることを意味する。

西洋のオーグルと同様、鬼は日本の民話に頭がよくないが恐ろしい悪者として登場し、機知に富む敵によっておとなしくさせられたり、打ち負かされたりする。そのような物語のひとつに、よい神が2頭の人食い鬼に課題を出して、ある谷の住人を襲撃から救おうとする話がある。鬼たちが一晩のうちに神社まで100段の階段を築くことができれば、毎日1人の人間の生け贄が彼らの門のところにつれてこられるようにとり計らってやるが、階段を築くことができなければ、村人たちに手出しをしてはならないと神は言った。

たいそう力持ちの2頭の鬼は難なく階段を築いていき、夜が半分しかすぎていないのにもう99段できた。すると突然暗闇から甲高い鶏の声が響いてきて、鬼たちは凍りついた。まにあわなかったのだと思った彼らは、がっかりしてとぼとぼと家に帰っていった。あとには、鶏の声をまねていた神が、あれほど大きな者がこんなに簡単にだまされるとは、と思って笑っていた。

⊕チチェヴァチェ

文字どおりの意味は「飢えた雌牛」で、チチェヴァチェはチョーサーに、貞淑な女性のみを食べて生きているため慢性的に栄養不良であるといわれた、風刺的な獣である。

⊕付喪神（つくもがみ）

日本の民間伝承では、家財道具が百年も時をへればそれ自身の命をおびることがある。するとそれは付喪神になる。これは、命を得た履物や傘から、飛びまわる巻物や土瓶まで、半ばこっけいな精霊の類の総称である。西洋でこれにもっとも近いものは、『ファンタジア』の魔法使いの弟子のエピソードなど、ディズニーの漫画にみられる。

⊖マカラ

ヒンドゥー神話に登場する天上の生き物で、ワニの頭、魚の胴体と尾をもつ混成動物として表わされることが多い。マカラ（下の図参照）がもっともよく知られているのは、空の神で雨および天上の海とも結びつけられるヴァルナの乗り物としてである。さらにガンジス川の女神ガンガーとも関係があり、その役割の場合は、川でまだ見つかるが現在では絶滅の危険性がますます高くなっている淡水イルカとされる。

⊖ドアーチュ

現在ではたんに「カワウソ」を意味するゲール語であるが、伝説に登場するドアーチュは人間を襲う習性のある恐ろしい獣である。1722年にアイルランドのリートリム県グレネード湖でグレース・マグローフランという女性を殺したとされる。地元のバラッドに、それが死体を食べているところを彼女の夫が見つけて撃ち、湖から引き出したとうたわれている。続いて行なわれた追跡の結果、２頭めのドアーチュ

も数キロ離れたところで殺された。この女性はコンウェルの教会墓地に埋葬され、その墓石にはカワウソに似た獣が描かれているが、時がたって今では添え書きの文字が跡かたもなく消えてしまっているという。

⊖コリガン

コリガンはブルターニュ地方（フランス北西部）の井戸や内水に出没する美しい乙女で、セイレンに相当し、歌で男性を誘惑する。通常は羽をもっていないが、思いのままに姿を変えることができ、未来を予知する。ほかのケルトの妖精の女性と同じように、人間に死をもたらす危険な魅力をもつ。コリガンは恋人の魂から生命力を吸いとってしまうため、恋に落ちた者は憔悴して死んでしまう。コリガンも赤ん坊を盗むのが好きで、代わりに残された不恰好な取り換え子が、仰天した母親をぼんやりと横目で見上げることになる。

⊖シパクトリ

ナワトル語で「カイマン」［熱帯アメリカ産のワニ］を意味するシパクトリ（上の図参照）という言葉は、アステカの創世神話でテスカトリポカと戦ったワニに似た怪物に与えられた名前でもある。この怪物は、神が足を餌として使ってこれを引き上げたとき、神の足をかじりとってしまった。

⊖エンカンタード

エンカンタードは文字どおりの意味は「enchanted（魅了された、魔法をかけられた）」で、ブラジルの民話に登場する人間の姿になる力をもつカワイルカで、人間と交流することができ、ときには恋人になることもある。物語はスコットランドのセルキー（238～239ページ参照）の話とほとんど同じである。

用語解説

アースガルズ　北欧神話における神の住むところ。

アース神族　北欧神話における第一に重要な神の一族で、トールやオーディンが含まれる。もうひとつのグループはヴァン神族と呼ばれる。

アムリタ　インド神話に登場する神の飲料で、それを口にした者はみな不死を得る。

アーリマン　ゾロアスター教における悪の力。

アンヌン　ウェールズの伝説で描かれる異界で、そこでは死者と魔法をかけられた者が永遠の若さを楽しむ。

ヴァルハラ　北欧神話における神オーディンの広間で、オーディンは戦いで殺された戦士たちの魂をそこに迎え、永遠の饗宴の生活を送らせた。

オリュンポスの神々　ギリシア神話の主要な神たちのことで、オリュンポス山の頂に住んでいたためこう呼ばれた。

カバラ的　ユダヤの、聖書の深遠な解釈にかんする神話的文書であるカバラに関連していること。

キルケ　ギリシア神話に登場する女魔法使いで、オデュッセイアと恋に落ちるが、一時的に彼の部下を豚に変えた。

グリム兄弟　ドイツの民間伝承研究家で、彼らが19世紀に編纂した物語集は西欧世界全域にわたるスタンダードとなった。

黄帝　中国初期の伝説の支配者で、古代中国に多くの文明の恩恵をもたらしたとされる文化英雄でもある。

散文エッダ　北欧神話の鍵となる文書で、西暦1220年頃、アイスランドの学者スノッリ・ストゥルルソンによって書かれた。

神道　日本の伝統的宗教で、カミ（神）と呼ばれる自然の精霊を拝む。

須佐之男命　日本の海と嵐の神で、騒動を巻き起こすトラブルメーカーとしてもよく知られている。

スメール（須弥山）　仏教神話で世界の中心といわれる聖なる山。

西王母　中国神話に登場する西方にある楽園の支配者で、不死の女神である。

ゾロアスター教　古代ペルシアの宗教で、世界を善と悪の力が戦う戦場とみなす。その聖典『アヴェスタ』の一部は預言者ゾロアスターによって編纂された。

タルタロス　ギリシア・ローマ神話の冥界のもっとも下の部分で、神から永遠の罰を与えられた者が入れられる。

動物寓話集　中世に写本の形でつくられた、動物について解説する百科事典的な書物。解説している獣を神の創造の構成要素とみなし、それぞれから神の計画についての教訓をひき出そうとした。

ニヴルヘイム　文字どおりの意味は「霧の国」で、北欧神話の氷のように冷たい死者の国のことで、半分女性で半分死体の女神ヘルによって治められる。

バシリコック　チョーサーがバシリスクにつけた名前で、のちに「コカトリス」が採用されるまでの一時的な名称。

ハデス　ギリシア・ローマ神話の冥界の神で、プルトンとも呼ばれる。この名は彼が支配する王国の名称として使われることもある。

肥沃な三日月地帯　ペルシア湾からメソポタミアをへてシリアまで北上し、地中海沿岸を南下してエジプト国境まで伸びる三日月形の農耕可能地帯。ここで世界の最初の文明がいくつか興った。

フィシオロゴス　ラテン語で「ナチュラリスト（博物学者）」の意。2世紀にエジプトのアレクサンドリアではじめて発行され、中世の動物寓話集のモデルおよび原典とされた著作で、著者がみずからをこう称している。

2つの真理の間　古代エジプト宗教における裁きの広間で、そこで神オシリスが死者の魂の運命を決定する。

プリニウス（大プリニウス）　多くの著述を残したローマの著述家で、その百科事典的な『博物誌』は多くは正確な内容だが作り話も含まれる。西暦79年にポンペイを破壊した火山噴火で死亡したが、その後も1500年のあいだ、学者たちにとって重要な情報源であった。

ヘシオドス　紀元前700年頃の古代ギリシアの詩人で、彼の『神統記』はギリシア・ローマの創世神話についての重要な情報源である。

マハーバーラタ　インドの叙事詩で、世界最長の詩とされ、バラタ王朝の一族の争いを描き、ヒンドゥーの重要なテキストが組み入れられている。その中心となる内容は紀元前6世紀にまでさかのぼる。

未確認動物学　存在が主張されるが現在のところ科学的には未知の動物にかんする学問。

巫女の予言　『詩のエッダ』と呼ばれる古い北欧神話を集めたものの中にある詩で、北欧の創世神話の現存する重要な資料である。女予言者による予言的な語りの形をとり、世界の起源とラグナロクにおける究極の終わりを物語る。

黙示録　驚異を明かす予言の書。固有名詞の場合は、世界の終末について書かれた聖書の黙示録をさす。

ラグナロク　北欧神話において、世界の終わりに起こると予言されている戦争で、オーディンによって率いられた神々が、ロキによって解放された混沌の軍勢と戦う。戦いでどちらも滅び、その廃墟から新しい世界が興る。

参考文献

Aelian (Claudius Aelianus), trans. by A.F. Scholfield. *On the Characteristics of Animals*. Loeb Classical Library, William Heinemann/Harvard University Press: London, 1958.

Baring-Gould, Sabine, ed. by John Matthews. *Myths of the Middle Ages*. Blandford: London, 1996.（『ヨーロッパをさすらう異形の物語：中世の幻想・神話・伝説』、サビン・バリング＝グールド著、村田綾子、佐藤利恵、内田久美子訳、柏書房、2007）

Borges, Jorge Luis, trans by Norman Thomas di Giovanni. *The Book of Imaginary Beings*. Penguin: Harmondsworth, Middx, 1974.（『幻獣辞典』、ホルヘ・ルイス・ボルヘス、マルガリータ・ゲレロ著、柳瀬尚紀訳、晶文社、1974）

Briggs, Katharine M. *An Encyclopedia of Fairies*. Pantheon: New York, 1976.（『妖精事典』、キャサリン・ブリッグズ編著、平野敬一ほか共訳、冨山房、1992）

Briggs, Katharine M. *The Fairies in English Tradition and Literature*. Universiry of Chicago Press: Chicago, 1967.（『イギリスの妖精：フォークロアと文学』、キャサリン・ブリッグズ著、石井美樹子、山内玲子訳、筑摩書房、1991）

Briggs, Katharine M. *Pale Hecate's Team*. Routledge: London, 1962.

Burkert, Walter. *Greek Religion*. Harvard University Press: Cambridge, MA, 2001.

Campbell, Joseph (ed.). *The Arabian Nights* [also known as the *1,001 Nights*]. Viking Portable Library: New York, 1952.

Cherry, John (ed.). *Mythical Beasts*. British Museum Press: London, 1995.（『幻想の国に棲む動物たち』、ジョン・チェリー編著、別宮貞徳訳、東洋書林、1997）

Clair, Colin. *Unnatural History: An Illustrated Bestiary*. Abelard-Schuman: London/New York/Toronto, 1967.

Cox, William T. *Fearsome Creatures of the Lumberwoods, with a few Desert and Mountain Beasts*. Bishop Publishing Co.: Sacramento, CA, 1984.

Curtis, Vesta S. *Persian Myths*. British Museum Press: London, 1993.（『ペルシャの神話』、ヴェスタ・サーコーシュ・カーティス著、薩摩竜郎訳、丸善、2002）

Davidson, Hilda R. Ellis. *Gods and Myths of Northern Europe*. Penguin: Harmondsworth, Middx, 1964.

Davis, F. Hadland. *Myths and Legends of Japan*. Harrap & Co: London, 1912.

Dallapiccola, Anna L. *Dictionary of Hindu Lore and Legend*. Thames & Hudson: London, 2002.

Ellis, R. *In Search of the Giant Squid*. Penguin: Harmondsworth, Middx, 1999.

English Fairy Tales. Wordsworth Classics: Ware, Herts, 1994.

Gould, R.T. *The Case for the Sea-Serpent*. Philip Allan: London, 1930.

Graves, Robert. *The Greek Myths*. The Folio Society: London, 1996.（『ギリシア神話』、ロバート・グレイヴズ著、高杉一郎訳、紀伊國屋書店、1998）

Grimm, Jacob & Wilhelm. *The Complete Illustrated Stories of the Brothers Grimm*. Chancellor Press: London, 1985.（『完訳クラシックグリム童話』、ヤーコプ＝グリム、ヴィルヘルム＝グリム著、池田香代子訳、講談社、2000）

Hearn, Lafcadio. *Kwaidan: Stories and Studies of Strange Things*. Tuttle Publishing: Tokyo/Rutland, VT/Singapore, 1971.（『怪談』、L・ハーン著、土方辰三訳、旺文社、1979）

Hesiod, trans. by Dorothea Wender. *Theogony*. Penguin: Harmondsworth, Middx, 1976.（『神統記』ヘシオドス著、廣川洋一訳、岩波書店、1984）

Heuvelmans, Bernard, trans. by Richard Garnett. *On the Track of Unknown Animals*. Hill & Wang: New York, 1958.（『未知の動物を求めて』、ベルナール・ユーヴェルマンス著、今井幸彦訳、講談社、1981）

Heuvelmans, Bernard, trans. by Richard Garnett. *In the Wake of the Sea Serpent*. Hill & Wang: New York, 1968.

Howatson, M.C. *The Oxford Companion to Classical Literature*. Oxford University Press: Oxford, 1989.

Jarvie, Gordon (ed.). *Scottish Folk and Fairy Tales*. Penguin: Harmondsworth, Middx, 1997.（『スコットランドの民話と伝奇物語』、ジョージ・ダグラス著、松村武雄訳、現代思潮社、1977）

Jones, Gwyn. *Welsh Legends and Folk Tales*. Puffin Classics: Harmondsworth, Middx, 1970.

Leach, Maria, and Fried, Jerome (ed.). *Funk & Wagnall's Standard Dictionary of Folklore, Mythology and Legend*. Harper Collins: San Francisco. 1984.

Littleton, C. Scott (ed.). *Mythology: The Illustrated Anthology of World Myth and Storytelling*. Duncan Baird Publishers: London, 2002.

Mack, Carol K. and Dinah. *A Field Guide to Demons, Fairies, Fallen Angels and Other Subversive Spirits*. Arcade Publishing: New York, 1998.

Matthews, John and Caitlin. *The Element Encyclopedia of Magical Creatures.* HarperElement: London, 2005.

Metzger, Bruce M., and Coogan, Michael D. *The Oxford Companion to the Bible.* Oxford University Press: Oxford, 1993.

Miller, Mary, and Taube, Karl. *The Gods and Symbols of Ancient Mexico and the Maya.* Thames & Hudson: London, 1993.（『図説マヤ・アステカ神話宗教事典』、メアリ・ミラー、カール・タウベ編、武井摩利訳、東洋書林、2000）

Orbell, Margaret. *The Illustrated Encyclopedia of Maori Myth and Legend.* Canterbury Universiry Press: Christchurch, NZ, 1995.

Payne, Ann. *Medieval Beasts.* New Amsterdam Books: New York, 1990.

The Physiologus, trans. & ed. by Francis J. Carmody Book Club of California: San Francisco, 1953.（『フィシオログス』、オットー・ゼール訳・解説、梶田昭訳、博品社、1994）

Pickering, David. *Casell Dictionary of Superstitions.* Cassell: London, 1995.（『カッセル英語俗信・迷信事典』、デービッド・ピカリング著、青木義孝、中名生登美子訳、大修館書店、1999）

Pliny the Elder, trans. & ed. by John Healy. *Natural History: A Selection.* Penguin: Harmondsworth, Middx, 1991.（『プリニウスの博物誌』、プリニウス著、中野定雄ほか訳、雄山閣出版、1986）

Polo, Marco, trans. & ed. by Ronald Latham. *The Travels of Marco Polo.* The Folio Society: London, 1968.（『東方見聞録』、マルコ・ポーロ著、青木一夫訳、校倉書房、1960）

Rose, Carol. *Giants, Monsters and Dragons: An Encyclopedia of Folklore, Legend and Myth.* Norton: New York, 2000.（『世界の怪物・神獣事典』、キャロル・ローズ著、松村一男監訳、原書房、2004）

Scott, Sir Walter. *Letters on Demonology and Witchcraft.* S.R. Publishing: Wakefield, Yorks, 1968.

Shuker, Karl. *Dragons: A Natural History.* Barnes & Noble: New York, 2003.（『龍のファンタジー』、カール・シューカー著、別宮貞徳監訳、東洋書林、1999）

Talkien. J.R.R. *The Lord of the Rings.* George Allen & Unwin: London, 1955.（『指輪物語』、J・R・R・トールキン著、瀬田貞二訳、評論社、第1・2部1972、第3部1974）

White, T.H. *The Book of Beasts.* Jonathan Cape: London, 1954.

Yeats, W.B. (ed.). *Fairy and Folk Tales of Ireland.* Picador, London, 1979.

訳者あとがき

本書は、2008年に英国とアイルランドで出版された*The Mythic Bestiary: The Illustrated Guide to the World's Most Fantastical Creatures*の全訳である。mythicとは「神話の、伝説上の」という意味、bestiary（ベスティアリ）は中世ヨーロッパでさかんに書かれた一種の動物図鑑のことで、動物寓意譚とか動物寓話集などと訳される。ベスティアリには実在の動物だけでなく空想の生き物も含まれており、ファンタジーなどでおなじみのドラゴンやユニコーン、バシリスクなどの怪物のほか、顔が胸にあるブレムミュアエ人、体の両端に頭がある蛇アンフィスバエナのようなどうみても実在するとは思えない奇怪な生き物も載っている。

本書は、こうした中世のベスティアリだけでなく、さらに古い『フィシオロゴス』やプリニウスの『博物誌』などの記述、あるいは世界中の神話や伝説を紹介しながら、人類の想像力が生み出した古今東西の不思議な生き物たちについて、美しいイラストとともに解説する。ヘラクレスに退治された数々の怪物たちもいれば、妖精やエルフなど魅力的な精霊たち、ゾンビや吸血鬼といった恐怖の存在、さらには日本の河童や雪女も登場する。蛇の系譜という視点から竜について論じ、『指輪物語』に出てくるオークとはそもそも何なのか説明し、さらにはビッグフットやモスマンといった未確認動物と呼ばれるものを紹介したりと、じつに盛りだくさんの内容になっている。

伝説の動物たちが棲む幻想世界は、時間と空間を超越した不思議な世界である。そこにいる怪物や精霊たちの多くは、人間の心にひそむ恐怖や欲求が具体的な姿となって現れたものだと考えることもできる。なかにはちょっとしたかんちがいから生まれたものや、多くの人々が間に入って伝えているうちにとんでもない姿になったものもいる。本書のどのページでも開いてみれば、きっと空想動物たちの魅力、そして人間の想像力のすばらしさを感じていただけることだろう。

本書の翻訳にとりかかったとき、怪物や神様などの名称のあまりの多さにたじろぎ、辞書をひくと、たとえばPegasusなら「ベガソス」、「ペガスス」、「ペガサス」と表記が何通りもあって、目まいがする思いだった。とくにヨーロッパのものはギリシア語、ラテン語、英語が入り混じっている。とりあえずは『世界の怪物・神獣事典』と『世界の妖精・妖怪事典』（キャロル・ローズ著、松村一男監訳）をもとに表記を統一して作業することにして、なんとか仕事を進めることができた。

ただし、最終的には、より一般的と思える表記に変えたものもある。

本書には古典や文学作品の内容に言及したり引用したりしている部分が数多くあり、その確認のため、ギリシア神話やヘロドトスの『歴史』、マルコ・ポーロの『東方見聞録』、『千夜一夜物語』に『西遊記』、ラフカディオ・ハーンの『怪談』から『ハリー・ポッター』まで、さまざまな文献にあたった。それは古代から現代まで、洋の東西を問わず、時間旅行と世界旅行を同時にするような、とても楽しい本をめぐる旅だった。読者の方々にも、本書を入口として時空をワープし、幻想世界を楽しんでいただければ幸いである。

翻訳をするにあたり、東広島市立河内こども図書館の職員の方々には多数の文献の取り寄せに協力していただいき、たいへんお世話になった。また、表記統一など細かなチェックをしていただいた株式会社原書房の寿田英洋氏と廣井洋子氏、本書と引き合わせてくださった株式会社バベルの鈴木由紀子氏に、この場を借りて厚くお礼申し上げる。

2009年10月

上原ゆうこ

索引

カ

サ

タ

ナ

ハ

マ

ヤ・ラ・ワ

図版出典

Page 29 Hercules and the Stymphalian birds. Engraving from a Greek vase (Bibliothèque des Arts Décoratifs, Paris/Dagli Orti/The Art Archive)

31 The simurgh leads an army of birds. Miniature from a 17th-century Persian manuscript *Anvar-i Suhayli*, a version of the *Kalila wa Dimna* fables (British Library, London. Add. 18579, f.104)

34 *Virgil, Dante and the Erinyes or Furies* by Gustave Doré, from *The Divine Comedy* by Dante Alighieri. Engraving, 1885, Paris (Bibliothèque des Arts Décoratifs, Paris/The Bridgeman Art Library)

111 Manuscript illustration by the Boucicaut Master (fl.1390-1430), showing wolf-headed people of the Andaman Islands (Bibliothèque Nationale, Paris. Ms Fr 2810/The Bridgeman Art Library)

115 Illustration from the *Ashmole Bestiary* of a bonnacon showing his contempt for the attacking knights. England, early thirteenth century (Bodleian Library, Oxford, Ashmole 1511 f. 18r./The Art Archive)

129 Miniature illustration from the *Bhagavata-Purana* showing the Apparition of Varaha. India, Pahari School, ca. 1730 (Chandigarh Museum/Jean-Louis Nou/akg-images)

133 The Ewaiponoma or Blemmyae, from the account of Raleigh's search for El Dorado, Collection of Voyages, *Kurtze wunderbare Beschreibung des Goldreichen Konigreichs Guianae in America* by Levinus Hulsius. Published in Nuremberg, 1599 (British Library, London. C.114.c.15, plate XV)

134 A sciapod. Engraving from *Registrum Hujus Operis Libri …* by Hartmannus Schedel. Published by Anton Koberger, Nuremberg, 1493 (British Library, London. IC.7452)

140–141 *A Satyr mourning over a Nymph* by Piero di Cosimo, ca. 1495. Oil on panel (The National Gallery, London/The Bridgeman Art Library)

153 Cat-woman monster. Engraving from J.W. Schmuck's *Fasculi*, 1679 (Fortean Picture Library)

171 *Gnomes mourn their Princess* by Alfred Zimmermann, 1903. From *Jugend* periodical, Germany (Bibliothèque des Arts Décoratifs, Paris/Dagli Orti/The Art Archive)

181 *The Nightmare* by Henry Fuseli, 1781. Oil on canvas (The Detroit Institute of Arts, Founders Society purchase with Mr and Mrs Bert L. Smokler/The Bridgeman Art Library)

187 Artist's depiction of an Almas, based on eyewitness descriptions (Richard Svensson/Fortean Picture Library)

214 A possible sighting of the Loch Ness Monster, 1934. Photograph (Keystone/Hulton Archive/Getty Images)

230 Detail of a Chinese Qing Dynasty (1633–1912) Kesi dragon robe. Embroidered silk (Private Collection, Photo © Bonhams, London/The Bridgeman Art Library)

231 Detail of the ceramic "Nine Dragon Screen", Forbidden City, Beijing (TravelInk/Robert Harding World Imagery)

イラスト作成

Tomislav Tomic: pages 1, 23, 49, 53, 63, 64, 67, 72, 79, 82, 83, 92, 106, 119, 127, 138, 143, 145, 147, 149, 157, 159, 162, 169, 175, 177, 182, 185, 189, 204, 211, 236, 242, 244, 245, 246, 247

Peter Visscher: pages 4–5 (detail of cockatrice, page 25), 9, 12, 19, 25, 41, 47, 59, 91, 97, 117, 137, 193, 197, 201, 207, 213, 219, 227, 239, 241

Garry Walton: pages 2, 6–7 (detail of longwang, page 229), 11, 13, 14–15 (detail of thunderbird, page 17), 17, 21, 27, 33, 37, 39, 43, 51, 54–55, 57, 69, 77, 80–81, 85, 89, 101, 105, 108–109, 123, 130–131, 155, 164–165, 166, 173, 179, 191, 198–199, 217, 220–221, 225, 229

Additional artworks by Gary A. Lippincott (page 113) and Stephen Player (page 121)

◆著者◆
トニー・アラン（Tony Allan）
オックスフォード大学で歴史学を学んだのち、長年タイム・ライフ・ブックスの執筆者および編集者をつとめ、タイム・ライフ社の「世界の歴史」シリーズの編集者、20巻におよぶ比較神話学の研究書『神話と人間』の著者およびコンサルタントをつとめた。著書に『ヴァイキング』、『古代ローマ』、『死後の世界の考古学』、『シンボルを読む』（いずれもダンカン・ベアード・パブリッシャーズ）がある。

◆訳者◆
上原ゆうこ（うえはら・ゆうこ）
神戸大学農学部卒業。農業関係の研究員をへて、翻訳家。広島県在住。専門分野は自然科学および農業だが、幅広い分野に挑戦。訳書に『癒しのガーデニング』『消費伝染病「アフルエンザ」――なぜそんなに「物」を買うのか』（いずれも日本教文社）、共訳書に『マンガ 聖書の時代の人々と暮らし』『自然から学ぶトンプソン博士の英国流ガーデニング』（いずれもバベルプレス）ほか、翻訳協力多数。

THE MYTHIC BESTIARY
The Illustrated Guide to the World's Most Fantastical Creatures
by Tony Allan
All rights reserved
© Duncan Baird Publishers Ltd 2008
Text Copyright © Tony Allan 2008
Commissioned Artwork Copyright © Duncan Baird Publishers Ltd 2008
For Copyright of photographs see page 262 which is to be regarded as an extension of this copyright
Japanese translation rights arranged
with Duncan Baird Publishers Ltd, London
through Tuttle-Mori Agency, Inc., Tokyo

ヴィジュアル版(ばん)
世界幻想動物百科(せかいげんそうどうぶつひゃっか)
普及版(ふきゅうばん)

●

2023年12月15日　第1刷

著者………トニー・アラン
訳者………上原(うえはら)ゆうこ
装幀………川島進デザイン室
本文・カバー印刷………株式会社ディグ
製本………東京美術紙工協業組合

発行者………成瀬雅人
発行所………株式会社原書房
〒160-0022　東京都新宿区新宿1-25-13
電話・代表 03(3354)0685
http://www.harashobo.co.jp
振替・00150-6-151594
ISBN978-4-562-07375-7
©Harashobo 2023, Printed in Japan